La Revolución *profética*

QUE VIENE

La
Revolución profética
QUE VIENE

por Jim W. Goll
Prólogo por el Dr. Michael Brown

BUENOS AIRES - MIAMI - SAN JOSÉ - SANTIAGO

www.editorialpeniel.com

La revolución profética que viene
Jim W. Goll.

Publicado por:
Editorial Peniel
Boedo 25
Buenos Aires C1206AAA - Argentina
Tel. (54-11) 4981-6034 / 6178
e-mail: info@peniel.com

www.editorialpeniel.com

Publicado originalmente en inglés con el título:
"The Coming prophetic revolution"
por Chosen Books
P. O. Box 6287
Grand Rapids, MI 49516-6287.
Copyright © 2001 by Jim W. Goll

Copyright © 2004 Editorial Peniel

Diseño de cubierta e interior: arte@peniel.com

Las citas bíblicas han sido tomadas de la Biblia versión Reina-Valera, revisión
1960, salvo en los casos que se indica otra.

Impreso en Colombia.
Printed in Colombia.

Goll, Jim.
Revolución profética que viene, el. – 1a ed. – Buenos Aires : Peniel, 2005
Traducido por: María José Hoff.
ISBN 987-557-062-1
1. Vida Cristiana-Oración. I. Hoff, María José, trad. II. Título CDD 248.32
304 p. ; 21x14 cm.

Recomendaciones

E n contraste con muchos autores cristianos, que son prontos a escribir sus últimas experiencias, Jim ha practicado la profecía por muchos años. Pero lo que realmente lo califica para escribir este libro, sin embargo, es no solo que está altamente dotado en lo profético, pero más importante aún, es un hombre que busca el corazón de Dios. El mensaje esencial que la Iglesia necesita comprender hoy es que "el mensajero es el mensaje y el profeta es la profecía". Jim no solo tiene un mensaje; él es una epístola viviente del arte de la intimidad con Dios y de la devoción con simpleza a la Persona de Jesucristo.

Marc A. Dupont
Mantle of Praise Ministries
Fot Wayne, Indiana

Este libro es de lectura obligatoria para todos aquellos que quieren saber lo que Dios le dice actualmente a su Iglesia. Jim no solo da una presentación bíblica, sino que revela proféticamente el corazón de Dios y la mente de Cristo para esta hora. El lector será grandemente iluminado e inspirado a cumplir el mandamiento de Pedro (2 Pedro 1:12) de ser establecidos en la verdad presente, especialmente en lo profético y apostólico. ¡Dios te bendiga, Jim, por bendecir a la Iglesia con una presentación de la verdad tan maravillosa!

Dr. Bill Hamon
Fundador, Presidente, Obispo
Christian International Ministries Network

Este es un libo cargado de material interesante y narrado en un estilo cálido e informal. Las historias verídicas de Jim Goll, las sinceras oraciones de su corazón al final de cada capítulo, sus consejos prácticos acerca de lo profético, sus perspicaces aplicaciones de las Escrituras –todo impulsado por un intenso fervor de ayudar a la Iglesia a levantarse para su hora más culminante– hacen de este libro una contribución invalorable a la literatura de la renovación profética en la Iglesia de hoy.

Ernest B. Gentile
Autor de: Tus hijos e hijas profetizarán

¡Jim lo ha hecho bien nuevamente! Este es uno de esos libros escritos en el momento exacto. Creo que Dios está listo para derramar una unción del espíritu de Elías sobre la Iglesia. Es tiempo de que el ministerio profético avance para impactar las naciones. Este es el libro del momento para pastores tanto como para profetas, y especialmente para cada iglesia, para ser usado como material de estudio. ¡Ayudará a la Iglesia a abrazar este nuevo mover del Espíritu Santo!

Pastor Bart Pierce
Rock City Church

El trabajo duro de un investigador, el reporte exacto de un periodista, la chispa de un humorista, la mente teológica de un facultativo, la claridad de un maestro, la carga de un intercesor, el fuego de un predicador y la experiencia espiritual de un visionario... del modo que Dios ha capacitado maravillosamente a Jim Goll para adoptar esa variedad de roles y fusionarlos en uno al anunciarnos lo que él llama *"La revolución profética que viene"*. ¡Este importante libro da credibilidad a la idea de que ya está en camino!

Michael Sullivant, Pastor, Autor, Líder profético
Metro Christian Fellowship, Kansas City

Encuentro en este libro una lectura obligatoria para aquellos que tienen dones proféticos. Las citas bíblicas usadas y las aplicaciones dadas hacen de este prácticamente un manual para guerreros en el reino de Dios.

Ché Ann, Pastor principal
Harvest Rock Church

La habilidad extraordinaria de Jim Goll para pensar en los temas cruciales del ministerio profético actual, su capacidad de expresar las soluciones en términos que el creyente promedio pueda entender, se hacen presentes fuerte y claramente en *La revolución profética que viene*. ¡No se lo pierdan!

C. Peter Wagner, Director
Wagner Leadership Institute

Este es un libro que recomendamos de todo corazón y con mucho entusiasmo. Es comida para el hambriento, rica y profunda en contenido, y a la vez bien organizada y simple en estilo. Es un llamado a despertar la Novia soñolienta para abandonar la religiosidad, amar a Dios apasionadamente, extendernos para ayudar a otros y convertirnos en guerreros apasionados para Cristo. Alienta ampliamente a identificar las raíces de las heridas y frustraciones que frenan el crecimiento, y a aceptar la corrección por los errores cometidos. Se concentra en la importancia de la revelación del corazón del Padre. Insta al lector a perseguir la intimidad con Dios, descansar en Él y hacerlo partícipe de la vida de Cristo. También emite un llamado a la vida corporativa y a compartir las experiencias para enriquecer al Cuerpo de Cristo. Este libro ofrece una cantidad de instrucción con respecto a los profetas, lecciones para principiantes y consejos para los maduros en temas como ser la humildad, respeto por la autoridad, apertura a la corrección, reconocimiento de cláusulas condicionales en las palabras bíblicas de profecía, aprender cómo reconocer un llamado, desarrollar el carácter de Cristo, y una serie de temas más.

John y Paula Sandford
Co-Fundadores, Elijah House International

Este libro nos lleva en un viaje profético, navega diestramente por algunos principios bíblicos. Cada página captura el corazón de Jim Goll, cuya pasión es que los creyentes reciban y caminen en la revelación del conocimiento de Jesucristo. Usted tiene que leer *La revolución profética que viene*. Puedo anticipar que cambiará vidas y preparará a las generaciones. ¡Permítale que lo cambie y prepare a usted también!

Dr. Kingsley A. Fletcher, Pastor principal
Life Community Church
Research Triangle Park, Carolina del Norte

Este libro captura la verdadera esencia del ministerio profético. La sutileza de Jim Goll impulsará a aquellos que buscan escalar la montaña del Señor. Como pocos se han atrevido a declarar, Jim levanta el estándar para que el ministerio profético funcione al nivel querido por Jesús. ¡Bravo, Jim! Entusiastamente recomiendo este excepcional libro.

John Paul Jackson
Fundador y presidente, Streams Ministries International

Dedicatoria

Este libro está dedicado a mis cuatro milagros: Justin, Grace Ann, Tyler y Rachel. Este libro es acerca de algo que está viniendo, algo en el horizonte, que aún no está aquí completamente. Ustedes lo verán; será su generación la que experimentará el contenido de lo que está en este libro. Es mi oración que ustedes estén justo en el medio del movimiento revolucionario de Dios más grande que haya jamás afectado el planeta.

Gracias, chicos, por transmitirme sus vivencias y enviarme a las naciones, y creer en su viejo papá. Han hecho muchos sacrificios. Gracias por sus oraciones y su paciencia conmigo, me alegran el corazón. Que cada uno de ustedes sea el vaso único y especial que Dios ha creado para ser. ¡Los amo taaaanto a cada uno!

Su papá que los alienta.

Índice

Prólogo

No puede haber revolución sin palabras. Una revolución es llevada a cabo a través de conceptos, de mensajes, de temas, de metas. Es igual con la revolución de Dios. Requiere de sus palabras, de sus conceptos, de sus mensajes, de sus temas, de sus metas. O, por decirlo de otro modo, ¡la revolución de Dios requiere profetas! ¿Quién más recibirá y articulará el "ahora" del Señor?

Sin voces proféticas no habrá ninguna revolución de Jesús, ninguna ola fresca del cielo que derribe la condición general de pecado y religión muerta en que se encuentra nuestra sociedad, ningún movimiento de contracultura nacido arriba en el cielo y traído a nosotros por el viento del Espíritu. El movimiento debe tener mensajeros. La trompeta debe sonar; de otro modo las tropas no se prepararán para la batalla. ¡Cómo necesitamos palabras claras hoy, clarinetes que suenen desde el trono, dirección definida del Maestro, estrategias específicas del Señor! Sin ellas andamos a los tumbos.

Gracias a Dios que Él está levantando un pequeño ejército de siervos profetas en esta generación, y los dones de profecía son soltados de nuevo en el Cuerpo de Cristo en todo el mundo. ¡Estas son noticias maravillosas! Desgraciadamente, aún hay mucha confusión acerca de la naturaleza y función del ministerio profético, y muchos otros libros que han sido escritos tratan del mensaje más que del mensajero, del ejercicio del don más que del desarrollo del carácter del profeta.

El completo, práctico y edificante estudio de Jim Goll apunta a estas necesidades cruciales, nos llama a la cruz —una y otra vez, hasta que nuestra carne sienta las punzadas- y apunta al Autor y Consumador de nuestra fe en vez de nada más a las palabras y la unción. Al mismo tiempo Jim ofrece muchas formas de explorar los propósitos proféticos de Dios para nuestras vidas. En este sentido el libro es una invitación, una que solo Jim está apto para hacer. Él es un hombre de la Palabra –usted será inundado con citas bíblicas al leer las próximas páginas–. Es un hombre de un carácter probado, es un hombre del Espíritu, que ha sido confiable por su habilidad para escuchar la voz del Señor y transmitir mensajes acertados. Sabe de lo que habla y escribe.

Yo fui personalmente desafiado a crucificar mi carne mientras estudiaba las páginas de este importante manual. Fui animado a creerle a Dios por una nueva manifestación del Espíritu de revelación en mi propia vida y servicio. Experimenté el temor del Señor cuando consideré las consecuencias de tomar livianamente el pecado. Sobre todo, encontré en *La revolución profética que viene* una rica experiencia de lectura. Cuando llegué al final del libro –el llamado a una "¡Vida de profecía!"– sentí una nueva fe dentro de mí, y me sentía listo para profetizar a los huesos secos de la ciudad: "¡Vivirán!"

Es tiempo de que el ejército se levante.

Con mucha pasión Jim escribió: "Nacimos para ser revolucionarios. Usted nació de nuevo para esta tarea. Yo fui llamado desde el vientre de mi madre para ayudar a cambiar el equilibrio espiritual de la Iglesia, para inquietarla por su estado temporal de letargo y originar una generación de guerreros apasionados y consagrados. Nada menos que un despertar profético mundial en la Iglesia satisfará jamás mi alma. *"¡Ven, Señor!"*

Yo creo que el Señor viene para empoderar, transformar, equipar y encender la revolución. Para todos aquellos que dicen: "Cuenta conmigo, Señor", es este libro. Léalo y apodérese del espíritu profético. Luego vaya y cambie el mundo. ¡Ese es su destino!

Dr. Michael L. Brown, presidente
F.I.R.E. Escuela de Ministerio
Pensacola, Florida, EE.UU.

Una breve explicación

L a revolución profética que viene fue escrito para aquellos hambrientos de corazón y con un destello en sus miradas por algo nuevo y fresco que brote en el cristianismo. Isaías 42:9 lo ilustra maravillosamente para nosotros: *"He aquí se cumplieron las cosas primeras, y yo anuncio cosas nuevas; antes que salgan a luz, yo os las haré notorias"*. Este intenso versículo describe el libro que tiene en sus manos. Nuevas cosas emergerán si cultivamos la gracia de sentirlas y decirlas a través de una relación de intimidad con el Señor. Esto resultará en una revolución divina en la Iglesia.

Cuando comience su viaje conmigo, hallará que este libro no solo contiene algunas ideas y conceptos revolucionarios, sino que también tiene un formato único. Está dividido en cuatro partes, cada una enfatiza un elemento distinto del llamado a un cambio radical. La Parte 1 se llama "Una revolución en el estilo de vida", seguida por la Parte 2: "Enrolémonos en un ejército revolucionario". La esencial Parte 3 nos llama a "Una revolución de sabiduría" y terminamos con la Parte 4 con "La visión revolucionaria". Cada capítulo termina con una oración de invitación en este viaje progresivo, un "mini cuestionario" para discusión y para mantenerlo despierto, y algunos libros que podrían gustarle para profundizar el tema, bajo el título: "¡Quiero más, Señor!"

Hay otro libro dentro de este libro. Cada parte comienza con una fascinante "Puesta en escena" o introducción tomada de un aspecto de la vida de Juan, el discípulo amado. Al presentar un esbozo del personaje al inicio de cada parte, intento construir un puente que le ayude a llevar la carga contenida en cada parte del camino. Espero que disfrute este estilo único, y se beneficie de los puentes que fueron construidos solo para usted.

Al final del libro hay apéndices y material complementario que le ayudará en su estudio y crecimiento, y "Definamos los términos: un glosario contemporáneo" le ayudará a comprender mi estilo de escritura y el lenguaje que uso, y con el cual usted puede no estar familiarizado.

¡Que Dios lo bendiga mientras lee este llamado para que los guerreros apasionados y consagrados se levanten, y que responda al llamado de Dios!

Una revolución en el estilo de vida

Parte uno

Juan en la cruz

"Después dijo al discípulo: He ahí tu madre.
Y desde aquella hora el discípulo la recibió
en su casa" (Juan 19:27).

¿Se dio cuenta que Juan, el hijo de Zebedeo, fue el único discípulo de los doce específicamente nombrado como que estuvo presente en la crucifixión de nuestro Señor Jesús? Sabemos que Simón de Cirene ayudó a cargar la cruz, y que un grupo de mujeres seguidoras del Mesías estaban presentes (Lucas 23:2-27). También está bien documentado que María, la madre de Jesús, lo contempló acompañada por su hermana, María, la esposa de Cleofas y María Magdalena (Juan 19:2). Yo me pregunto ¿dónde estaban los demás?

Pero Juan, el amado, el amigo de Jesús, estaba allí. No nos sorprendemos de que en sus escritos hable tanto del generoso amor y perdón de Dios. Este Juan de verdad vio toda la crucifixión. Fue testigo de los efectos producidos por la corona de espinas que lastimaron la frente del Salvador. Vio el rostro de Jesús herido. Vio el resultado de los treinta y nueve latigazos sobre su espalda lacerada. Juan vio con sus propios ojos los clavos que perforaron sus manos y sus pies. Oyó el clamor desesperado del Hijo del Hombre, el unigénito Hijo de Dios. El sonido de las palabras de Jesús en la cruz probablemente hizo eco en el corazón y mente de Juan por el resto de su vida. Nunca pudo quitarse de encima la cruz.

Según Juan 21:20, este era *"el discípulo a quien amaba Jesús (...) el mismo que en la cena se había recostado al lado de él, y le había dicho:*

Señor, ¿quién es el que te ha de entregar?" ¿Se acuerda? Este mismo Juan que estuvo en la cruz es el mismo que recostaba su cabeza en el pecho del Mesías. Me pregunto qué habrá escuchado cuando su oído estaba apoyado sobre el pecho de Jesús.

Extraño camino que este *Yochanan* –hebreo para Juan– transitó. Parece que su viaje con su Señor tomó un curso diferente que el de los otros. Piense, medite, reflexione conmigo. Juan apoyó su cabeza en el pecho del Creador del universo. No solo que Juan estuvo en la cruz sino que, además, le fue dado un increíble encargo: el cuidado de María, la madre de Jesús.

¿Saben qué? Yo solo dejaría el cuidado de mi madre a manos muy confiables. ¿No creen que es lo mismo que Jesús hizo? Me pregunto: ¿qué es lo que Jesús vio en este *Yochanan*? ¿Por qué dejó el cuidado de su madre en las manos de este hombre? ¿Qué había de diferente en él? ¿Tendría un amor fuera de lo común por su Maestro?

Luego en su vida, este mismo discípulo habló de cosas muy sencillas. Preparó a la próxima generación, y a las generaciones por venir, despertó su apetito a través de las epístolas que escribió con amor. Me pregunto ¿por qué?

¿No creen que es tiempo para un cambio radical en la expresión del cristianismo? ¿Por qué no miramos más de cerca la vida de Juan, el discípulo amado, y encontramos algunas claves para una revolución en nuestro estilo de vida? Claves como intimidad, devoción, fidelidad y amistad con Dios.

Quizá una clave para una revolución profética sea mantenernos cerca de la cruz. ¿Quiere ser un voluntario para caminar contra la corriente del mundo? Entonces siga leyendo. Despierte su apetito de intimidad con Dios, elija el camino menos transitado, el camino de la cruz.

1 *Una revolución de intimidad*

Soñemos juntos. ¿Qué se necesita para que un cristianismo radical y revolucionario se levante y emerja? ¿Qué se necesita para que una Iglesia santa, consagrada, poderosa, detone en el siglo XXI? Si se atreve a soñar conmigo, y aún tolerarme siendo pragmático al mismo tiempo, yo me animaré a hacer dos preguntas más de esas que tengo entripadas: ¿sabemos nosotros –me refiero al mundo occidental– en verdad cómo es el cristianismo? Y, ¿cuáles son las características sobresalientes de la fe que se requiere para lograr un cambio duradero en el tercer milenio?

Yo podré no tener todas las respuestas técnicas, pero sé esto: antes de que tengamos las soluciones correctas, debemos primero tener las preguntas correctas. Como viajo por todo el mundo, tengo el privilegio de conocer muchas expresiones divergentes del Cuerpo de Cristo y también de escuchar acerca del dolor que viene de extenderse. Desde este punto de ventaja puedo ver, oír y sentir un sonido común a todos: sí, un clamor por un nuevo nivel de hambre. ¿Qué es ese dolor en el corazón, los retortijones de hambre en nuestros estómagos?

Cuando presto mi oído a ese sonido, le diré qué es lo que siento y cómo lo interpreto: Estamos al borde de una revolución profética.

Sí, una revolución viene, un cambio dramático. ¡Estén atentos! ¡Está atenta, Iglesia que dormitas! Esta novia soñolienta está a punto de sacudirse de su pasividad, levantarse y ser todo lo que Dios la ha destinado a ser. El llamado de trompeta a nuevos cambios e intimidad está sonando en este tiempo. Algunas señales son enviadas desde los cielos: se buscan guerreros apasionados y consagrados.

Una batalla se libra en nuestros días, una batalla de pasiones de los últimos tiempos, una competencia sin precedentes entre los altares de fuego. El espíritu de este mundo está fuera de control y contiene por la atención de cada alma tibia. Muchos son capturados por los vicios que dicen: "¡Pruébame, siénteme, cómeme, haz esto o aquello!" Tenemos más Hollywood en la Iglesia que otras cosas provechosas.

Pero hay buenas nuevas en el horizonte. Aún cuando la batalla está alcanzando su punto de hervor, la guerra no está perdida. Esta batalla recia de los últimos tiempos emergerá así como las olas del irresistible amor de Dios nos limpian y la compulsión de la religiosidad estancada será remplazada por un cristianismo apasionado y ardiente. Una revolución de intimidad está viniendo a la Iglesia. ¿Es esto por lo que tu corazón gime? Como Juan, el discípulo amado de Jesús, nosotros también aprenderemos a recostar nuestras cabezas sobre el pecho del Maestro y descansar en el sonido de su corazón que late al compás de su amor (Juan 21:20). Es cierto, una revolución de intimidad viene a la Iglesia.

Una revolución en lo profético

Hay diferentes formas de abordar lo profético. Podemos hablar de la parte a la que algunos se refieren como el oficio del profeta como fundamento de la Iglesia (Efesios 2:20; 4:11). O podemos definirlo en términos del ministerio de profecía que algunos consideran como la operación consistente de esta gracia (Romanos 12:6; 1 Corintios 12:28). Podemos identificar el don de profecía que puede ser considerado como la manifestación ocasional o circunstancial del Espíritu Santo, dada para edificar, consolar y exhortar al receptor (1 Corintios 12:10; 14:3). Podemos explayarnos en lo que la Escritura llama los siete espíritus de Dios (Apocalipsis 1:4; 3:1; 5:6), incluyendo el Espíritu del Señor y los espíritus de sabiduría, entendimiento, consejo, fuerza, conocimiento y temor del Señor (Isaías11:1-3).

O podemos tomarnos el tiempo para exponer la diversidad de lo que yo llamo el arsenal de revelación (1 Corintios 12:4-6) –el paquete de gracia– que fue demostrado en Ana, la intercesora profética; David, el salmista profético; Gad, el vidente; José, el administrador profético; así como tantas expresiones únicas, comparables a los cristales de hielo que caen desde el cielo. Otro forma apropiada de abordar lo profético enfatiza el espíritu de profecía, como en Apocalipsis 19:10: *"Adora a Dios, porque el testimonio de Jesús es el espíritu de la profecía"*.

Me gustaría mostrarle a vuelo de pájaro la historia de la Iglesia y demostrarle que estos y otros dones espirituales nunca cesaron de operar. En vez de eso, ellos atravesaron épocas de hibernación, luego de las cuales emergieron dramáticamente como olas de una marea que rompe en la costa. Yo menciono algo de eso en el camino, pero en este libro deseo cambiar de política y tocarlo de una manera diferente. Nuevamente, recuerde: un mensaje es verdaderamente profético solo si viene del corazón de Dios, magnifica al Señor Jesús y lleva al oidor a un amor más grande y una obediencia más completa a Jesucristo, nuestro glorioso Amo y Señor (Apocalipsis 19:10)

Aquí está mi oración que mejor refleja de todo lo que se trata este libro: Si va a haber una revolución en lo profético, entonces debe haber una revolución profética en la Iglesia. Y si hay una revolución profética en la Iglesia, vendrá el despertar más grande del cristianismo auténtico que este mundo haya visto jamás.

¿Pero cómo, Señor, puede ocurrir esta alteración del curso? ¿Cómo pueden tomar lugar estos cambios terribles? Eso es lo que este libro intenta responder. Necesitamos otro cambio de paradigmas en el Cuerpo de Cristo que alcance a todo el mundo. ¡Es tiempo de confrontación divina!

Y justo al comienzo de este libro déjeme darle una vista previa de cómo esta revolución profética que viene tendrá lugar en usted y en mí, y en forma colectiva en lo que llamamos la Iglesia. Sucederá por el soplo del Dios Todopoderoso.

El soplo íntimo de Dios

Mientras comenzamos nuestro viaje en esta pista, déjeme darle a conocer algunos pensamientos y principios tomados del libro de los comienzos acerca de la relación entre intimidad y profecía.

Génesis 2:7 nos permite ver algunos de estos principios: *"Entonces Jehová Dios formó al hombre del polvo de la tierra, y sopló en su nariz aliento de vida, y fue el hombre un ser viviente"*. ¡Qué comienzo! Toda la humanidad cobró vida por el mismísimo soplo de la boca de Dios. ¡Y hablamos de intercambio íntimo! Piense esto por un momento: de alguna manera Dios sopló sobre el barro que Él había formado, y el cuerpo de Adán tomó una nueva dimensión. El hombre se convirtió en una criatura viviente.

Esto es de lo que se trata la vida y el ministerio profético: seres humanos que son llenos del aliento de Dios y luego se vuelven y soplan sobre otros el mismo aliento de vida que han recibido del Creador. Esto es lo que también hizo el Mesías. Después de su resurrección se apareció a sus discípulos, que estaban escondiéndose, por temor. Él dijo: *"Como el Padre me envió, así os envío yo"* (Juan 20:21). Luego Jesús sopló sobre ellos y dijo: *"Reciban el Espíritu Santo"* (v. 22).

En la Ultima Cena de Jesús con sus discípulos, Juan se recostó sobre el pecho del Señor (Juan 13:25). ¿Qué cree usted que oyó? Sí, probablemente el corazón palpitante de Jesús, pero también debe haber oído algo más: ¡la respiración misma del Mesías que Él inhalaba y exhalaba!

Algunos de los escritores del pasado sabían algo de esta intimidad. Considere las cuatro estrofas inspiradas de un viejo himno escrito en 1878: *"Sopla en mí aliento de Dios"*, de Edwin Hatch:

> Sopla en mí, aliento de Dios,
> lléname de vida nuevamente,
> que pueda amar lo que tú amas,
> y hacer lo que tú haces.

> Sopla en mí, aliento de Dios,
> hasta que mi corazón sea puro,
> hasta que con Él yo sea una sola voluntad,
> para ser y permanecer.

> Sopla en mí, aliento de Dios,
> hasta que sea completamente tuyo,
> hasta que mi naturaleza terrenal,
> brille por el fuego divino.

> Sopla en mí, soplo de Dios,
> así nunca moriré,
> sino que viviré con Él perfecta vida
> por toda la eternidad.[1]

Sí, el hombre vino a ser una criatura viviente. Adán no era un zombi que vagaba sin propósito ni expresión de afecto o emociones. Tampoco estaba aburrido con las tareas ordinarias de la vida.

¿Cómo se transformó el hombre en un ser viviente? ¿Qué cambió lo ordinario en extraordinario? El aliento íntimo del Dios Poderoso sopló en los pulmones de Adán. Así que eso lo hizo un transportador de la presencia de Dios, un portador contagioso de la infección del Espíritu de Dios.

El diseño original de Dios

La intención original de Dios para todos nosotros fue ser portadores de su presencia. Hoy el Señor busca vasijas donde pueda soplar una vez más. Busca a alguien sobre quien pueda poner su boca y verter dentro de él su Espíritu; así sus pulmones, sus corazones, sus almas, sus cuerpos, sus cabezas puedan ser llenas con el aliento del Todopoderoso. Quiere que seamos mensajeros de su más brillante Presencia. ¿Qué cosa podría ser más grande?

Esa era la intención original del Señor. Nosotros sabemos lo que pasó luego: *"Por tanto, dejará el hombre a su padre y a su madre, y se unirá a su mujer, y serán una sola carne. Y estaban ambos desnudos, Adán y su mujer, y no se avergonzaban"* (Génesis 2:24-25). Aquí se nos da una ilustración acerca de cómo son las cosas cuando un hombre o una mujer están llenos de la presencia de Dios. Cuando somos llenos de su *pneuma* –la palabra griega para "aliento"– no estamos compenetrados en nosotros mismos ni andamos en temor, sino que caminamos con Dios y los demás en amor transparente.

Adán y Eva no se avergonzaban. No estaban llenos de culpa ni de condenación. No se escondían detrás de la primera hoja que encontraban. Estaban desnudos, caminaban en honestidad, disfrutaban de la intimidad y la comunión con Dios; se "conocían" el uno al otro.

Este es el diseño de Dios para el matrimonio, la ilustración de lo que Él planea para nosotros como la novia de Jesucristo (Efesios 5:22-32), nuestro increíble y glorioso Esposo. Este Amo nuestro que atrapa nuestro corazón solo con una mirada de su ojo (Cantares 4:9). Y lo increíble es que, una mirada de nuestros ojos hacia Él, también cautiva su corazón. ¡Qué profundo misterio! La revelación de su verdad solamente puede crear una revolución de intimidad entre el pueblo de Dios. Es asombroso, y se nos muestra en el huerto del Edén, en el comienzo de todas las cosas.

Adán y Eva no se escondían detrás de nada. Sus corazones latían de amor el uno por el otro, y no se avergonzaban. No había barreras para la intimidad.

El problema

Usted sabe lo que ocurrió luego:

> *"... la serpiente (...) dijo a la mujer: ¿Conque Dios os ha dicho: No comáis de todo árbol del huerto? Y la mujer respondió a la serpiente: Del fruto de los árboles del huerto podemos comer; pero del fruto del árbol que está en medio del huerto dijo Dios: No comeréis de él, ni le tocaréis, para que no muráis"* (Génesis 3:1-3).

Dios no dijo que no podían tocarlo, sino que no podían comer de él. Entonces vemos una de las tácticas del enemigo, que es la exageración. Ahí va de nuevo:

> *"Entonces la serpiente dijo a la mujer: No moriréis; sino que sabe Dios que el día que comáis de él, serán abiertos vuestros ojos, y seréis como Dios, sabiendo el bien y el mal. Y vio la mujer que el árbol era bueno para comer, y que era agradable a los ojos, y árbol codiciable para alcanzar la sabiduría; y tomó de su fruto, y comió; y dio también a su marido, el cual comió así como ella. Entonces fueron abiertos los ojos de ambos, y conocieron que estaban desnudos; entonces cosieron hojas de higuera, y se hicieron delantales"* (Génesis 3:4-7).

El engañador actuó conforme a su naturaleza. Adán y Eva fueron engañados. Así comenzó el pecado y los planes para encubrirlo. El engaño entró en el mundo. La tentación alejó al hombre del compañerismo y la comunión con su Creador. ¡Cómo me imagino lo que el corazón de Dios debe haber sentido en ese momento! La corona de la creación ahora había rechazado al Creador por un poquito de conocimiento falso de una fruta prohibida. ¡Cómo le debe haber dolido a Dios!

Todo lo que Adán y Eva habían conocido previamente era la comunión con Dios y el uno con el otro. Todo lo que habían experimentado era la intimidad: amor relacional sin temor al rechazo. Oirían al Señor que caminaba en el Edén (Génesis 3:10) y caminarían y hablarían con Él. ¡Qué maravilloso! Esto era para lo que ellos habían sido creados, para tener comunión con su Creador.

En el jardín con nuestro Amado

En la pequeña iglesia rural Metodista en el lugar donde crecí, cantábamos un maravilloso himno con el que me formé: *"Vengo al jardín solo"*, de Austin Miles. Esta canción junto con *"Qué amigo nos es Cristo"* y *"Dulce tiempo de oración"*, *" Tomar tu camino, Señor"* y algunas otras, marcaron mi corazón a una temprana edad y para el resto de mi vida.

> Yo vengo al jardín solo,
> mientras el rocío está aún en las rosas,
> y la voz que oigo en mis oídos,
> al Hijo de Dios revela.
>
> *Y Él camina conmigo, y habla conmigo,*
> *y me dice que soy suyo,*
> *y el gozo que tenemos mientras aguardamos allí*
> *nadie más jamás lo ha conocido.*
>
> Él habla, y el sonido de su voz
> es tan dulce que los pájaros callan para oírlo,
> y la melodía que Él me regaló
> está ahora sonando en mi corazón.
>
> Yo estaría con Él en el jardín
> aunque la noche esté cayendo,
> pero Él me deja irme. Ay, su voz,
> su voz me está llamando.[2]

Este viejo himno describe una relación de comunión con nuestro Amado. Así era en el principio. Pero en vez de *"Yo vengo al jardín solo"*, Dios vino al jardín y buscó amistad y compañerismo con el hombre. ¡Imagínese, ellos podían hasta oírlo caminar! Me pregunto cómo sería el sonido de las pisadas de Dios.

Constantemente le hago preguntas como estas a Dios. Le digo: "Dios, ¿cómo sonaba eso? ¿Cómo era escucharte caminado en el jardín? ¿Cómo es escuchar tu voz en el viento?" Creo que la historia de la relación con Adán y Eva en el Edén es más que una historia de un libro viejo y polvoriento. Es real. De hecho, el reino espiritual es mucho más real que el reino terrenal.

Dios camina conmigo y me habla. Para esto es que nací. Y para esto es que usted fue formado también: para caminar y hablar con el Maestro en ese jardín de su amor. Esto es intimidad. Si usted y yo nos volvemos radicalmente a los brazos de amor del Señor en intimidad, estoy convencido de que habrá una revolución profética en el Cuerpo de Cristo a través de todo el mundo, y que la Iglesia será despertada con sus besos de amor (Cantares 1:2).

Con la óptica correcta usted podrá ver que todo esto se trata de una relación viva, ¿no es cierto? Escuchar a Dios. Ver a Dios. Seguir su camino. Rastrear sus huellas. Si pudiéramos escuchar el sonido de sus pisadas...

Este es el corazón de lo profético. Somos llamados a ser una generación profética, una Iglesia profética, un pueblo que se recuesta sobre el pecho de Jesús, que escucha los latidos de su corazón en sus propios oídos. Intimidad es la convergencia de dos corazones que palpitan juntos, para que sea un solo sonido el que se oye. Los escritores de la antigüedad llamaron a esto "la unión más grande con Cristo". Hoy el Señor les da vida nuevamente a esos temas.

Las cuatro grandes preguntas

Allí estaban Adán y Eva, caminaban en honesta transparencia y en comunión íntima con Dios. De repente, ¡oh!, las cosas cambiaron. Con sus delantales dignificantes puestos, Adán y Eva empezaron a jugar a las escondidas con Dios. Cuando el Creador del universo vino en su paseo diario, ellos oyeron el sonido familiar que previamente tanto les había alegrado oír. Entonces el Señor los llamó:"*¿Dónde están?*" (Génesis 3:9).

¿Es que Él, que tenía una vista superior de todas las cosas, de pronto tuvo amnesia y perdió la corona de su creación? ¿Se había olvidado de sus nombres o de su dirección? ¿Qué hacía? El Omnipotente y Omnipresente sabía la respuesta.

Por supuesto. Pero esta era solo una de las cuatro preguntas que el Señor le hizo a Adán y Eva –¡y que nos hace a usted y a mí!– cuando se escondían detrás de las barreras de la vergüenza, de la culpa y del temor al rechazo. Enumeremos las preguntas con sus correspondientes respuestas:

Pregunta 1: *"¿Dónde están?"*
Respuesta: *"Oí tu voz en el huerto y tuve miedo, porque estaba desnudo; y me escondí".*
Preguntas 2 y 3: *"¿Quién te enseñó que estabas desnudo? ¿Has comido del árbol que te mandé que no comieses?"*
Respuesta: *"La mujer que tú me diste por compañera me dio del árbol, y yo comí".*
Pregunta 4: *"¿Qué es lo que has hecho?"*
Respuesta: *"La serpiente me engañó, y yo comí".*

Escuche estas penetrantes preguntas:
"¿Dónde estás?"
"¿Quién te dijo?"
"¿Has comido?"
"¿Qué es lo que has hecho?"

Una vez más, ¿por qué Dios hace estas preguntas? ¿De pronto le agarró un *shock* cerebral? Piense por un momento en su propia vida, cuando Dios le ha hecho a usted una pregunta. ¿Por qué lo hace? ¡La asombrosa verdad es que cada pregunta que Dios nos hace es una invitación a la intimidad! Las preguntas son una invitación al diálogo, a la comunión, al *"ven ahora, y razonemos juntos"* (Isaías 1:18).

Dios quiere hablar con usted. Él quiere más que solo las respuestas correctas para pasar el examen. Quiere acercarse a usted. ¡Él es su Padre amoroso, que se alegra con sus hijos! Las preguntas del Señor son en realidad una invitación a salir de donde estamos escondidos para ir a un lugar de luz y honestidad.

Las hojas detrás de las cuales nos escondemos

¿Puede imaginárselo, después que Adán y Eva hubieron conocido a Dios, y Él conocido a ellos, cuán rápido cambió el clima espiritual? Como consecuencia de su desobediencia, ellos sintieron instantáneamente las barreras que ahora se interponían en su intimidad con Dios. Se levantaron paredes. Después de pecar recogieron hojas de las plantas más cercanas y cosieron delantales. Se estaban escondiendo de su Creador por primera vez en sus vidas.

Pero Dios, en su búsqueda apasionada, estaba aún cerca de ellos. Pero esta vez hubo una reacción diferente en ellos cuando Él se acercó. Antes corrían hacia Él cuando oían sus pasos; ahora corrían, pero en la dirección contraria. Antes la respuesta era el gozo: "¡Oh, guau, es el Padre!"; ahora decían: "¡Oh, no, es el Padre!" Estaban llenos de culpa. Nunca habían tenido una reacción emocional así antes, ni siquiera un pensamiento así. No habían conocido la condenación, o el temor o la vergüenza. Ahora, a causa de la desobediencia huían y se escondían de la voz de Dios –de lo profético, diríamos–.

Obviamente, estas eran hojas de verdad las que ellos recogieron y cosieron como delantales. Pero nosotros también elegimos delantales y escondites . Y en el mismo momento en que nos escondemos de la voz de Dios detrás de las hojas de higuera de nuestros pensamientos, el asunto se empieza a poner bastante complicado. ¿Por qué? Porque automáticamente filtramos la voz, la presencia y el poder de Dios a través de pantallas que usamos para protegernos de ella. Si la palabra de Dios finalmente penetra nuestro corazón y mente, parece como si se hubiera diluido debido a la abundante racionalización, escepticismo analítico, teorías teológicas o barreras emocionales. Quizá no cosamos hojas de verdad, pero el escudo de obstrucción a la comunión sobre nuestros corazones y mentes es tanto o más efectivo –o inefectivo– para apartarnos de su presencia.

¿Puedo nombrarle algunas de las hojas detrás de las que nos escondemos? Son progresivas; es decir, esconder una parte detrás de un juego de hojas llevará indefectiblemente a esconder otra parte luego, y así sucesivamente.

El foso de los sentimientos de culpa

El primer juego de hojas detrás de las que muchos se esconden es la culpa. Algunos parecen estar allí toda su vida, como un auto que se ha volcado al costado del camino y años después continúa allí. Los actos pecaminosos o los errores del pasado o del presente se asoman en sus rostros, pero en vez de correr al amoroso Salvador, huyen en dirección contraria y se esconden en la oscuridad de la culpa. Este lugar de escondite es el caldo de cultivo para la condenación, la acusación y otras actitudes destructivas. Todo eso podría ser evitado a través del viejo método de la confesión de pecados y limpieza por la sangre del Señor Jesús.

Ahora bien, hay diferentes categorías de culpa: *Culpa real* debido a un pecado real; *culpa exagerada* debido a la combinación de pecado real más la obra de *"el acusador de los hermanos"* (Apocalipsis 12:10), y *culpa falsa* como resultado de la voz del destructor, que suelta espíritus de condenación y mentira (1 Reyes 22:21-23; Juan 8:44; 10:10). Todas estas formas de culpa son bien reales en el campo de nuestras emociones.

La cura es simple y directa. 1 Juan 1:7 nos da el remedio: *"Pero si andamos en luz, como él está en luz, tenemos comunión unos con otros, y la sangre de Jesucristo su Hijo nos limpia de todo pecado"*. Andemos en luz. Allí es donde hallamos la limpieza. Así que tengo una "palabra de Dios" para usted: sálgase de ese foso ruin y corra a la luz de la Palabra de Dios: *"La verdad os hará libres"* (Juan 8:32). El perdón, la limpieza y la sanidad lo esperan allí.

La máscara de las heridas del pasado

El segundo grupo de hojas detrás de las cuales nos escondemos del amor de Dios y que nos alejan de la intimidad con Él, es la máscara de la religiosidad, que oculta heridas profundas del pasado. La gente religiosa viste las máscaras bastante bien, simulan que las cosas andan bien en su alma y mantienen a Dios a una distancia prudencial. Nos convertimos en simuladores que desfilan sus bonitas máscaras en el *show* del "iglesianismo".

Pero Jesús vino a sanar al quebrantado de corazón y a poner en libertad al cautivo (Isaías 1:1; Lucas 4:18-19). Jesús es nuestro Sanador. Debemos quitarnos las máscaras y dejar que Él cave profundo en la tierra de nuestras almas, y toque a veces la fuente misma del dolor. Deje que Él pruebe y toque las heridas infectadas, que la luz de su amor inconfundible penetre su ser. Expóngase a la luz. Ríndase. Perdone. En cambio, siembre bendiciones a los demás. Es la única salida a las máscaras: estar abiertos al Señor, soltar misericordia y perdón sobre las heridas del pasado y dejarlo a Él hacer lo mismo.

El banco de suplentes para los espectadores

Consideremos un nuevo grupo de camuflaje o engaño. Queremos ser partes de las cosas, disfrutar la vida, salir al campo de juego y ser usados por el Señor. Pero nuestras heridas, aún más abiertas por las burlas del enemigo, se quedan allí en el banquillo de suplentes mirando cómo otros disfrutan cuando están en medio del juego. Nos convertimos en observadores prudentes, temerosos de salir al campo de juego.

Esta es el área con la que yo personalmente he luchado más. ¿Cómo veré la vida si hago esto o aquello? ¿Cómo me verán los otros a mí? ¿Qué pensarán ellos? ¿Lo hago bien? Pero si permitimos que los temores al rechazo o el temor a las opiniones de los otros nos retraigan, eventualmente nos dedicaremos a complacer a la gente y terminaremos asfixiados por la suposición de sus opiniones.

Escuche esto: si Dios pudo ayudarme a mí a salir del banquillo de los espectadores, puede ayudarlo a usted también. Mi mente estaba aturdida por las nociones empequeñecidas de lo que pensaba que otros esperaban de mí. El temor nos paraliza, mientras que la fe auténtica siempre nos impulsará hacia adelante. Así que entregue esos temores, intercámbielos en la cruz (vea Isaías 8:12-13). ¡Sea valiente como un león por causa de Dios (Lucas 10:19) y sea más que un conquistador (Romanos 8:37)!

Verdaderamente, el remedio es el gran amor de Dios. Ilumínese a la luz de su insondable devoción, lo que la Biblia llama benevolencia. Haga un estudio de esa palabra. Pida revelación de ello. Sumérjase en la realidad de que *"si Dios es por nosotros, ¿quién contra nosotros?"* (Romanos 8:31). Su vida no fue producto de un accidente que esperaba ocurrir. Fue creado a la imagen de Dios y por su voluntad (Apocalipsis 4:11). Usted es el objeto de su amor consumidor. ¡Eso es fuerte! ¡Es revolucionario!

"Criticismo" cara de pasa de uva

Hay un cuarto set de hojas de higuera que podemos usar para proteger nuestra imagen. Antes usted era solo un espectador que estaba sentado en el banco; aquí es el árbitro del partido. Primero tiene una vieja cara arrugada como una pasa de uva; luego comienza a operar bajo un espíritu religioso llamado "criticismo". Usted juzga todo lo que está a su alrededor. Como los jueces en las olimpíadas. Además, les da la puntuación a los participantes en el partido. Se va de una reunión o evento diciendo: "Bueno, podría haber sido mejor si...". Pero no ofrece ninguna ayuda para mejorarlo. ¿Por qué habría de hacerlo? Ya terminó el partido, y hasta se lleva una camiseta de recuerdo.

Perdón, pero esos son los "ya fueron" del mover del Dios del ayer. Ellos cesaron de avanzar y ahora tienen el empleo de ser negativos, supervisores críticos del campo de juego del Dios de hoy.

Alguno podría decir: "¡Oh!" O tal vez: "Suenas como si estuvieras escupiendo clavos". Pero se necesita que la luz penetrante de la verdad haga que nuestros escudos exploten y vuelen en mil pedazos. La verdad puede doler en un primer momento, pero cuando es dicha bajo la correcta motivación del amor, nos limpia y nos hace libres. Puedo estar hablando un poco sarcásticamente pero, honestamente, quiero que seamos libres de todo lo que nos frena para que Dios pueda usarnos en la revolución profética que viene. Yo sé que usted también lo desea.

Fortalezas de limitaciones impuestas

Esto nos trae a la quinta fila de hojas detrás de las que nos escondemos, la de las limitaciones impuestas. En este punto comenzamos a crear las mentiras ridículas e idiotas que el diablo dice acerca de nosotros, y esas mentiras se convierten en fortalezas negativas en nuestra mente (2 Corintios 10:4-6). Palabras que no están alineadas con la voluntad y la Palabra de Dios, y que son lanzadas desde el campo del enemigo para atacar nuestra mente. Algunas veces esos pensamientos son aún planteados por personas en autoridad. Su efecto es confinarnos en celdas con techos muy bajos de falsas expectativas. Cuando creemos esos reportes negativos o incluso maldiciones habladas en contra de nosotros "la manera en que siempre será", quedamos encerrados en prisiones oscuras. Proverbios 23:7 nos recuerda el problema: *"Cual es su pensamiento en su corazón, tal es él"*.

Edgardo Silvoso en su libro *"Que ninguno perezca"*, nos ha dado una buena definición de esas fortalezas espirituales. Ellas representan "una estructura de pensamiento impregnada de desesperanza que nos lleva a aceptar situaciones como irreversibles, que bien sabemos que son contrarias a la voluntad de Dios".[3]

Cuando reconocemos como caso perdido lo que Dios dice que puede ser cambiado, nos alineamos –al menos en parte– con el proceso de pensamientos y planes del diablo para nosotros. En este quinto lugar hemos pasado ya el territorio de la culpa, las heridas, el temor y el criticismo. Ya no queremos más estar en luz. Rechazamos de plano la idea de que Dios nos acepta, nos ama o tiene planes con nosotros, siquiera un plan de esos que le sobren.

Pero la luz de Dios trae con ella la invitación a la honestidad y humildad. "Oh, si –piensa– dice eso así me paro enfrente de todo el mundo y hago el ridículo". No, para nada. Si demuestra honestidad y humildad nunca hará el ridículo; será hermoso, estimado, especialmente delante de los ojos de Dios. Él ama al humilde y al afligido, y hace resplandecer su gracia sobre ellos (Proverbios 3:34; 1 Pedro 5:5). Nada es más bello que la gracia de Dios. Cuando deja que la gracia de Dios brille en su vida, usted se ve precioso.

Ahora, sepa esto: a Dios también le agradan los que pelean. De hecho, Dios ama a los guerreros. Habrá tiempos en que tendrá que pelear la guerra por el nombre y la sangre de Jesús, para poder salir de esa celda apestosa de las limitaciones impuestas. Pero, sépalo, hay una salida. ¡La puerta es la cruz de nuestro amoroso Señor Jesús!

Oportunidades y tentaciones

Si volvemos al libro de Génesis podemos oír a la serpiente que les dice a Adán y Eva:

" *...sabe Dios que el día que comáis de él [del fruto], serán abiertos vuestros ojos, y seréis como Dios...*" (Génesis 3:5). Entonces ¿qué hizo Eva? *"Y vio la mujer que el árbol era bueno para comer, y que era agradable a los ojos, y árbol codiciable para alcanzar la sabiduría"* (v. 6), y ella convidó a Adán.

Hay tres afirmaciones aquí que representan las oportunidades y las tentaciones: el árbol prohibido era bueno para comer; era agradable a los ojos; era codiciable para alcanzar la sabiduría.

Hallamos atracciones semejantes en 1 Juan 2:16-17: *"Porque todo lo que hay en el mundo, los deseos de la carne, los deseos de los ojos, y la vanagloria de la vida, no proviene del Padre, sino del mundo. Y el mundo pasa, y sus deseos; pero el que hace la voluntad de Dios permanece para siempre"*. La tentación original estaba centrada en esas mismas cosas: los deseos de los ojos, los deseos de la carne y la vanagloria de la vida. Si cedemos a esas falsas motivaciones empezamos a levantar barreras alrededor de nuestros ojos y manos, las mismas herramientas que Dios quiere usar como receptáculos de su presencia.

1. La codicia de los ojos

Dios quiere que nuestra visión sea simple y clara. Quiere que nuestros ojos brillen como los suyos (Efesios 1:17-19; Apocalipsis 1:14). Pero cuando prestamos nuestros ojos al diablo, se llenan de imágenes vanas y otras distracciones. Lo que hacemos es permitir que filtros empañados y obstáculos visuales nos bloqueen la presencia profética. Nos escondemos, y la dimensión de revelación y visión en la que el Señor desea que caminemos –por ejemplo, sueños, visiones y visitaciones angelicales– son estorbadas. Cuando nos entregamos a la lujuria de los ojos, nuestra visión comienza a nublarse. Se mancha, torna confusa y llena de imágenes distorsionadas, porque los lentes que usamos para ver ya no son puros.

"Bienaventurados los puros de corazón, porque ellos verán a Dios", Jesús enseñó en el Sermón del Monte (Mateo 5:8). Por eso

es imperativo que guardemos la "puerta de la visión" y mantengamos los ojos de nuestro corazón limpios y puros. Por eso el que es el dios de este mundo (Juan 14:30; 2 Corintios 4:4) envía una carga de suciedad a los ojos del mundo. Una batalla se está librando, la batalla de las pasiones. ¿Dejaremos que nuestros ojos se ensucien de basura y se introduzca en el don profético de ver visiones? Él lo hace y lo hará. Pero si mantenemos nuestros ojos puros, una naturaleza de revelación de visiones se abrirá ante nosotros, con una inmensa claridad.

No intento hacer un trabajo ético o defender la gracia y los dones de Dios. No podemos ganar lo que es un regalo. Pero debemos mantenernos limpios de la codicia de los ojos para poder recibir por gracia lo que Dios tiene para darnos.

2. La lujuria de la carne

La segunda tentación mencionada es la lujuria de la carne. ¡Oh, los impulsos y tentaciones que trepan a este cuerpo y le hablan a cada uno de nosotros! Debemos experimentar la limpieza y crucifixión de la lujuria de la carne. ¿Sabe por qué? Porque Dios quiere que su poder fluya a través de vasijas humanas. Él quiere que nuestras manos sean limpias y nuestro corazón puro, como el Salmo 24:3-4 describe: "*¿Quién subirá al monte de Jehová? ¿Y quién estará en su lugar santo? El limpio de manos y puro de corazón...*".

Cuando los ojos de nuestro corazón son puros podemos contemplar a Dios y, cuando lo hacemos, su presencia puede moverse y obrar a través de nuestras manos limpias. Necesitamos ser un pueblo limpiado de la codicia de los ojos y purgados de la lujuria de la carne. Lo que esas tentaciones logran es meternos en un montón de lugares impropios, que veamos cosas incorrectas y motivarnos a hacer malas acciones.

Romanos 6:13 nos exhorta: "*Ni tampoco presentéis vuestros miembros al pecado como instrumentos de iniquidad, sino presentaos vosotros mismos a Dios como vivos de entre los muertos, y vuestros miembros a Dios como instrumentos de justicia*". El asunto es de presentación. A quien usted le presenta sus miembros, ellos se vuelven esclavos. Si es ante el Señor, ellos serán esclavos del Espíritu Santo; si es al pecado, ellos serán esclavos del pecado. ¡Qué promesa! ¡Qué advertencia!

Sí, ¡qué promesa! Dios quiere usar nuestras manitas para impartir el poder de su gran presencia. ¿No es esto loco, sus manos y las mías usadas para soltar el poder de su presencia?

Romanos 6:19 nos insta: *"Ahora para santificación presentad vuestros miembros para servir a la justicia"*. ¡Asombroso! Pero así es la manera de Dios. Cuando presentamos nuestros cuerpos carnales al Señor, Él hace un milagro: los santifica. Esto es, esos pies, manos, ojos, bocas y corazones se convierten en consagrados para la gloria y el propósito de Dios. Cuando los presentamos, Él los santifica. Lo que santifica, lo llena de poder. Entonces –como Isaías– si somos tocados por fuego auténtico, Él tocará a otros a través de nuestras vidas con su fuego milagroso.

3. La vanagloria de la vida

También está la vanagloria de la vida. ¿Quién recibe los aplausos? ¿Quién recibe la gloria? La vanagloria de la vida tiene mucho que ver con falsa adoración. Eva vio que el fruto era codiciable para hacer sabio al hombre. ¿Pero sabio a los ojos de quién? Sabio en comparación a nosotros, sí, sabio en comparación a otros, pero no sabio en comparación a Dios.

Entonces, la vanagloria de la vida es un reino caracterizado por la falsa adoración. Si camina en la vanagloria de la vida, mayormente este se convertirá en un asunto de auto-exaltación. El significado básico de <u>adoración</u> en el lenguaje hebreo significa "inclinarse en postración ante". El orgullo es la antítesis de adoración. La adoración exalta a otro, mientras que el orgullo se sienta en el trono que él ha erigido.

Hasta me parece que puedo oírlo que dice: "Está bien, ¿pero esto qué tiene que ver con el ministerio profético?" Mi respuesta es: ¡todo! Dios tiene una dirección; es a-l-a-b-a-n-z-a. Él se entrona en la alabanza de su pueblo (Salmo 22:3). Dondequiera que Jesús sea alabado y magnificado con santa entrega en adoración y amor, un trono es edificado en los lugares celestiales sobre esa persona, hogar, congregación o ciudad. Entonces Alguien llamado el Anciano de

Días, el Señor de gloria, viene y se sienta en ese trono. Daniel 7:9 describe esa escena de forma increíble: "*Estuve mirando hasta que fueron puestos tronos, y se sentó un Anciano de días*" (7:9). ¿Qué pasa cuando el Todopoderoso se sienta? Gobierna en medio de sus enemigos.

El acto de la alabanza es una de las herramientas de guerra espiritual más poderosa. Construye un trono en los cielos donde Jesús ordena y los poderes demoníacos de oscuridad retroceden. La alabanza desplaza a la oscuridad. Así que si camina en adoración apasionada, ¿adivine qué sucede? Su adoración apasionada del Señor arrastra el trono del orgullo fuera del camino y Él viene y toma su asiento de honor. Él se acerca. La alabanza es la acción profética que suelta el espíritu contrario a la vanagloria de la vida.

Le digo la verdad: cuando entramos en genuina adoración, la presencia del Señor viene. Y en su presencia encontramos <u>todo</u> (Salmo 16:11). En su presencia podemos oírlo, sentirlo, tocarlo, conocerlo, verlo, podemos incluso olerlo... la belleza de su fragancia.

La adoración, por lo tanto, tiene mucho que ver con la vida y el ministerio profético. Está conectada con darle a Dios su correcto lugar en nuestras vidas, en nuestras congregaciones y aún en ciudades enteras. De hecho, la adoración es la llave que abre su presencia para nosotros.

Cultivando intimidad en lo profético

El área de lo profético –oír la voz de Dios, recibir visiones, conocer su corazón y todo lo demás– es extremadamente simple. Por momentos complicamos la cosa. Es solo un tema de relación. Solo un tema de estar con Jesús; a Él le encanta estar con sus amigos. El enfoque de lo profético es estar con Dios y aprender a recostar nuestras cabezas en nuestro Amado, como Juan hizo. Es estar donde Dios está. No es escondiéndonos sino relacionándonos. Lo más importante, así es como todo esto sucede. Recuerde: no es lo que conoce, sino ¡a quién conoce!

Aquí tengo algunas claves que he aprendido los últimos veinticinco años de ministerio, acerca de cultivar la presencia profética de Dios en mi vida. No son siete pasos efectivos para ser un profeta exitoso, no que yo sepa. Pero son siete claves prácticas que han sido mis "cuentakilómetros" a lo largo de mi camino de cultivar la intimidad profética.

Descanse alrededor del Arca. ¿En dónde vino la voz del Señor al joven Samuel (1 Samuel 3:3-4), quien se convirtió en el último juez y uno de los grandes profetas de la historia de Israel? En el Templo, cerca del Arca de Dios. Sea como el pequeñito Samuel y encuentre su lugar de descanso cerca del Arca de su presencia. Aprenda a descansar en la presencia de Dios.

Ame la misericordia. La misericordia es una cualidad del corazón. Si no la poseemos, juzgaremos por lo externo y seremos movidos por las apariencias en vez de por el Espíritu de Dios (1 Samuel 16:7; Tito 3:4-7). Que Miqueas 6:8 sea su objetivo: *"Oh hombre, él te ha declarado lo que es bueno, y qué pide Jehová de ti: solamente hacer justicia, y amar misericordia, y humillarte ante tu Dios".*

Ore en el Espíritu. La revelación fresca le será soltada mientras usted se renueva y carga sus pilas de fe orando en el Espíritu Santo (1 Corintios 14:4). *"Edifíquense (...) sobre vuestra santísima fe, orando en el Espíritu Santo, consérvense en el amor de Dios..."* (Judas 20-21).

Inquiera en el Señor. El secreto para aprender es preguntar. El secreto para recibir es escuchar. El secreto para la revelación es inquirir del Señor (Salmo 27:4, 8-14). Manténgase buscando, preguntando, mirando e inquiriendo del Señor para que le revele la verdad. Él responderá a un corazón enseñable y deseoso de saber.

Aprenda a guardar un secreto. Todo lo que recibe del Señor no viene automáticamente con una licencia para compartirlo. Dios le revela sus secretos a *"sus siervos, los profetas"* (Amós 3:7), pero aprenda a pedir permiso sobre si debe comunicarlo o no. Dios busca buenos amigos con quienes compartir sus secretos.

Ame la unción. Si quiere crecer en los dones del Señor, entonces ame la presencia manifiesta de Dios (Éxodo 33:15-16; 1 Juan 2:27). Cultive la presencia y la unción de Dios en su vida, métase en la atmósfera donde el Espíritu Santo se mueve. Algunas cosas, es mejor "agarrarlas" que "aprenderlas".

¡Arriésguese! El fruto crece en la rama. Eventualmente, tenemos que salir de nuestra zona de comodidad y dar un paso de fe. Recuerde: fe siempre se deletrea r-i-e-s-g-o. Siga dando estos pasos de manera progresiva y crecerá (Romanos 10:17; Hebreos 4:2; 11:6). Salga de la barca y confíe en el Señor. A Él le gusta salir de aventuras con sus amigos.

Toma y come

Al cerrar este primer capítulo de la pista uno, "Una revolución de intimidad", volvamos al Génesis, donde encontramos el primer "Toma y come" en la Biblia. "Toma y come" fue dicho por primera vez de parte del enemigo a Adán y Eva (Génesis 3:1-5). Ellos desobedecieron a Dios e hicieron como la serpiente les tentó a hacer. El pecado vino, y con él, barreras para la intimidad con Dios. Pero el próximo "Toma y come" en la Biblia es el remedio para todos nosotros: Jesús hablaba con sus discípulos.

Jesús dijo, dándoles el pan: *"Tomad; este es mi cuerpo"* (Marcos 14:22). La única y gran cura para las barreras que nos separan de Dios es el "Toma y come" de la cruz de Jesús. Es el "Toma y come" de la vida del único Hijo de Dios. "Toma y come" de este glorioso Hombre, Jesucristo. Él lo ha hecho todo. Él dio su sangre para comprarnos. Cuando descubrimos quién es Jesús, Dios el Padre nos envuelve en sus brazos, y tenemos esta tibia presencia llamada pasión, dentro de nuestros corazones.

Esto traerá una revolución en la Iglesia. Los amigos de Jesús se acercarán a su pecho para oír su corazón latir. Una revolución de intimidad está en camino, y disponible para usted.

Permítame orar por usted justo al comienzo de este libro, para ayudarle a entender de entrada estos conceptos, de tal manera que se acerque tanto al corazón de Jesús, como Juan, el discípulo amado. Después de todo, es Jesús quien busca nuevos reclutas para escuchar el sonido apasionado de su amor que late a través de sus criaturas. ¿Quisiera recostar sus oídos a la manera de Él?

"Padre, Yo presento esta amorosa persona delante de ti ahora mismo. Tú conoces su camino. Tú sabes quién es él o ella. Tú sabes dónde ha estado. Tú conoces su nombre. Tú lo amas y vienes apasionadamente a su encuentro. Tú conoces las hojas detrás de las cuales se esconde, y vienes a sacarlo fuera de allí. Ven, Señor, abraza a tu amado o amada.

"Padre, te presento a ti esta alma hambrienta. Aún como me hablaste años atrás, ahora oro sobre él o ella: 'Continuaré viniendo con olas de mi presencia sobre ti, hasta que seas transformado en todo lo que Yo te destiné para ser'. Dios, yo pongo a esta persona delante de ti ahora y te pido que olas de tu gran amor inunden su ser. Abre una puerta en el Espíritu para él o ella, Señor, y que el viento de tu Espíritu sople a través de su vida. Que olas de tu presencia lo laven, lo limpien y lo conduzcan a ti. En el nombre de Jesús. Amén."

Tanto si usted es un evangélico, de la tercera ola, fundamentalista, pentecostal, carismático, litúrgico, ortodoxo, con orientación cristiana desde pequeño o no, o es de alguna otra tradición histórica de lo que llamamos iglesia, debe saber esto: habrá una revolución de intimidad en la iglesia del tercer milenio. Una generación de guerreros apasionados y consagrados se levantará, gente que ame los frutos del Espíritu tanto como los dones del Espíritu, gente de carácter como para tener el don. Él restaurará en nosotros la centralidad de la cruz como nuestro auténtico estilo de vida profético. El Señor está restaurando, y continuará restaurándonos a la posición de poder recostarnos sobre nuestro Amado.

¿Quiere ser parte? Espero que sea uno de los miles alrededor del mundo que claman: "¡Más, Señor!" Así que, sea valiente y siga leyendo. He escrito este libro con usted en mente.

> **Mini cuestionario: ¡manténgalo despierto!**
> 1. ¿Cuáles son las barreras para la intimidad en su vida, las hojas detrás de las cuales se esconde?
> 2. ¿Por qué Dios le hace al hombre una pregunta? ¿Alguna vez Dios le ha hecho una pregunta? Si es así, ¿cuál?
> 3. ¿Cuáles son las tres fuerzas carnales y mundanas de tentación, según 1 Juan 2:16?

¡Quiero más, Señor!

Mike Bickle, *Pasión por Jesús* (Lake Mary, Florida: Casa Creación, 1993).

Jim W. Goll, *Consumidos por Jesús* (Shippensburg, Pasadena: Destiny Image, 2000).

Tommy Tenney, *En la búsqueda de Dios* (Shippensburg, Pasadena: Destiny Image, 1998).

2 Características de una persona profética

Si pensamos hablar acerca de las características de una persona profética, deberíamos ahondar en el hecho de cultivar un carácter genuino. Se necesita carácter para ser portador del don.

La mayoría de los profetas que conozco son verdaderos personajes, ¡se los aseguro! Desde mi punto de vista, usted debe tener una veta de aventura para sobrevivir a los rápidos en las aguas de esta carrera de *kayaks*. También se requiere cierto carácter de persistencia para poder dejar una impresión duradera en la vida cristiana. Recuerde: un río sin corrientes es solo agua podrida. El *charismata* (los dones del Espíritu Santo) sin carácter son como un *kayak* empantanado que espera poder salir de allí. Pero cuando el carácter es formado a la imagen de Cristo, la presencia, el poder y la autoridad del Espíritu Santo encuentran aguas limpias por donde correr.

Leonardo Ravenhill, el famoso evangelista británico, dijo: "El profeta viene a ordenar lo que está desordenado. Su obra es alinear aquello que está desalineado. No es popular porque se opone a la inmoralidad y espiritualidad populares. En un tiempo de políticos sin rostro y predicadores sin voz, no hay una necesidad más urgente que la de clamar a Dios por profetas".[1] De hecho, sostener la moralidad es el trabajo del profeta. Pero para hacer este tipo de trabajo se requiere de un carácter probado que pueda soportar las tormentas que vendrán.

Una definición más amplia de lo profético

Consideremos algunas definiciones de lo profético desde una variedad de ángulos que nos ayudarán a entender mejor este campo. (Solo un recordatorio: Acuérdese que en la sección "Definamos los términos: Un glosario contemporáneo", al final del libro, tiene una ayuda con algunas definiciones que usaremos).

Cuanto más las veamos y estudiemos, mejor será nuestra comprensión de la materia.

He usado la siguiente definición durante los últimos años, la que es muy simple: "Sea que la verdad se predique, que se ore por las cargas de la gente, o que se dé un mensaje espontáneo, un mensaje será profético solo cuando conduzca a su generación al conocimiento del corazón de Dios para ese momento". La clave está en poseer conocimiento de la revelación del corazón de Dios para este momento. Esto es lo que nos hace relevantes, actualizados, frescos y no solo navegando en las aguas estancadas del ayer.

Permítame recordarle otras frases o definiciones para meditarlas.

Primero, una persona profética habla la palabra de Dios en el nombre del Señor. Su mensaje lleva el peso de la urgencia ética, moral y espiritual. El pensamiento distintivo en esta definición es "la urgencia del mensaje". Contiene algo vibrante y apasionante. Hay un imperativo expresado en el contenido y probablemente en aquel que lo entrega.

Ahora echemos un vistazo usando otros lentes: una persona es profética no por nacimiento ni por designación oficial, sino por el poder de su llamado interior y la respuesta de los oyentes. Algo pasa en la presencia de una palabra auténtica. Hay un peso, una gloria que yace en la palabra del Señor. Es como si se encendiera una chispa dentro de los que escuchan, creando fe o llamando a la acción.

La marca característica más notable de un verdadero profeta es la evidencia de que él o ella han estado en el consejo de Jehová y declarado fielmente lo que han oído de la boca de Dios. ¡Oh! Eso lo describe bien. Una frase relacionada, todo el consejo de Dios, aparecerá una y otra vez en este libro, y viene de la aseveración de Pablo a los ancianos efesios en Hechos 20:27: *"Porque no he rehuido anunciaros todo el consejo de Dios"*.

Profecía es el pensamiento expresado de Dios, hablado en un lenguaje que nadie, ni aún con un don de elocuencia podría jamás pronunciar. La sustancia y naturaleza de la profecía excede los límites de lo que la mente humana es capaz de pensar o imaginar. La profecía viene a través de la boca, es escrita por la mano o demostrada a través de las acciones de seres humanos, pero viene del corazón y la mente de Dios, pensamientos espirituales en palabras espirituales. Luego de muchos años de meditar en este tema, este es la mejor síntesis que pude ser capaz de producir para dar una idea de lo profético.

Ahora, déjeme agregar a estos conceptos, desde mi visión y a través de mis lentes, algunas características de una persona profética. Permítale al Espíritu Santo escribir revelación fresca sobre su corazón, acerca de cómo un hombre o mujer profética debe lucir.

Desarrollemos nuevas imágenes de la gente profética

Cuando consideramos las imágenes estereotípicas de los vasos proféticos, de seguro pensaremos en un anciano todo arrugado, con dedos largos y puntiagudos que grita con vehemencia a aquellos a quienes se dirige. Viste ropas raídas, come langostas, pronuncia declaraciones acerca de una desolación, y luego se marcha al próximo pueblo para continuar haciendo lo mismo. Son viajeros rechazados por todo el mundo, que creen que ellos solos pueden ser portadores de la palabra pura y no adulterada de Dios. Parecen ser del tipo de personas a las que uno no puede ni siquiera acercarse, que nunca han tenido un pensamiento impuro en sus mentes. Su misión: juzgar a la Iglesia y ser el ayudante de Dios en el proceso, por si acaso Dios no hiciera un buen trabajo. (Recuerde: esta es una visión distorsionada de un profeta).

En contraste, Ernesto Gentile, en su excelente libro *"Tus hijos e hijas profetizarán"*, enumera seis términos descriptivos de un auténtico profeta. Ellos son: Amigo de Dios; Hombre de Dios; Mensajero del Señor; Siervo del Señor; Atalaya e Intérprete.[2] Luego agrega cinco grupos de adjetivos que describen los rasgos característicos de un profeta genuino: Devoto y leal; Comprometido, obediente y humilde; Santo, lleno de oración y compasivo; Audaz, valiente y lleno de fe y Solícito y patriótico.[3] ¿No suena mejor esto que el profeta en soledad, rechazado y rebelde?

Aquí les doy cuatro ilustraciones de personas proféticas.

1. Son gente de fe genuina

Considere Hebreos 11:8-10 por un momento:
"Por la fe Abraham, siendo llamado, obedeció para salir al lugar que había de recibir como herencia; y salió sin saber a dónde iba. Por la fe

habitó como extranjero en la tierra prometida como en tierra ajena, mo-
rando en tiendas con Isaac y Jacob, coherederos de la misma promesa;
porque esperaba la ciudad que tiene fundamentos, cuyo arquitecto y
constructor es Dios".

Ahora voy a hacer estallar todos sus circuitos diciéndole lo que
significa ser una persona de fe. ¿Cuántos de nosotros sabemos a
dónde vamos? ¿Cuántos de nosotros sabemos qué nos deparan los
próximos cinco años? ¿Cuántos de nosotros sentimos que andamos
a tientas en la oscuridad? Tome coraje. ¡Usted perfectamente califica para ser una persona profética!

Abraham fue cautivado por Dios con una visión y un propósito.
Pero las Escrituras indican que salió *"sin saber a dónde iba"*. Con esto en mente, ¿cree que podría dar con el perfil de una persona de fe?

Dios nos da indicios. Nos da dirección. Pero créame, todavía tenemos que caminar por fe, un paso a la vez. Dios juega a la rayuela con
nosotros y nos da lo suficiente como para mantenernos en la búsqueda. Le gusta saltar a la primera casilla en el esquema de su propósito, la casilla marcada con el 1 y luego saltar al número 4. Lo próximo que sabemos, con la guía del Espíritu Santo, es la revelación de
otro indicio de nuestro destino divino. De pronto viene todo ante
nuestra vista. Sí, ahora podemos ver el casillero de llegada, el número 10. "¡Oh, Dios!", exclamamos enloquecidos. "Miren eso, ahora lo
entiendo". Entonces nos topamos con el número 2. "¿Cómo es esto,
viejo, dónde está el número 3?"

Esta es la realidad. A mí me suena como el camino que tomó Abraham, el profeta, el amigo de Dios, el padre de nuestra fe. Abraham
tuvo una visión, un llamado. Él era un hombre de pacto. Considere
el siguiente diálogo:

– Mira las estrellas, Abram. Mira cuántas hay allá afuera. Este es tu
destino. Ahora ve a echarle un vistazo a tu llamado. Ve al desierto y
fíjate si puedes contar los granos de arena. ¿Sabes lo que voy a hacer con tu vida? Voy a multiplicar tu simiente.

– Mmmm... ¿la mía? ¿Qué quieres decir? Es demasiado tarde
para eso.

– Sigue mirando, Abram. Tú no puedes, pero Yo sí puedo.

A lo largo del camino usted para en uno de esos casilleros aparentemente firmes a los que Él lo guió y de pronto comienza a

hundirse en el agua. Pero entonces aprende a volver atrás, al camino por donde ha empezado. ¡Ayuda! La dependencia de Dios se llama fe.

A Abraham se le dio una profunda visión y propósito. Hebreos 11 nos dice que *"él salió, sin saber a dónde iba"*. Pero cuando estaba en el proceso de convertirse en ese hombre de fe y daba pasos progresivos en el viaje al que llamamos destino, siguió mirando adelante porque había visto el casillero número 10. Había divisado algo adelante por que creía que valía la pena pasar por tonto, o aún cometer errores en el camino. Estaba de acuerdo en ser un pionero de la fe y dejar una huella que otros pudieran seguir.

Abraham buscaba algo –en realidad a Alguien– como todos los peregrinos profetas auténticos que vinieron después de él. Mantuvo su mirada hacia arriba. Siguió buscando la ciudad cuyo arquitecto y constructor era Dios.

Con estos lentes puestos, usted podría comenzar a ver sus circunstancias de manera diferente y tomar coraje. Bien podría calificar para ser una auténtica persona profética, un hombre o mujer de fe genuina.

2. Son pioneros que toman nuevos territorios

La gente profética son aquellos que van delante y abren camino para otros. Son llamados pioneros, precursores o "quebradores" en el espíritu. Pagan el precio, generalmente como intercesores, aran la tierra así los que vienen detrás pueden seguir el surco como sembradores, plantadores, regadores y eventualmente como segadores. Miqueas 2:13 describe esta actividad: *"Subirá el que abre caminos delante de ellos; abrirán camino y pasarán la puerta, y saldrán por ella; y su rey pasará delante de ellos, y a la cabeza de ellos Jehová"*. Antes de que haya un quiebre tiene que haber un quebrador.

El mundo tiene sus propios escuadrones para hacer el trabajo sucio. Envía a esos tipos y tiene el trabajo hecho. Así también es en lo profético. Estos comandos, armados con armas de guerra espiritual, derriban las puertas del enemigo y el botín es tomado para el Reino de Dios. Esta imagen concuerda con la de la nueva simiente de revolucionarios. La gracia de un Juan Bautista o un Elías parece estar sobre estos guerreros, y ellos también se convirtieron en precursores, preparan el camino para la venida de la presencia del Señor.

Michael Sullivant en su excelente libro *"Ceremonial profético"*, nos da sus pensamientos acerca de esos ministerios pioneros:

> "Ciertamente, si hubo un 'ministerio precursor' que sirvió para preparar el camino para la primera venida de Cristo, habrá un ministerio similar levantado por Dios 'en el espíritu y poder de Elías', para preparar a la Iglesia y el mundo para la Segunda Venida, la culminación de los propósitos de Dios con la humanidad. Esto no es un mero 'estiramiento' de la teología, es simple, frontal y claro".[4]

Ellos son verdaderos pioneros. Aman la tarea de arar nuevos suelos, pero no pueden esperar hasta que aparezcan los nuevos obreros dotados de dones, que los releven de sus responsabilidades temporales. Como colonizadores no sirven; si trabajan en un territorio por mucho tiempo, el aburrimiento y el hastío los superan. Se rebelan cuando alguien se hace cargo de las tareas que ellos comenzaron. Parece que apareciera un destello de luz en sus ojos cuando se les asigna una nueva tarea. Estos pioneros proféticos pagan el precio de ser los que quebrantan el suelo.

Sepa esto de seguro: si usted va a ser una persona profética, tarde o temprano se encontrará con un arado en sus manos.

3. Son mensajeros con una palabra clara

La gente profética lleva la palabra viviente de no conformarse a este mundo, y esgrimen el mensaje tan profesionalmente cual espada de dos filos. T. Austin Sparks, lo dice de esta manera: "El ministerio profético bajo el Espíritu Santo es un ministerio de creciente revelación. Un profeta es un hombre que fue a Dios una y otra vez, y no salió a hablar hasta que Dios no le mostró lo próximo".[5] Los mensajeros llevan una palabra con ellos. Su tarea es ser la boca a favor de alguien. El mensaje profético de Ana, como está escrito en Lucas 2:38, era simple; ella *"hablaba del niño"* (Jesús). ¡Él es nuestro mensaje!

Aquí hay una buena imagen para reflexionar: los verdaderos mensajeros hablan y viven el mensaje de la cruz de Cristo. Esencialmente la cruz debe ser nuestra pasión (1 Corintios 1:23; 2:2). Debemos predicar a Jesucristo crucificado y resucitado de entre los muertos. Esto va contra la corriente de una sociedad pagana. Pero no existe un mensaje tan profundo como la simplicidad y la centralidad de la cruz.

El poder de Dios yace no en la sabiduría, elocuencia o educación de hombres y mujeres, sino en la locura de la predicación de la cruz. El Señor quiere traernos de vuelta al enfoque apropiado. Somos gente con un mensaje. ¿Sería posible que usted calificara para una tarea tan sencilla y a la vez tan profunda?

4. Son miembros de una comunidad de servicio

Con nuestro nuevo par de lentes puestos, miremos una ilustración más de la gente profética. En contraste con mucho de lo que es el estereotipo del Antiguo Testamento, estos guerreros radicales no andan solos. No son individuos aislados; sin embargo, los encontramos a menudo en soledad. Son un pueblo fuertemente unido con el Cuerpo de Cristo. Están conectados a la comunidad de creyentes llamada Iglesia. Son miembros de una comunidad de servicio.

Toda la Iglesia debe ser un pueblo profético. Recuerde las palabras punzantes de Moisés: *"Ojalá todo el pueblo de Jehová fuese profeta, y que Jehová pusiera su espíritu sobre ellos"* (Números 11:29). ¿Qué otra cosa despertaría al gigante soñoliento –la Iglesia– sino algo de dinamita de revelación que explota justo en medio de ella?

Todos somos llamados por Dios. Pero no somos llamados para ser llaneros solitarios. Tampoco se supone que deba haber una elite o fantásticas superestrellas en la Iglesia. Todos nosotros somos llamados a caminar en la unción de una palabra de sabiduría o conocimiento del carácter y el poder de Dios. Somos llamados a hacerlo juntos. Nos recuerda 1 Pedro 4:10: *"Cada uno según el don que ha recibido, minístrelo a los otros, como buenos administradores de la multiforme gracia de Dios"*. ¡Esto me suena como una comunidad profética de servicio!

Cuando estudiamos la armadura de Dios en el libro de Efesios, vemos que un área de nuestro cuerpo no está protegida. Esa es la retaguardia. Alguien la cubre por nosotros, según el libro de Joel: *"Como valientes correrán, como hombres de guerra subirán el muro; cada cual marchará por su camino, y no torcerá su rumbo. Ninguno estrechará a su compañero, cada uno irá por su carrera; y aun cayendo sobre la espada no se herirán"* (2:7-8).

Si marcha en un ejército, alguien marcha por delante de usted y alguien por detrás le cuidará los talones. En un sentido, parte de su armadura es más que el escudo de la fe o la coraza de justicia, es la persona que está codo a codo con usted. ¡Eso significa que usted también es parte de la armadura de otro! Puede ser los ojos proféticos para otro soldado, para guardarlo, velar por él, orar por él, amarlo y cuidarlo, sanarlo, consolarlo, y aún hasta patearlo y pincharlo un poco para que no decaiga. A su tiempo, otros serán su retaguardia y lo estimularán a usted también. Esto es lo que significa ser parte de una comunidad de servicio.

Así es, nuevos lentes para ver una nueva generación de revolucionarios. Figuras de peregrinos de fe, pioneros que toman nuevos territorios, mensajeros con una palabra clara y miembros de una comunidad de servicio. Procedamos y dejemos que el Espíritu Santo nos tome y nos sacuda, si es necesario, de nuestra somnolencia.

Siete señales de la gente profética despierta

Como dije en el primer capítulo, el Señor está levantando a su novia durmiente con los besos de su amor íntimo. Considere la analogía bíblica acerca de ser despertado. Me pregunto cómo luce y actúa una novia guerrera cuando se acaba de despabilar. ¿Alguna vez se ha despertado violentamente con una alarma en el medio de la noche, que usted no la había programado para sonar? Se sentó en la cama, con los ojos entreabiertos y listos para quién sabe qué cosa. Bueno, todo lo que sé es que es tiempo de despertarnos de nuestro sueño.

En nuestra búsqueda de características de la gente profética, echemos un vistazo a Romanos 13:11-14:

"Y esto, conociendo el tiempo, que es ya hora de levantarnos del sueño; porque ahora está más cerca de nosotros nuestra salvación que cuando creímos. La noche está avanzada, y se acerca el día.

Desechemos, pues, las obras de las tinieblas, y vistámonos las armas de la luz. Andemos como de día, honestamente; no en glotonerías y borracheras, no en lujurias y lascivias, no en contiendas y envidia, sino vestíos del Señor Jesucristo, y no proveáis para los deseos de la carne".

Quiero darle siete signos o señales de la gente despierta espiritualmente, basado en este pasaje.

1. Están alertas espiritualmente

Conozco a un ministro que es usado por el Señor maravillosamente. Hace unos meses , cuando este caballero estaba de retiro, un ángel vino con un *shofar*, según cuenta, y se paró en el borde de su cama. El ángel tocó el *shofar* y dijo una sola palabra: "¡Despierta!"

El ministerio profético en sí mismo está para tocar una trompeta en los oídos de la Iglesia, que la haga levantar. El apóstol Pablo decía en el pasaje de arriba: "¡Es tiempo de levantarte, Iglesia!" *Ya es hora*, dice otra versión, en el versículo 11. ¡Eso me gusta! Ya es hora de levantarnos de dormir. Si estamos despiertos espiritualmente, todos nuestros sentidos están alerta y funcionando. No estamos adormecidos en la tarea, sino atentos y listos para actuar. Dios sacudirá a este gigante aletargado, para movernos a la acción.

2. Desechan las tinieblas

"Deshágans de las tinieblas" es la forma en una antigua versión del versículo 12. *"Dejen de lado las obras de oscuridad"* dice otra versión. El hecho es este: una persona auténticamente profética está entre aquellos que rechazan las obras de oscuridad. Debemos dejarlas de lado. Como Efesios 5:7-10 subraya: *"No seáis, pues, partícipes con ellos. Porque en otro tiempo erais tinieblas, mas ahora sois luz en el Señor; andad como hijos de luz (porque el fruto del Espíritu es en toda bondad, justicia y verdad), comprobando lo que es agradable al Señor".*

Si usted es una persona profética, eso significa que va contra la corriente. Significa que vive una vida santa, en contra de lo que el mundo dice. Esta distinción es más que cumplir con un código de "haz esto" y "no hagas aquello". Tiene un Ayudador que no solamente lo sostiene cuando echa fuera el exceso de equipaje, sino que vive dentro de usted y lo hará a través de usted.

Cuando Dios derrama su presencia sobre su pueblo, este se convierte en la característica sobresaliente que lo distingue de los otros (Éxodo 33:16). Él nos hace diferentes porque es diferente. Podemos entonces desechar las obras de oscuridad porque, simplemente, ¡el Ayudador está con nosotros!

La palabra "desechar" tiene una connotación especial. No muestra pasividad, más bien muestra un acto agresivo de nuestra parte. Cuando usted desecha algo, lo toma y lo arroja tan rápido y lejos como le sea posible.

Cuando era un niño vi dos partidos de béisbol entre dos equipos, en los cuales Bob Gibson, de los St. Louis Cardinals, y Juan Marichal, de los San Francisco Giants, lanzaban la bola. Aquello era como un sueño para mí. En otras ocasiones he visto a Nolan Ryan y otros ases del béisbol lanzar tan fuerte que pasaban al bateador. Yo nunca fui muy bueno para el deporte, pero me encantaba observar el arte de los lanzadores. Imagine una bola arrojada a noventa o cien kilómetros por hora. Esta es la imagen que quiero que vea. Aún si no juega béisbol, ¡anímate Iglesia! Desecha las obras de oscuridad con un lanzamiento rápido. No podemos seguir manteniéndolas a nuestro alrededor.

3. Son un ejército de luz

Tenemos que *"vestirnos de luz"* (v. 12) porque peleamos una guerra real. Revestirnos de Cristo (Gálatas 3:27). Él es el guerrero más grande de todos los tiempos, el primer revolucionario activista.

En una clase que tomé acerca de opinión pública y medios masivos de comunicación, durante mi tiempo de estudiante universitario, al comienzo de la década de los 70, yo integraba un grupo llamado Movimiento de la Gente de Jesús (Jesus People Movement). En la clase teníamos que elegir un personaje histórico revolucionario e inventar una campaña publicitaria para esa persona, como si él o ella estuvieran vivos. Como un hijo de Dios, no tuve muchos inconvenientes en decidir cual sería mi personaje. Aparecí con una canción de campaña, una declaración cantada, avisos publicitarios y todo lo demás. Luego de veinticinco años, todavía creo que Jesús es el líder más radical que haya existido. Y sigue liderando un ejército de voluntarios.

Él es realmente bueno para reclutar gente para ese ejército. Mi esposa, Michal Ann, tuvo un sueño en el cual el Espíritu Santo buscaba mentores en lo profético, madres y padres en el Espíritu. En el sueño, ella estaba parada en una hilera con un montón de personas, y el Espíritu Santo decía: "Quien quiera ofrecerse voluntariamente para ser un padre o madre en lo profético, que dé un paso al frente". Mi esposa continuó parada en la hilera, pero todos los demás dieron un paso hacia atrás. Se quedó sola allí, y parecía como si hubiese dado un paso adelante. El Espíritu Santo dijo: "¡Usted se ofreció como voluntaria!" Ella pensó: "¿Yo me ofrecí?" Entonces un viento vino desde atrás y la lanzó hacia delante. "Sí –dijo Dios– se ofreció".

Jesús quiere que nos enrolemos constantemente en su ejército (Salmo 110:3) y que nos vistamos de luz. Desplace a la oscuridad, ande en luz. ¿Qué es la luz? Es la verdad. La verdad no es solo doctrina correcta; es veracidad en lo más íntimo de nuestro ser. Somos un ejército voluntario y nuestro armamento más efectivo es la verdad, no solo de lo que hablamos, sino también de lo que vivimos.

Jesucristo está vivo hoy y quiere que vivamos su vida radical. ¡Eh, sea notablemente diferente! ¡Levántese! Sacúdase la pasividad y sea un guerrero consagrado para nuestro Señor. ¿Merece Él algo menos?

4. Viven vidas honestas y transparentes

En una Biblia de otra versión, Romanos 13:13 dice así: *"Caminemos honestamente, como en el día"*. Y en otra dice lo siguiente: *"Comportémonos correctamente, como en el día"*. ¿Sabe lo que el mundo busca? Definitivamente no busca cristianos que dicen una cosa y hacen otra. En vez de eso, el mundo prefiere ver a una persona que está en el proceso de cambio y que admite sus debilidades. Esto crea un puente desde la Iglesia al mundo, un puente llamado honestidad y transparencia. Este es un tramo que necesitamos construir, porque el mundo busca gente real. Allí recién podremos dirigirlos a Aquel que nos cambia.

La gente verdadera en lo profético no es solo un montón de maniáticos que se dejan llevar por las últimas tendencias. Los cristianos reales no son una farsa. No siempre es fácil ser honesto y transparente, pero es reconfortante.

Estoy aprendiendo un principio para tratar con la impartición de vida espiritual. Cuanto más transparente y honesto soy, mayor cantidad de vida es impartida a otros. La transparencia trae fe a la gente. Cuando les permito a otros ver mi debilidad y mis luchas, pueden relacionar eso con las presiones que ellos sufren y ver cómo yo sigo en pie y andando. Eso les trae esperanza de que ellos, también, pueden continuar su camino de ser transformados. Y ocurre algo más profundo aún que la enseñanza.

5. Huyen de la carnalidad

"No en glotonerías y borracheras, no en lujurias y lascivias, no en contiendas y envidia" (Romanos 13:13). ¿No es intrigante que en el mismo grupo de temas sexuales encontremos contiendas y envidia?

No es coincidencia. Son compañeros con el adulterio espiritual. Sí, me oyó bien: contiendas y envidias causan divisiones y rupturas en ministerios e iglesias. Usted se pone envidioso por lo que otro posee y que usted no puede tener. Quiere el auto de esa persona, su casa, su trabajo, su físico, su esposa, su llamado o su ministerio. Su envidia crece debido a la inseguridad sobre su propia identidad.

Pero no seamos sembradores de contiendas y competencia, motivados por ambiciones y egoísmos. Cuando digo evitar la carnalidad, no me refiero solo a asuntos internos. Incluyo actitudes del corazón: motivaciones, ambiciones, codicia. Debemos desechar la competencia, ambición, envidia y contienda, así como también un espíritu de lujuria, sensualidad y promiscuidad sexual.

Corramos tan rápido como podamos en la dirección opuesta. Escabullámonos en el Señor y clamemos: "¡Ayúdame!" Que Él purifique nuestros corazones para que nuestras manos puedan estar limpias.

6. Se recuestan en Jesús

La próxima señal de una persona profética despierta es probablemente la más estratégica. *"Sino vestíos del Señor Jesús"* (v. 14). Él es nuestro mensaje. Él es nuestra vida. Vistámonos y exhibamos a este Hombre, nuestra fuerza para vivir.

Note una vez más los contrastes. Cuando admitimos nuestra debilidad, Jesús provee el remedio de su fuerza. Él es nuestro todo, y desea que su pueblo sea dependiente de Él. Sí, somos débiles, pero Él es fuerte.

Recuerde a Juan, el discípulo de Jesús, quien aprendió esto mismo en el proceso de convertirse en un discípulo. Después de unos pocos años en las trincheras del ministerio, recostó su cabeza sobre el pecho de Jesús. ¿Usted qué piensa? ¿Podría aprender a hacer lo mismo? Apoyarse en Jesús es la cosa más profética que alguien pueda hacer, y no requiere ningún don especial.

Otro viejo himno está zumbándome ahora mismo en mi cabeza: "Recostándome en los brazos eternos". Mire estas maravillosas palabras, simples pero ciertas:

> Qué comunión, qué gozo divino,
> recostarme en los brazos eternos;
> qué bendición, cuál paz es mía,
> recostarme en los brazos eternos.

> *Recostarme, recostarme,*
> *seguro de que no habrá alarma;*
> *recostarme, recostarme,*
> *recostarme en los brazos eternos.*

> Oh, qué dulce es andar como peregrino,
> recostándome en los brazos eternos;
> oh, cuán brillante es el camino por delante,
> recostándome en los brazos eternos.

> Qué he de temer, qué ha de atemorizarme,
> recostándome en los brazos eternos.
> Tengo santa paz con mi Señor tan cerca,
> recostándome en los brazos eternos.[6]

7. Guardan sus prioridades en orden

"Y no proveáis para los deseos de la carne" (v. 14). ¡Oh!, responderá, si la convicción del Espíritu Santo viene a su alma. ¿Sabe con qué tiene que ver esto? Cuando nadie lo mira. Cuando está de viaje. Cuando está solo en una habitación de un hotel. Cuando está lejos de sus padres o en el colegio. Cuando está solo en casa. Tengo una palabra para usted: cuide sus prioridades. Después de todo, Alguien lo mira. Sea verdadero. No venda gato por liebre. No sea una farsa.

Aquí está el asunto: sea sabio. No le dé lugar al diablo ni a la carne. Él siempre intentará sacar ventaja. No lo deje. Todo lo que está vacío se llenará indefectiblemente con algo. Si juega con la naturaleza profética del Espíritu Santo, entonces lo opuesto de estas siete señales comenzará a suceder. Eso le abre la puerta al espíritu de Jezabel para que irrumpa.

Este espíritu diabólico odia lo profético y desea destruir la autoridad ordenada por Dios. Causa temor, debilitamiento e intimidación, depresión e inmovilidad (1 Reyes 16:31; 18:4; 19; 19:1-4; 21:5-19; 2-27; 2 Reyes 9:7-10; 22-37; Apocalipsis 2:20-23). El resultado será perversidad de muchas clases.

Así que guarde sus prioridades en orden y no le dé lugar al diablo ni a la carne.

Una exhortación de todo corazón

Para redondear este capítulo, quiero abrirle mi corazón. Soy un hombre que está en una búsqueda. Constantemente busco a Dios. Persigo el entendimiento fresco y las aplicaciones que tiene que ver con nuestros días. Y aquí está mi firme conclusión acerca de las personas proféticas.

He hecho mucha práctica profetizando unos a otros, en conferencias, seminarios y cultos del domingo. Por mucho tiempo he sido entrenador en estos temas. Pero cuándo vamos realmente a hacer la obra. No es tiempo de que paremos de usarnos uno al otro como chanchitos de la India y de veras salgamos a las calles y hagamos el bien. ¡Tengo la idea de que el verdadero fruto de la gente profética está disponible cuando nosotros hacemos algo!

Así que, sáquese las manos de los bolsillos e impóngaselas a alguien. Vamos, comience a hacerlo. ¡Tan solo haga algo, por el amor de Dios! Abra bien grande su boca y deje que Dios la llene (Salmo 81:18).

Michael Brown, fundador y presidente de la escuela de ministerio F.I.R.E., en Pensacola, Florida, EE.UU., repite lo mismo que hay en mi corazón en su fantástico libro de vanguardia *"¡Revolución! El llamado a la guerra santa"*:

> La gente clama por libertad. Están heridos y confundidos, sin saber qué camino tomar, sin saber quién los guiará a la salida. Qué harán. Les ofreceremos la verdadera libertad o Satanás nos golpeará de a puñetazos nuevamente, nos ofrece sus falsedades destructivas. Yo digo que llevemos esta revolución a las calles y proclamemos libertad a los cautivos en el nombre de Jesús. Libertad es la palabra de este momento. Así fue como el Hijo de Dios pasó su vida, como dijo Pedro: *"Cómo Dios ungió con el Espíritu Santo y con poder a Jesús de Nazaret, y cómo este anduvo haciendo bienes y sanando a todos los oprimidos por el diablo, porque Dios estaba con él"* (Hechos 10:38). ¡Qué claro es! Él libertaba a los cautivos, porque Dios estaba con Él y el Espíritu estaba en Él. Qué otra cosa podía hacer. Y qué otra cosa podemos nosotros hacer.[7]

Nuestro clamor e intercesión

Padre, queremos ser la gente profética auténtica que dice lo que piensa y actúa según lo que cree. Ayúdanos a ser peregrinos de fe, pioneros tomando nuevos territorios, mensajeros con una palabra clara, miembros de una comunidad de servicio. Ayúdanos a estar espiritualmente despiertos, dispuestos a desechar las tinieblas como soldados de tu ejército. Transfórmanos en cristianos reales, transparentes, que huyan de la carnalidad y corran a refugiarse en tus brazos de amor. Concédenos la gracia de estar en carrera hasta el final y nunca tratar tu presencia como si fuera la última moda. Ayúdanos a mantener nuestras prioridades en orden.

Señor, queremos ser gente profética auténtica. Deseamos que una revolución profética tenga lugar en nuestras vidas y en la Iglesia. Sacúdenos si es necesario. Queremos ser todo lo que tú quieres que seamos. En el gran nombre de Jesús y por su obra. Amén

Mini cuestionario: ¡manténgalo despierto!
1. ¿Cuáles considera que son algunas de las características auténticas de las personas proféticas?
2. Si tuviera que pedirle a Dios que lo fortalezca en un área en particular, ¿cuál sería y por qué?
3. Según Romanos 13:11-14, ¿cuáles son algunas de las características de la gente profética?

¡Quiero más, Señor!
David Blomgren, *Reuniones proféticas en la Iglesia: la imposición de manos y la profecía* (Portland: BT Publishing, 1979).

T. Austin Sparks, *Ministerio profético,* (Shippensburg, Pa.: Destiny Image, 2000).

Robert Stearns, *Preparando el camino,* (Lake Mary, Fla.: Casa Creación, 1999).

3 La cruz como nuestro estilo de vida profético

Si bien recibir y ministrar los dones espirituales es una parte importante de todo el conjunto, el objetivo de la persona profética madura está mucho mas allá de ser el mensajero o el chico de los mandados de Dios. Ser un profeta está relacionado con la amistad con Dios, con tener un corazón apasionado y ardiente por Jesús. Y si hemos de ser amigos de Dios, debemos ser amantes de la cruz.

Santiago 4:4 nos advierte firmemente: *"¡Oh almas adúlteras! ¿No sabéis que la amistad del mundo es enemistad contra Dios? Cualquiera, pues, que quiera ser amigo del mundo, se constituye enemigo de Dios"*. De ninguna manera podemos ser amigos de Dios si no somos amigos de la cruz.

¿Qué significa ser amigos de la cruz? Eso es lo que exploraremos en este capítulo. Una vez más vuelvo a los escritos de T. Austin Sparks:

"No podemos tener el conocimiento del Señor –lo más importante en la mente de Dios para nosotros– excepto en el plano de la continua aplicación de la cruz a nuestras vidas. No se imagine que vendrá un día cuando usted ya haya acabado con la cruz, cuando los principios de la cruz ya no sean necesarios y se haya graduado de la escuela en donde la cruz es el instrumento del Señor. ¡Nunca llegará ese día! Si prosigue hacia la plenitud del conocimiento –es decir, conocimiento espiritual del Señor– y por ende mayor provecho, debe dar por sentado que los principios de la cruz serán aplicados más y más intensamente a medida que profundiza".[1]

Amistad con Dios

Abraham es la primera persona identificada como profeta en las Escrituras (Génesis 20:7). Lo llamamos el padre de la fe, el primer patriarca, un hombre de pacto y otros títulos honoríficos. Pero las Escrituras menciona otra cosa importante acerca de este hombre: *"¿No fue justificado por las obras Abraham nuestro padre, cuando ofreció a su hijo Isaac sobre el altar? ¿No ves que la fe actuó juntamente con sus obras, y que la fe se perfeccionó por las obras? Y se cumplió la Escritura que dice: Abraham creyó a Dios, y le fue contado por justicia, y fue llamado amigo de Dios"* (Santiago 2:21-23; ver también 2 Crónicas 20:7; Isaías 41:8).

La amistad de Abraham con Dios se formó de los muchos encuentros íntimos que tuvieron. ¿No es eso lo que quiere que también suceda en su propia vida? Más que nada en mi vida, yo deseo ser amigo de Dios. Pero si no somos amigos de la cruz, estamos en enemistad con Dios.

¡Al único ser que realmente deseo a mi lado es a Dios mismo! No quiero pelear con Él. Cuando elijo la cruz, elijo la amistad con Dios. Gálatas 6:14 nos recuerda: *"Pero lejos esté de mí gloriarme, sino en la cruz de nuestro Señor Jesucristo, por quien el mundo me es crucificado a mí, y yo al mundo"*. Pablo no habla de una actitud maniática hacia la aplicación de la cruz en nuestras vidas; se refiere a la cruz como nuestro estilo de vida.

El llamado a actuar en un espíritu opuesto al de este mundo y abrazar la cruz de Cristo como nuestra, es el corazón de lo profético y la puerta a una amistad más profunda con nuestro Creador y Amante de nuestra alma.

¿Qué hacen los buenos amigos? Les gusta pasar tiempo juntos y no soltarse. Tienen una relación que ha sido establecida durante un período. Dos nuevos amigos se van amoldando luego de pasar por las tensiones de los malos momentos como de los buenos. Toda relación significativa ha sido probada por fuego. La confianza no es un don espiritual; se construye con el tiempo. Pero una vez que la confianza ha sido nutrida, los amigos fieles entran en otro nivel de relación. Comienzan a contarse los secretos íntimos del corazón.

Así es con lo profético: *"Ciertamente el Señor no hará nada sin que revele su secreto a sus siervos los profetas"* (Amós 3:7). Una de las bendiciones más grandes en esta vida es poder escuchar la voz del Señor. Apoye su oído cerca de Él y permítale que le hable sus maravillosas palabras de vida. En su libro *"Ministerio profético"*, Rick Joyner comenta acerca de este verso de Amós: "El Señor no quiere hacer nada sin compartirlo con sus siervos los profetas, porque los profetas son sus amigos (...) La esencia del ministerio profético es ser el confidente y amigo especial de Dios".[2]

Que la amistad con Dios sea su meta, mientras *"procura los dones espirituales, pero sobre todo que profetice"* (1 Corintios 14:1). Generalmente cultivar esta clase de relación –caminar a la sombra de la cruz como su estilo de vida profético– lleva algo de tiempo. Los siervos crucificados no hacen ninguna demanda para ser oídos por la gente, pero hablan, actúan y se contentan con dejar el asunto allí, con confianza no en ellos mismos, sino en que lo que han oído de Dios será cumplido a su tiempo.

Pero esto tiene que ver con la madurez en lo profético. El problema es que la mayoría de nosotros no responde de esta forma al principio; lo tomamos como algo personal si es que nuestra palabra no fue recibida. Entonces acabamos por ponernos a la defensiva, antagonistas y un poco hostiles en el proceso.

Nuestra responsabilidad, sin embargo, no es si una palabra es recibida o no. Es estar en el consejo de Dios –escuchar solamente su voz– y luego reproducir su corazón con carácter y honrar la autoridad espiritual con docilidad de corazón. Podemos estar seguros de que si es su palabra, Él traerá a los testigos. Los pensamientos de Dios no son nuestros pensamientos; sus caminos no son nuestros caminos. Pero cuando su palabra es enviada, no volverá vacía, sino que cumplirá el propósito para lo cual fue soltada (Isaías 55:8-11). En una dimensión, entonces, ha hecho su trabajo. Pero sobre todo, la palabra no dispara para matar, ¡particularmente su pastor! Sea amigo de Dios al ser un siervo amigo de aquellos en autoridad.

Un bocado de astillas

Podemos sentar la base para todos los verdaderos creyentes en Cristo, cualquiera sea nuestro don o ministerio, si miramos Hebreos 12:1-2:

> *"Por tanto, nosotros también, teniendo en derredor nuestro tan grande nube de testigos, despojémonos de todo peso y del pecado que nos asedia, y corramos con paciencia la carrera que tenemos por delante, puestos los ojos en Jesús, el autor y consumador de la fe...".*

Pare un momento; ahora mire la próxima frase:

"...el cual por el gozo puesto delante de él sufrió la cruz, menospreciando el oprobio, y se sentó a la diestra del trono de Dios".

Estoy agradecido que este verso diga que Jesús *sufrió* la cruz; no dice que fue divertido o fácil. Además, nos da una pista de *cómo* soportó la cruz. Jesús pudo ver lo que venía como resultado de abrazar la cruz: *"Por el gozo puesto delante de Él..."*. Pablo nos dice *"que la muerte actúa en nosotros, y en vosotros la vida"* (2 Corintios 4:12). Así que mire más allá de la cruz y vea qué hay del otro lado. Cuando lo haga, el gozo y las fuerzas vendrán, y será capacitado sobrenaturalmente para cargar su cruz.

Porque hay una cruz hecha a medida para cada uno de nosotros. Fue creada teniendo en cuenta su forma −¡Dios sabe cómo hacerla calzar, por si acaso!−. El joven rico de Mateo 19 tenía una cruz hecha específicamente para él. Jesús le dijo a este joven lo que no le dijo a ninguna otra persona: *"Bien has hecho. Ahora vende todo lo que tienes y dáselo a los pobres"*.

El problema es que tendemos a ser legalistas y tomamos una palabra específica dada por Jesús en un contexto y una circunstancia, y queremos hacerla entrar a toda costa para todo el mundo. Terminamos haciendo advertencias tales como: "Tienes que vender todo lo que tienes y dárselo a los pobres". Créame, necesitamos un gran corazón de compasión por los pobres, pero esa era una palabra específica para una persona específica. La presencia profética era soltada a través de Jesús en ese momento, y expuso el ídolo que este joven tenía en su corazón. Debe haber sido el problema con el que más luchaba: inclinarse ante el altar de Mamón. Jesús le ofrecía una cruz hecha a su medida. Pero él se apartó, porque era demasiado duro de sobrellevar. No pudo mirar más allá para ver lo que había del otro lado de la cruz.

Jesús tiene una palabra de revelación que corta justo donde más lo necesita. Ese mensaje filoso y punzante será diferente para usted que para el resto de las personas. Lo que Él le pida que deje y lo que Él le pida que tome, no será exactamente igual para los demás.

Hace algunos años fui profundamente tocado por un mensaje que se llamaba "Un bocado de astillas". Suena terrible, ¿no es cierto? Pero el Señor quiere que abracemos la cruz, que besemos la cruz, que amemos la cruz. Ella es su amiga, no su enemiga. Ese cuerpo perforado salvó nuestras vidas. Así que, bese la cruz y tome un bocado de astillas.

Quiero asegurarme en el comienzo de este libro que nuestra meta es clara y nuestro objetivo es correcto. Nuestro punto no es convertirnos en una comunidad profética, ni aún en una generación de guerreros consagrados y apasionados. Los dones son dados por gracia, pero el fruto viene al besar la cruz. Nuestro objetivo en esta vida es ser cambiados a la imagen de Cristo. Se trata de Él, no de nosotros. Se trata de ti, Jesús. El enfoque de nuestras vidas debe ser la centralidad de su cruz en todas las cosas.

Cada generación tiene diferentes enemigos que son soltados por el poder de las tinieblas, lo cual requiere una aplicación fresca y profética de la Palabra de Dios, y así poder contrarrestar las normas socialmente aceptadas pero bíblicamente condenadas. Para ser auténticos revolucionarios y agentes de cambio, debemos llevar nuestra cruz. De otro modo, usted y yo no seremos mas que *"metal que resuena o címbalo que retiñe"* (1 Corintios 13:1).

Declaraciones de la cruz

Ahora que hemos aclarado nuestro objetivo, veamos algunas declaraciones clásicas o antiguas de precursores que ya transitaron esta senda como peregrinos. Luego enumeraré ciertas Escrituras bien conocidas, para ayudarnos a mantener nuestro enfoque en la cruz.

El Dr. Bill Hammon, fundador de Christian International (Cristiandad Internacional) y autor de varios libros, lleva años comprendiendo la centralidad de la cruz en la vida de una persona profética. Veamos qué tiene este pionero para decir:

"Los actores principales en la historia bíblica –Dios, la humanidad y el diablo– hoy son los actores principales, y aunque vivimos bajo un nuevo pacto estos personajes no han cambiado. Dios todavía habla a través de sus profetas, la gente todavía resiste y rechaza la palabra profética y el diablo todavía hace todo lo que puede para destruir a los profetas. Entonces la persecución y el rechazo son parte de la cruz que el profeta debe llevar. Jesús dijo que a menos que

estemos dispuestos a cargar nuestra cruz y negarnos a nosotros mismos, no podremos ser sus discípulos (Mateo 16:24).
¿Cuánto más este principio se aplica a los profetas? Los
profetas deben tomar la cruz de su ministerio con gozo,
negarse a sí mismos todas las indulgencias carnales que
operan como trampas y las actitudes que son como semillas de cizaña". [3]

Otros dos estadistas de nuestros días son John y Paula Sandford,
fundadores de Elijah House Ministries (Ministerios casa de Elías).
Su libro *"La tarea de Elías: un llamado a los profetas de hoy"* es uno
de los textos clásicos a los que muchos de mi generación nos hemos
aferrado con uñas y dientes. Esto es lo que esta sabia pareja tiene para decir acerca de abrazar la cruz:

"Los profetas de los tiempos finales deben estar completamente muertos a sí mismos en el Señor y resucitados a una
obediencia perfecta. Sus mentes deben ser puras en Él, sino
echarán agua al fuego que Dios está trayendo o, peor aún, pe-
dirán fuegos de sufrimiento que nacen de sus propios deseos
de venganza. Por tanto, la necesidad de disciplina es fuerte.
Cualquier fuego, sea espiritual o terrenal, es difícil de controlar. Sí, es cierto, los fuegos controlados han calentado nuestros hogares, cocinado nuestra comida o encendido motores.
El fuego espiritual controlado es aún más necesario y aprecia-
do. El hombre debe aprender, como lo hizo Pablo, que la
aflicción produzca un excelente peso de gloria". [4]

Echemos un vistazo a lo que Ed Dufresne, en una manera más sua-
ve pero convincente, relata en su libro *El profeta: amigo de Dios*:

"Una vez me pregunté a mí mismo: '¿Qué estoy haciendo en
un cuarto de hotel? ¡Podría estar en casa con mi esposa y mi
hijo!' Y el Espíritu del Señor me dijo: 'Hombre muerto, no te
aflijas'. ¿Sabe lo que le sucede a un sacrificio vivo? Muere.
Los hombres muertos no pelean, tampoco devuelven el golpe... Los hombres muertos nunca se desquitan... Los profetas
deben entregar sus cuerpos como sacrificios vivos. Aún hoy

les arrojan piedras a los profetas. Algunos de ustedes dirán: "Sí, yo quiero el ministerio profético". ¿Todavía lo quiere cuando pasan cosas como esta? ¿Todavía acepta "presentar su cuerpo como un sacrificio vivo, santo, aceptable, a Dios, como sacrificio racional?"[5]

Por último, prestemos nuestro oído a una de las voces que Dios está levantando en esta generación –el Dr. Michael Brown– autor, instructor, especialista en avivamientos. Este estadista profético reclama una guerra santa en la Iglesia:

"Nuestro Salvador lo hizo bien claro; estableció dos bases para la acción. La primera es "Toma tu cruz". La segunda es "Baja tu espada". ¡Tendemos a hacer las cosas al revés! Tomamos la espada, confiando en métodos humanos para cambiar el mundo y bajamos la cruz; despreciamos el método de Dios para cambiarlo. El método de Dios va en contra del de la carne. El método de Dios parece débil y hasta tonto. El método de Dios rehúye a la sabiduría humana. El método de Dios parece haber sido diseñado para fallar, aunque en realidad es la única manera de ganar o tener éxito. ¡El método de Dios es la cruz!"[6]

Escrituras de la cruz

Luego de leer las declaraciones de algunos de nuestros veteranos, carguemos nuestros rifles con las municiones originales, con las Palabras que Jesús mismo y su seguidor apostólico Pablo, citaron. Mientras lea estos versículos, alce sus manos y ríndase al Comandante en jefe:

"...y el que no toma su cruz y sigue en pos de mí, no es digno de mí" (Mateo 10:38).

"Si alguno quiere venir en pos de mí, niéguese a sí mismo, y tome su cruz, y sígame. Porque todo el que quiera salvar su vida, la perderá; y todo el que pierda su vida por causa de mí y del evangelio, la salvará" (Marcos 8:34-35).

"Porque nosotros que vivimos, siempre estamos entregados a muerte por causa de Jesús, para que también la vida de Jesús se manifieste en nuestra carne mortal. De manera que la muerte actúa en nosotros, y en vosotros la vida" (2 Corintios 4:11-12).

"Pero lejos esté de mí gloriarme, sino en la cruz de nuestro Señor Jesucristo, por quien el mundo me es crucificado a mí, y yo al mundo" (Gálatas 6:14).

"Hermanos, sed imitadores de mí, y mirad a los que así se conducen según el ejemplo que tenéis en nosotros. Porque por ahí andan muchos, de los cuales os dije muchas veces, y aun ahora lo digo llorando, que son enemigos de la cruz de Cristo; el fin de los cuales será perdición, cuyo dios es el vientre, y cuya gloria es su vergüenza; que solo piensan en lo terrenal" (Filipenses 3:17-19).

¡Amén! ¡Oh! Nada corta y sana mejor que la Palabra de Dios.

Entonces avancemos en este conocimiento y veamos algunas lecciones del último viaje de Elías y Eliseo, en 2 Reyes. A mí me ha resultado práctico estudiar las vidas de otros, extraer lecciones de algunos personajes bíblicos o de héroes históricos o contemporáneos. Bajemos juntos por el camino, a la vez que consideramos ciertas lecciones de la vida de Elías cuando estaba a punto de graduarse hacia el cielo y dejar su obra para que la próxima generación la complete.

El último viaje de Elías y Eliseo

Con su imaginación rendida al Señor, medite junto conmigo acerca de cómo habrá sido la ambientación de esta escena. Me pregunto cuáles serían los sentimientos que tenía Elías cuando se preparaba para partir de esta vida. Y considere la molestia que debe haber sido Eliseo, cuando se le tuvo que decir –tres veces seguidas– que se quede en ese lugar.

"Aconteció que cuando quiso Jehová alzar a Elías en un torbellino al cielo, Elías venía con Eliseo de Gilgal. Y dijo Elías a Eliseo: Quédate ahora aquí, porque Jehová me ha enviado a

Bet-el. *Y Eliseo dijo: Vive Jehová, y vive tu alma, que no te dejaré. Descendieron, pues, a Bet-el"* (2 Reyes 2:1-2).

La inminente partida de Elías anticipa la vida de nuestro Mesías, cuando Jesús pronto sería llevado al cielo y dejaría su obra en las manos de sus seguidores. Continúe leyendo estos versículos con esto en mente.

Entrenando a la nueva generación

"Y saliendo a Eliseo los hijos de los profetas que estaban en Bet-el, le dijeron: ¿Sabes que Jehová te quitará hoy a tu señor de sobre ti? Y él dijo: Sí, yo lo sé; callad. Y Elías le volvió a decir: Eliseo, quédate aquí ahora, porque Jehová me ha enviado a Jericó. Y él dijo: Vive Jehová, y vive tu alma, que no te dejaré. Vinieron, pues, a Jericó. Y se acercaron a Eliseo los hijos de los profetas que estaban en Jericó, y le dijeron: ¿Sabes que Jehová te quitará hoy a tu señor de sobre ti? Él respondió: Sí, yo lo sé; callad" (vv. 3-5).

Mire, esos profetas curiosos habían sido entrenados en los caminos de la revelación de Dios, y ahora estaban anticipando lo que vendría. La nueva generación en entrenamiento, tanto en Bet-el como en Jericó, iban a Eliseo y le decían: "Eh, escucha: ¿sabes lo que pasa? ¿Sabes que el Señor te quitará a tu maestro hoy?" Una multiplicación de la presencia de revelación estaba ocurriendo.

Pero imagino que Eliseo luchaba con un poco de frustración en este preciso momento. Se encontraba en la recta final de ser nombrado mentor, y ahora la próxima generación se ponía celosa y lo trataba en forma algo despectiva, y él probablemente era joven aún. Eliseo respondió: *"Sí, yo lo sé, callad"*. Me pregunto si estaba pensando: "Oh, no, ¿quiere decir que yo me tendré que hacer cargo de esto, además?"

Cruzar la línea

"Y Elías le dijo: Te ruego que te quedes aquí, porque Jehová me ha enviado al Jordán. Y él dijo: Vive Jehová, y vive tu alma, que

no te dejaré. Fueron, pues, ambos. Y vinieron cincuenta varones de los hijos de los profetas, y se pararon delante a lo lejos; y ellos dos se pararon junto al Jordán" (vv. 6-7).

Usted quiere ir. Su maestro le acaba de decir que se quede. ¿Va a seguir ese clamor interior o va a someterse y hacer lo que queda bien? Los otros miraban cada movimiento de Eliseo con gran expectativa, cincuenta hijos de profetas en cada lugar.

¿Alguna vez sintió como si viviera en una vidriera y los demás observaban cada movimiento que usted hace? Bienvenido al club. Es parte de su entrenamiento.

"Tomando entonces Elías su manto, lo dobló, y golpeó las aguas, las cuales se apartaron a uno y a otro lado, y pasaron ambos por lo seco" (v. 8).

Me encanta la versión inglesa de este pasaje, que dice que los dos hombres <u>cruzaron</u> por lo seco. Note las palabras cuidadosamente. Pareciera como si la <u>cruz</u> era ofrecida a Eliseo en cada cruce de caminos. ¿A quién iba a obedecer, a Dios o al hombre? Imagine la lucha que tendría mientras buscaba en su interior la sabiduría y el discernimiento para hacer lo correcto. Medite en el conflicto entre el honor y el celo. ¿Iba a hacerlo por ambición personal o por la desesperación de que los propósitos de Dios se llevaran a cabo? Había una cruz hecha a la medida de Eliseo, y era ofrecida en este mismo instante.

La promesa del otro lado

"Cuando habían pasado, Elías dijo a Eliseo: Pide lo que quieras que haga por ti, antes que yo sea quitado de ti. Y dijo Eliseo: Te ruego que una doble porción de tu espíritu sea sobre mí" (v. 9).

¿No es asombroso que el deseo de un hombre o mujer pueda determinar la cantidad de bendición que reciba? ¿Pudiera ser que el pedido de Eliseo de una doble porción fuera motivado por la urgencia de que la nueva generación tome su herencia? Él sabía que necesitaría más gracia y poder de Dios para su ministerio y para conquistar a sus enemigos.

"El [Elías] le dijo: Cosa difícil has pedido. Si me vieres cuando fuere quitado de ti, te será hecho así; mas si no, no" (v. 10).

Es tiempo de otra lección en lo profético. Hablando de entrenamiento sobre la marcha, el último minuto crítico antes de la partida. *"Si me vieres..."* Me suena como que *"*mantén tus ojos bien abiertos en todo momento*"*; es otra lección que debemos aprender.

"Y aconteció que yendo ellos y hablando, he aquí un carro de fuego con caballos de fuego apartó a los dos; y Elías subió al cielo en un torbellino. Viéndolo Eliseo, clamaba: ¡Padre mío, padre mío, carro de Israel y su gente de a caballo! Y nunca más le vio; y tomando sus vestidos, los rompió en dos partes" (vv. 11-12).

¿Qué vio Eliseo? ¿De quién lo vio? Una transferencia de una generación a la otra se daba lugar y el aspecto de la paternidad era iluminado a los ojos de Eliseo. El propósito de la cruz es guiarnos a una revelación más profunda del corazón del Padre. Pero algo tiene que ser dejado para que algo mayor aún pueda venir. *"Y nunca más le vio."* ¡Qué prueba! ¡Qué precio! ¡Qué cruz!

Eliseo sucede a Elías

"Alzó luego el manto de Elías que se le había caído, y volvió, y se paró a la orilla del Jordán. Y tomando el manto de Elías que se le había caído, golpeó las aguas, y dijo: ¿Dónde está Jehová, el Dios de Elías? Y así que hubo golpeado del mismo modo las aguas, se apartaron a uno y a otro lado, y pasó Eliseo" (vv. 13-14).

Preste atención al hecho de que el enfoque de Eliseo ahora no es su maestro, sino el Maestro. *"¿Dónde está Jehová, el Dios de Elías?"* Llega un punto en donde cada uno de nosotros debe tomar el cetro por sí mismo. Podemos sentarnos en las tribunas a observar, pero solo por un tiempo. Después de mudarme de un lugar tan cómodo en la ciudad de Kansas a Nashville, algunos amigos vinieron y me dijeron: "Lárgate de la cancha. No eres el nuevo chico de la cuadra. Vamos, ¡hazte a un lado!" Eventualmente, tiene que hacer algo al respecto. Los golpes y las carreras pueden darse solo si toma el bate de béisbol –o el manto– y va a la cancha.

"Viéndole los hijos de los profetas que estaban en Jericó al otro lado, dijeron: El espíritu de Elías reposó sobre Eliseo. Y vinieron a recibirle, y se postraron delante de él" (v. 15).

La nueva generación reconoció que el pase de la antorcha se había efectuado. Con honor y reverencia se postraron en un acto de sumisión a la nueva autoridad delegada. La vara había sido pasada, pero la primera prueba estaba a punto de comenzar.

Pruebas para la nueva generación

"Y dijeron: He aquí hay con tus siervos cincuenta varones fuertes; vayan ahora y busquen a tu señor; quizá lo ha levantado el Espíritu de Jehová, y lo ha echado en algún monte o en algún valle. Y él les dijo: No enviéis. Mas ellos le importunaron, hasta que avergonzándose dijo: Enviad. Entonces ellos enviaron cincuenta hombres, los cuales lo buscaron tres días, mas no lo hallaron. Y cuando volvieron a Eliseo, que se había quedado en Jericó, él les dijo: ¿No os dije yo que no fueseis?" (vv. 16-18).

Cuando Eliseo cruzó de nuevo el Jordán, se encontró con la compañía de profetas que, a pesar de reconocer al Espíritu de Dios en él, aún buscaban lo común. Buscaban nuevamente las bendiciones del ayer.

Muy a menudo perdemos lo que Dios hace hoy porque estamos buscando la repetición de lo que Él hizo ayer. Cuídese de las actitudes y espíritus religiosos que lo llevarán a hallar contentamiento con las bendiciones de ayer y no alcanzar lo que Dios tiene por delante. La religión, en un sentido negativo del término, liga nuestras mentes a las fortalezas del pensamiento austero y escéptico. No tenga dudas ni incredulidad, clame a Dios que le dé a su pueblo una doble porción de su Espíritu.

La prueba más grande: los éxitos del pasado

A lo largo del camino hay lugares en que Dios nos revela aspectos de su naturaleza de pacto. Estos sitios se convierten en "lugares de visitación" o "revelación" para nosotros. Muy frecuentemente acampamos en el lugar en donde Dios nos mostró lo último, como si no hubiera más rasgos de su personalidad que Él pueda mostrarnos. Un esquema de pensamiento proteccionista nos lleva a transformarnos en ocupantes ilegales del pasado, en vez de establecernos en el futuro y continuar siendo pioneros. En mi vida he visto congregaciones, ministerios y denominaciones enteras dedicando tanta energía a preservar lo mejor del pasado, que se pierden lo que Dios hace hoy. En cuanto a mí, creo que debe haber más, más de la gran y brillante presencia de Dios.

Para tener un cuadro más completo de "La cruz como nuestro estilo de vida profético", demos un vistazo más de cerca de cada uno de los lugares que Elías le dijo a Eliseo que permaneciera. Entender lo que ocurrió en cada uno de esos sitios históricos nos dará una mejor idea del costo que a veces tiene ir más allá con el Señor.

Gilgal: el lugar del corte

Según las Escrituras, muchos eventos acontecieron en este lugar estratégico. Un pasaje monumental tuvo lugar en este sitio cuando una generación entera de israelitas milagrosamente cruzó el río Jordán. Una vara había sido pasada proféticamente antes, aquí mismo, de una generación a la siguiente, de Moisés a Josué.

Luego, en el lugar llamado Gilgal, Dios le dio instrucciones a Josué para todo el ejército de guerreros que habían nacido en el desierto y que nunca habían sido circuncidados. Así que, ¡trague saliva! Primero lo primero. Gilgal es el lugar de cortar la carne.

¿Alguien se ofrece como voluntario para caminar en los propósitos proféticos para su generación? ¿Adivina cuál es la primera parada? Gilgal. El nombre *Gilgal* significa "rodar" o "círculo de piedras", y en inglés "plegado sobre sí mismo". ¿Qué pasó en Gilgal? Afilaron sus cuchillos de piedra y los hombres que nunca habían recibido circuncisión física, fueron circuncidados (Josué 5:2-3). Era el lugar de echar atrás la carne y removerla. Era la cruz.

Me hago la idea de que eso duele. Pero el cortar la carne era una señal externa de que eran el pueblo del pacto de Dios (Génesis 17:9-14; Romanos 2:29; Colosenses 2:11).

¿Todavía quiere ser parte de la nueva generación de gente profética que emerge? Adivine qué: tiene una cita en Gilgal. Circuncídese en su corazón.

Bet-el: la casa de Dios

Luego de la cita para remover la carne, Dios sabía exactamente lo que hacía. Elías, uno de los padres de la fe, había andado por ese camino. Ahora había una trampa tendida para ver si la nueva generación continuaría a la sombra de la cruz.

Elías le dijo a Eliseo: *"Quédate ahora aquí, por favor, porque Jehová me ha enviado a Bet-el"* (2 Reyes 2:2). Estaba diciendo: "Mira, yo me marcho ahora. Pero Eliseo, tú quédate aquí". Eso era una verdadera prueba. Una prueba de pasión. Una prueba de hambre. Una prueba sobre la comodidad.

Seamos honestos. Aún después de ser circuncidado, el dolor se va con el tiempo y usted se acostumbra a su nueva situación. Quizás empieza a triunfar sobre sus enemigos. Empieza a asentarse en su zona de confort. ¡Entonces el intruso divino viene y desarregla su nido! Es tiempo de moverse otra vez.

Recuerda algunas de las cosas que ocurrieron en Bet-el. Fue el lugar donde Jacob se hizo una siesta, fue visitado por ángeles en un sueño y se dio cuenta que ese era un lugar de visitación divina (Génesis 28). Bet-el significa "casa de Dios". Es la casa del pan. Jacob se levantó y exclamó: *"¡Cuán terrible es este lugar! No es otra cosa que casa de Dios, y puerta del cielo!"* (v. 17).

Una cita ahora tenía lugar en Bet-el, y comenzaba el próximo tramo del viaje. Era una prueba a la tenacidad de Eliseo, a su carácter. Sus fundamentos eran comprobados, a ver si *"por el gozo puesto delante de él"*, soportaría el camino de la cruz. Eliseo respondió: "¡De ninguna manera vas a dejarme afuera!" Y cruzó con Elías a la ciudad llamada Bet-el.

Cruzar es lo que Dios quiere que hagamos en nuestro camino personal. Quiere llevarnos del lugar de la remoción de la carne a la casa de Dios. Quiere transformarnos en casa de Dios. Y tiene una pasión por abrirse paso en el Espíritu, y que su presencia manifiesta se descargue sobre nosotros.

¡Oh, que amemos más su presencia que ninguna otra cosa en este mundo!

Hasta Jericó

Me hubiera gustado acampar en Bet-el. Bet-el fue asombroso, hubiera sido tentado a quedarme allí. Y usted imagínese a Elías diciéndole: "Eh, tengo una oportunidad para ti, mantén este lugar de la presencia de Dios. Tengo que ir hasta Jericó". Creo adivinar que usted también se sentiría tentado de parar y asentarse allí. Pero, eventualmente, no le importa el costo. Su clamor es: oh, Señor, no importa el costo, si hay algo allí, debo tenerlo. ¡Debo tenerte!

Si el Espíritu santo se mueve, la persona profética se mueve también. Ciertamente Él está en Bet-el. Pero debe haber más. ¿Puede ver el patrón? Debe cruzar a la próxima verdad, a la próxima revelación, a la próxima muestra de los propósitos progresivos de Dios para su generación. Jesús dijo: *"... dejará el hombre a su padre y su madre..."* (Marcos 10:7).

Hasta Jericó. Pero, ¿qué significará esto?

En este lugar, bajo la nueva generación de liderazgo, los muros cayeron (Josué 6). El propósito de cada nueva generación es recibir la presencia de Dios para derribar muros. Algunos solo quieren acampar y hacer fiesta en Bet-el, pero hay un plan superior. La verdadera persona profética se da cuenta que Dios nos ha permitido experimentar su victoria con un propósito: derribar las murallas que rodean a ciudades enteras. Hay una cruz para cada nuevo nivel y propósito, un precio de dejar lo mejor de ayer para entrar a lo desconocido de mañana.

Entonces Eliseo respondió:

"Vive Jehová, y vive tu alma, que no te dejaré".

El Señor y sus propósitos progresivos ganaron una vez más.

Tiempo de cruzar el río Jordán

En Jericó somos librados de nuestra mente pequeña y adquirimos una visión de la ciudad. Elías tenía una misión más grande en mente: *"Jehová me ha enviado al Jordán"*. A esta altura ya conoce la reacción de Eliseo. Entonces los dos hombres viajaron camino abajo, con cincuenta de la escuela de profetas de la nueva generación, que observaban todo con asombro.

También hay personas que lo observan a usted. Congregaciones que observan. Ciudades que observan. Llegamos a un lugar en nuestro peregrinaje en donde no cruzamos por nuestra herencia personal solamente. Comprendemos que nuestro sacrificio puede marcar la diferencia y que trabajamos para que nuestra generación la posea.

¿Cómo cruzaron el río Jordán Elías y Eliseo? Se precisaba un milagro para continuar, al igual que se precisó un milagro cientos de años antes, cuando Josué guió a los hijos de Israel a la Tierra Prometida. Pero cuanto más avance con Dios, habrá menos de usted y más de Él. *"Tomando entonces Elías su manto, lo dobló, y golpeó las aguas, las cuales se apartaron a uno y a otro lado, y pasaron ambos por lo seco"*.

La palabra *Jordán* significa "someter, derribar, desarmar como a un enemigo". Se iba a necesitar todo lo que Elías había aprendido para poder cruzar hacia las promesas.

¿Qué había más allá del Jordán? Este representaba la promesa para la nueva generación, de Moisés a Josué y de Elías a Eliseo. La vara estaba a punto de ser pasada. Tuvieron que golpear las aguas del río Jordán en donde las cosas son sometidas, derribadas, desarmadas como a un enemigo.

Cualquiera de ellos: Josué, el pueblo de Israel, o Eliseo, podrían haber dicho: "¿No es bueno lo que hemos logrado?" Realmente podría haber sido bueno, en un sentido. Y hubiera sido terriblemente triste. La gente apasionada y revolucionaria no puede detenerse. Los guerreros consagrados están dispuestos a abrazar continuamente el costo de dejar atrás lo que ellos mismos han conquistado, para arar nuevos territorios vírgenes, por causa de Cristo; ir delante de otros para que ellos también puedan cruzar al próximo nivel.

¿Qué sucedió? Elías y Eliseo cruzaron, como vimos, por intervención divina.

Tiempo de padres y madres

Como a Eliseo, le serán ofrecidas oportunidades de parar. De hecho, habrá tiempos en los cuales será bueno y necesario para usted detenerse por un tiempo. Sentarse y calcular el costo. Sentarse y cobrar aliento. Sentarse y limpiar sus heridas, y dejar que Jesús las sane. Recuerde: la muerte obra progresivamente en nosotros para que la vida pueda obrar progresivamente en otros.

Cada nuevo nivel tiene un costo, pero cada nivel nuevo nos ofrece una nueva dimensión de gracia. Y cada invitación nueva a una mayor impartición requiere un nuevo nivel de abrazar la cruz como estilo de vida. Cada vez que pasa por el ojo de la aguja, deja atrás los éxitos y fracasos que ha experimentado en el último tramo de su viaje. Puede aferrarse a lo que tiene, o entregarlo y verlo multiplicado en las vidas de otros. Tuvo el privilegio de venir a esta vida desnudo, para poder ir vestido al otro lugar.

Eso es necesario para que –como mi esposa en su sueño– pueda convertirse en un padre o en una madre en el Señor. La impartición de vida engendra vida. Ya sea en lo profético, en lo pastoral, la oración o en la dimensión a la que ha sido llamado, el crecimiento viene por gracia, fidelidad, pagar el precio y recibir la revelación del corazón del Padre.

Y así sucedió. Eliseo insistió. Elías fue arrebatado. Eliseo lo vio y recibió la doble porción.

No creo que Eliseo pidiera la doble porción por causa de su ministerio personal. Creo firmemente que vio parte del costo enfrente de sí, y que su tenacidad y el clamor de su corazón fue de absoluta desesperación. Gemía por lo que Dios tenía para su generación. Eliseo necesitaba más.

Y sucedió una cosa extraordinaria. La Escrituras muestran que el número de milagros que ocurrieron a través de la vida de Eliseo fueron el doble que los de Elías. ¡Imagínese! La presencia de Dios aumentada en una dimensión asombrosa de una generación a la otra.

¡Es su turno!

Los dones pueden ser impartidos, pero usted debe abrazar la cruz por sí mismo. Nadie más puede hacerlo por usted. Abrazar la cruz incluye morir a lo bueno, para que pueda venir lo mejor. Este es el modelo del estilo de vida profético, y la prueba para todos los que desean los propósitos progresivos. La muerte actúa en nosotros para que la vida actúe en otros.

El Señor no busca a dos o tres personas asombrosamente dotadas de conocimiento para sorprender a las multitudes. El espíritu Santo busca a personas que pasen tiempo de intimidad con el Padre y rindan sus vidas a Él. Me encantaría crecer en muchos campos proféticos, pero ese ya no es más mi mayor objetivo. Mi meta ahora es ser amigo de Dios, recostar mi cabeza sobre el pecho de Jesús, amar la cruz, tomar un bocado de astillas.

También deseo ver una generación apasionada y consagrada de guerreros de la cruz, siervos que arden de amor por su Mesías, que caminan contra la corriente de esta sociedad, que sueltan la fragancia de Dios, de vida y presencia, donde quiera que van y en cualquier cosa que hacen.

Hace algunos años, mientras pasaba por un tiempo muy duro de pruebas y golpes emocionales, tuve un sueño en el que diferentes figuras de la historia de la Iglesia venían y se paraban delante de mí; gente como John Huss, Martin Luther King y Count Nicolaus Ludwig von Zizendorf, benefactor de los moravos. Luego la escena cambió a los tiempos modernos y me enfrentó un profeta muy conocido. Sus palabras traspasaron mi ser: "La gloria de la cruz es cargar tu dolor sin defenderte". Me desperté atónito, no condenado sino inspirado, sabía lo que el Señor pedía de mí en ese tiempo. Estaba agradecido. Estaba *shockeado*. Estaba aliviado. Y vi la solución a mi dilema: el camino de la cruz.

Permítame cerrar la Pista 1 de este libro con las majestuosas palabras del primer verso de otro gran himno, *¿Jesús debe cargar la cruz solo?* ¡No necesita explicación!

¿Jesús debe cargar la cruz solo, y todo el mundo desentenderse? No, hay una cruz para cada uno, y hay una cruz para mí, también.[7]

Nuestro clamor e intercesión

Padre, oro acerca de las palabras de este capítulo, que no regresarán vacías sino que hallarán aplicación personal y práctica para cada uno que lee. Sea joven o viejo, experimentado o novato, lleno de dones o en un lugar de nuevos comienzos, que cada uno vea la cruz claramente.

Dios, pido que la gracia que estaba en Elías sea soltada a esta generación. Pido la doble porción, Señor. Y con cada prueba que venga de "quédate aquí", que algo se levante en él o ella y diga: "Voy a proseguir, seguiré no importa el costo". Ayúdalo a negarse a sí mismo, tomar su cruz y seguirte. Que la cruz sea el estilo de vida profético, en el santo nombre de Jesús. Amén.

Mini cuestionario: ¡manténgalo despierto!

1. ¿Cuál era la cruz que Eliseo debía cargar para perseguir su destino en Dios?
2. ¿Qué significa para usted, hablando en términos prácticos, negarse a sí mismo, tomar la cruz y seguir a Jesús?
3. ¿Qué significa para usted "buscar la doble porción"?

¡Quiero más, Señor!

Michael L. Brown, *La revolución: El llamado a la guerra santa* (Ventura, California: Renew, 2000)

David Ravenhill, *Por el amor de Dios, ¡crezca!* (Shippensburg: Pa. Destiny Image, 1998)

Leonard Ravenhill, *¿Por qué tarda el avivamiento?* (Minneápolis: Betania, 1959, 1982)

Enrolémonos en un ejército revolucionario

Parte dos

La entrega radical de Juan

"Pasando de allí, vio a otros dos hermanos, Jacobo hijo de Zebedeo, y Juan su hermano, en la barca con Zebedeo su padre, que remendaban sus redes; y los llamó. Y ellos, dejando al instante la barca y a su padre, le siguieron" (Mateo 4:22-23).

E n este pasaje vemos el costo de enrolarse en un ejército revolucionario. Juan, que fue transformado en un amante apasionado de Dios, perdió todo lo que conocía para venir a algo que aún no conocía. ¡Oh, el costo del discipulado auténtico! Ahora imagine conmigo por un momento...

Zebedeo criaba esta familia temerosa de Dios. Al igual que otros buenos padres, les enseñaba a sus hijos el oficio que ellos, también, probablemente le pasarían a sus propios hijos. Zebedeo, un buen judío, había seguramente estudiado la Torá y los profetas, y le había sido enseñado que un día vendría el Mesías. Habría leído también en Isaías que vendría un precursor anunciando que los caminos torcidos se enderezarían.

Luego un hombre extraño, que vestía pieles de camellos, emergió del desierto. Tenía una dieta bastante particular y un comportamiento algo extraño. Había un rumor circulando de que los judíos desconfiaran de este profeta llamado Juan el Bautista, que alisaba y preparaba el camino para otro que, según él decía, era mayor que él. Preparaba el camino para el Mesías. La región entera estaba conmocionada. Zebedeo probablemente sentía que debía reforzar la barca un poco, pues la gente entraba en un estado de frenesí.

Entonces, el peor sueño del hombre se hizo realidad. Aquel a quien el profeta señalaba vino y apuntó su dedo hacia el corazón de Zebedeo. Yesúa estaba de paseo: escogía su propio equipo de hombres para hacerlos discípulos. Seguro que el joven de treinta años apareció en las costas de Galilea, vino directo al bote de Zebedeo y ni siquiera pidió permiso para hablar con sus dos hijos. Pasando por alto a la autoridad, el joven zelote habló directo al corazón de estos jóvenes: *"Venid en pos de mí, y os haré pescadores de hombres"* (Mateo 4:19). Inmediatamente Juan y Jacobo saltaron del bote, dejaron a su padre y comenzaron un nuevo camino, el proceso de convertirse en discípulos.

¿Se da cuenta del precio que pagaron cuando se rindieron a su nuevo Señor? No habría dinero, no habría trabajo, no habría un futuro comprensible. Acababan de herir a la persona que los había entrenado toda su vida y que no deseaban lastimar por nada en el mundo, a su padre. Lo dejaron allí, para que termine de pescar él solo. Lo dejaron sin herencia. Pero algo en sus corazones les dijo: "Vayan". Entonces dejaron todo para convertirse en algo que sus mentes aún no alcanzaban a comprender.

Juan y Jacobo sabían lo que era pescar peces. Pero, ¿qué era pescar hombres? ¿Qué clase de carnada se usa para eso? Suena como la interpretación errónea de palabras de revelación. ¿No piensa usted que la situación se daba para crear falsas expectativas?

Sin embargo, ellos fueron. Juan fue, en una entrega total, a unirse a un ejército emergente de hombres radicales que forcejearían por una posición y por un mensaje malinterpretado de su Líder. ¡Piedad! ¿Piensa que alguna vez Juan sintió deseos de dar la vuelta y regresar a casa? Yo sí me lo imagino. Pero cuando uno ha sido picado por el bichito del llamado, no hay vuelta atrás.

Así es hoy con el ejército profético emergente que el Señor está reclutando. Jesús dijo que ningún hombre puede poner las manos sobre el arado y mirar atrás (Lucas 9:62). Debe seguir mirando hacia delante. Es lo que Juan hizo. Es lo que debe hacer usted también.

¿Piensa que va a cometer errores al usar su nuevo armamento, o aún disparar fuera del blanco? Probablemente. Pero recuerde: los discípulos no nacen, se hacen. El grupo de guerreros consagrados y apasionados que el Espíritu Santo prepara hoy va a recibir no solo un mensaje o una revelación para entregar; ellos serán mensajeros revolucionarios todo el tiempo.

Como Juan, ¡prepárese para saltar de su cómodo bote, entregarse radicalmente y convertirse en un pescador de hombres!

4 *Se rindieron al comandante*

¡Estoy en el ejército ahora! Firmé mi contrato con el Comandante en Jefe hace unos años, y no tengo intenciones de volverme atrás. Mi vida ya no me pertenece. En un sentido ni siquiera busco reenlistarme. Soy lo que se dice de carrera militar. Verá, he sido comprado por un precio y mi vida está ahora escondida con Cristo en Dios (Colosenses 3:3). Cuando busco mi vida en otro lado, no puedo encontrarla. Él me sacó del hoyo, escondió mi vida en Él hace unos años y cada vez que intento buscarla en cualquier otro lado, solo encuentro un valle patético y solitario.

Casi siempre empezamos el servicio con gran celo mezclado con una imperceptible ambición que nos impulsa hacia las filas delanteras. Dios permite que sea así. Más aún, nos toma y conduce a su propósito. ¡Él ama a la gente apasionada! Preferiría un pedazo de roca para tallarla, antes que una burbuja inmóvil.

Recuerdo el día y el lugar en que oré, siendo un joven del *Movimiento de Jesús* al comienzo de los ´70: "Aquí estoy, Señor. Quiero enrolarme para estar en el frente de batalla de lo que tú haces en la Tierra. Donde te muevas, yo quiero estar allí. Aquí estoy. Me rindo todo a ti, Señor, el Comandante en Jefe".

Otro himno que perdurará en el tiempo contiene el significado de lo que trato de explicar. Recuerde, nos rendimos primero a la Persona y luego al propósito. Repasemos las palabras de "Yo me rindo a ti" (versión en castellano), escrito por J. W. Van Deventer en 1896:

> Todo a Cristo yo me entrego
> Con el fin de serle fiel.
> Para siempre quiero amarle,
> Y adorarle solo a Él.

> *Yo me rindo a ti, yo me rindo a ti,*
> *todo a Cristo yo le entrego,*
> *quiero serle fiel.*[1]

Adivine qué. ¡Lo agarré! –o mejor dicho, Él me agarró–. Cuando leyó el himno imagino que lo tornó en una oración. Él escuchó esa oración. Pero sépalo: Él recuerda todo y algún día vendrá por ello. Él me agarró también a mí desde mis comienzos en este tipo de oraciones.

Pero para ser honesto, cuando alcé mis manos al cielo y dije algo así como "Yo me rindo", creí que Él tenía una pistola clavada en mis espaldas. De cualquier modo, me rendí al Comandante en Jefe del ejército revolucionario, y me enrolé en él. Espero que usted también lo haya hecho.

Sus planes revelados

¿Siente una dolorosa necesidad de cambios, y está deseoso de rendir todo, como el joven David se sentía el día que confrontó a Goliat? Cuando consideramos los gigantes de nuestra generación, el Señor nos hace una pregunta, tal como David le hizo a su hermano: *"¿No hay una causa?"* (1 Samuel 17:29) (Traducción libre de la Nueva Versión Rey Santiago). ¿No hay un destino y un propósito para que nosotros cumplamos también? Cuando nuestros hermanos están alrededor de nosotros, intimidados, ¿no deberíamos levantarnos y decir: "¡Vamos, *hay* una causa en la Tierra!?"

Siempre ha sido igual. Cada revolución nace en el altar del sacrificio y la dedicación. Michael Brown escribe: "¿Por qué es esta dedicación a una causa, esta apasionada, casi siempre desinteresada, a veces devastadora, siempre fanática dedicación, característica de los movimientos revolucionarios? Es porque lo revolucionario tiene una firme convicción de que algo está terriblemente mal en la sociedad, que algo muy importante está faltando, que algo principal necesita cambiar; de hecho, que *debe* cambiar, y que debe cambiar *ahora*".[2] Los tiempos desesperados requieren medidas desesperadas. Solo abra sus ojos y mire a su alrededor. Estos son los tiempos que nos tocan vivir. Le parece que no hay una causa.

Nacimos para ser revolucionarios. Fui comprado por la sangre de Cristo para sacudir el Reino. También usted. Tal vez diga: "¿Quién, yo?" Sí, le hablo a usted. De otro modo el corazón no le latería tan rápido ahora, y la adrenalina espiritual no correría por sus venas. No leería este libro alocado, por otra parte. Sí, nació de nuevo para esta tarea.

Hace años desde que oré esa peligrosa oración de rendirme todo a Dios y a su llamado en mi vida. Hubo momentos en mi camino que hubiera deseado volver atrás y deshacer esa oración. ¿Por qué? Porque los pioneros de las líneas del frente acaban siendo disparados –tengo algunas cicatrices que lo prueban–. Pero nuevamente he tenido la gracia de vivir una vida increíble en Dios, y estoy "enganchado" con Jesús. Así que, como Caleb (Números 14:24), tengo un brillo en la mirada y veo con gran expectativa en lo que hay por delante de este ejército revolucionario que Dios está levantando.

Fui llamado desde el vientre de mi madre para ayudar a cambiar el equilibrio espiritual de la Iglesia, de levantarla de su estado temporal de letargo y reclutar a una generación de guerreros apasionados y consagrados. Nada menos que un avivamiento mundial profético satisfará mi alma aquí en la Tierra.

Ven, Señor. Une el celo, el carácter y la sabiduría en un cordón de tres dobleces en cada una de nuestras vidas. Luego ven y derrama tu dorada unción en nosotros para que, con poder, podamos hacer las obras de Jesucristo.

No hay dos flores que se abran de la misma manera. Aún si florecen de manera similar, algunas están creadas con un poder de duración mayor; otras tienen más brillante colorido; algunas tienen un corto período para soltar su fragancia durante el día a la luz solar. La flor no elige su fragancia o su aspecto. Solo se remite a mirar al Sol para recibir fuerzas diarias y ahondar sus raíces más profundo en la tierra, para beber de ella los nutrientes que necesita.

De la misma manera, el Sol está encargado de nuestros llamados y dones. Ninguna persona puede darte un llamado en esta vida. Los dones solo puede repartirlos Él. Un propósito o un destino solo puede ser entregado por Él. El llamado de cuándo, cómo y con quién, no nos corresponde a nosotros; es un asunto suyo.

Efesios 1:18 lo describe muy sencillamente: *"Alumbrando los ojos de vuestro entendimiento, para que sepáis cuál es la esperanza a que él os ha llamado"*. Me gusta eso. No es "la esperanza de mi llamado"; es su llamado. Me libera. Yo no tengo que sudar la gota gorda. Él tiene un plan, y está mas comprometido con ese plan que yo. Yo vengo a ser un mayordomo del don, llamado o gracia de Dios. ¡Solo quiero ser uno de los buenos! (Explicaré más acerca de esto en el capítulo 11, "Tomar tu destino profético", así que dejémoslo ahí por el momento y prosigamos.)

Los métodos de Dios con el hombre son una maravilla para contemplar. Mientras que todos los principios bíblicos se aplican a todas las personas, sus caminos y maneras son diferentes con cada uno de sus hijos. Como soy padre de cuatro hijos, estoy aprendiendo que, definitivamente, lo que funciona con uno no necesariamente funciona con el otro. No hay un molde de tortas para que los padres hagan a sus hijos, y estoy seguro de que tampoco Dios usa papel carbónico para copiarnos. Después de todo, Él es un Padre de verdad y nosotros somos sus "chicos" maravillosamente creados.

Al igual que con cada oficio o ministerio, hay tres principios que siempre se aplican: llamado, entrenamiento y comisión. Estos pasos no se dan todos de una vez, pero frecuentemente se repiten varias veces en la vida de una persona. Los dones y el llamado no son inmóviles, sino progresivos por naturaleza. Consideremos cada uno de esos pasos progresivos con respecto a la nutrición del llamado de Dios en nuestras vidas.

1. La forma en que Dios llama

¿Cómo viene el llamado profético? Si comparamos ejemplos escriturales con experiencias de la vida contemporánea, hallamos una variedad de tiempos, estilos y formas en que la gente ha sido llamada al ministerio profético. Algunos parecen haber nacido con un don. Otros nacen de nuevo con el don o son bautizados por el Espíritu Santo con un don. Otros reciben el llamado gradualmente y florece tarde en las vidas, aunque la persona fue llamada soberanamente antes de nacer.

A continuación veremos algunos ejemplos bíblicos de gente llamada de diferentes modos a profetizar:

Samuel: Llamado cuando era niño (1 Samuel 3:1-14)
Eliseo: Llamado cuando era un hombre, mientras araba un campo (1 Reyes 19:19-21)
Jeremías: Llamado antes de ser concebido (Jeremías 1:4-19)
Amós: Llamado mientras era un boyero y criador de higos silvestres (Amós 1:1; 7:12-14)
Juan el Bautista: Llamado en el vientre de su madre (Lucas 1:4).

¿Cómo sé si soy llamado?

• Le suceden cosas sobrenaturales, visitaciones de ángeles o de Jesús (1 Samuel 3:1-14; Isaías 6:1-13; Jeremías 1:4-19)
• La gente comienza a decirle (1 Samuel 3:9, 20)
• El liderazgo lo reconoce (Proverbios 18:16)
• Recibe una profecía inicial sobre el futuro (como Samuel, Isaías, Jeremías, Zacarías)
• Los dones del Espíritu en otros lo impulsan (Hechos 13:1-3; 2 Timoteo 1:6)
• Dios confirma su palabra (2 Corintios 13:1)
• Lleva frutos (Marcos 1:20).

Mi propia experiencia en el llamado

Aunque mi madre nunca fue estéril, ella perdió un embarazo de cinco meses; era un varón. Entonces elevó una oración ese día –3 de julio de 1951– la cual Dios oyó. "Señor, si tú me das otro hijo –dijo– lo dedicaré al servicio de Cristo." Un año más tarde, exactamente para la misma fecha, mis padres estaban gozosos celebrando su tercer bebé y único varón, Jimmy Wayne.

Yo creo que debo haber salido de la panza saludando y gritando: "¡Aleluya!" Todo lo que he sabido en esta vida es gracias a Jesús. Todo lo que siempre he deseado hacer es conocerlo y amarlo. Él es mi pasión. Sin Él no respiro, no tengo vida, no soy nada.

Pero cuando crecí parece como si me hubieran puesto una soga alrededor del cuello. No podía hacer las cosas que otros chicos hacían.

Una razón fue las oraciones obsesivas de mi madre. Ella era la menor de cuatro hermanos, con padres que temían al Señor, de la vieja religión del "no se puede". Su hermano, mi tío Arnold, acababa de celebrar su cumpleaños número noventa. Había servido al Señor en la Iglesia Metodista por más de sesenta años. Muchos pensaban que yo estaba destinado a seguir sus pisadas.

Recuerdo que cuando era niño, un día estaba sentado en la falda de mi bisabuela, en la silla mecedora. Esta mujer piadosa, la abuela de mi padre, me miró fijo a los ojos y dijo algo así como: "Tiene una buena espalda y bien derecha, será predicador algún día". También recuerdo a mi maestra de octavo año diciendo: "Será un predicador o un abogado. ¡Puede argumentar contra un poste y ganar!" Yo no sé si profetizaba o no. Todo lo que sé es que crecí con eso dentro de mí.

Pasaron los años con muchas experiencias con Dios, con la iglesia y caminatas en las cuales derramaba mi corazón al Amante de mi alma. Luego, a la edad de veinte años, me metí en el Movimiento de Jesús. Fue como si hubiera encontrado mi hogar, destino y propósito. Los dones explotaron cuando fui lleno del Espíritu Santo. Comencé a profetizar y nunca me detuve.

Desde allí, y por los próximos diez años, oré casi diariamente por la escuela de profetas que iba a levantarse, como la escuela del profeta Samuel (1 Samuel 19:20). Realmente no sabía lo que pedía. Todo lo que sabía era que me deleitaba en Jesús, y Él ponía en mi corazón esos deseos. Mi corazón ahora latía al unísono con el suyo. Y recuerde: cuando dos corazones laten juntos, la escalera del cielo bajará.

Podría contarle muchas historias maravillosas, pero la verdad es, profetizar es su llamado. No mío, no suyo. Cuando intenta hacer que algo suceda en sus propias fuerzas, es frustrante; pero cuando Dios es el foco primario, tendrá éxito.

Practicar con el volante de prueba

¿Alguna vez tuvo la sensación de que algunas personas obtuvieron su licencia de conducir sin haber hecho un curso o tomado clases? Al tener un hijo que acaba de recibir su licencia de conductor, estoy familiarizado con el tema. ¿Vio que en algunas academias en donde se dictan cursos para principiantes, disponen de unidades especialmente adaptadas con un doble comando de volantes, para que el aprendiz pueda practicar el manejo sintiéndose más seguro?

Bien, ¡me temo que algunos tratan de mostrar sus técnicas avanzadas de profecía acrobática en público, cuando no han probado con el volante de ensayo en su iglesia local! Esta es un tema vital hoy. ¡Ayúdanos, Señor! Sí, Él viene a nuestro socorro.

En el pasado ha habido cierta enseñanza del modelo actual de pastor, de maestro y de evangelista. Hemos tenido enseñanza sobre los apóstoles y su rol significativo. Pero mayormente hemos carecido de una correcta imagen de "modelos paternales" para los que desean crecer en lo profético.

Cuando comencé hace más de 25 años, tenía dos libros como mentores: el clásico *"La tarea de Elías"*, de los fieles pioneros John y Paula Sandford, y el excelente manual de entrenamiento *"Interpretando los símbolos y tipos"*, del brillante ministerio de Kevin Conner. No había clases a las que asistir, ni escuelas del Espíritu, que yo supiera; tampoco conferencias proféticas nacionales. Pero poco a poco se fueron editando nuevos materiales, y una nueva generación de padres y madres en lo profético fue emergiendo. Seguiremos confiando en que el Señor nos dará herramientas adicionales para equipar y entrenar en esta área vital del ministerio. Él no nos dejará huérfanos en el movimiento progresivo y restaurador de su presencia, gracias a Dios.

En otras palabras, oportunidades de entrenamiento sobran hoy. Aprovéchelas. Tome el volante de prueba, alinéese con un cuerpo de creyentes o ministerios especializados, y practiquen juntos. ¡Aprenda a conducir correctamente, por el amor de Dios!

¿Cómo se reciben los dones espirituales?

Si este es el ejército revolucionario de Dios, entonces debemos empezar por el campamento de entrenamiento de reclutas e investigar cómo se reciben los dones. Usted debe haber oído la frase "los dones se reciben y el fruto se cultiva". ¿Cómo es que se reciben los dones? ¿Cómo viene el crecimiento? Un padre en lo profético, Paul Cain, apunta hacia la dirección correcta al decir: "Solo podemos enseñarle qué hacer con las palabras. Nadie puede enseñarle cómo recibirlas de Dios. Esa es la actividad del Espíritu Santo en nuestra experiencia humana. Solo podemos enseñarle cómo cooperar con la actividad del Espíritu, no cómo producirla".[3]

Larry Randolph, autor y poderoso ministro de California, asevera: "Dios, quien es divinamente único, nos ha hecho también únicos. Por lo tanto, es difícil enseñarle a otros cómo oír a Dios, quien es diverso en expresiones. Dependiendo de las circunstancias, Dios habla de diferentes maneras, desde la voz audible a la voz interna, desde sueños y visiones e imágenes mentales hasta impresiones internas. Si, a pesar de cómo escuchemos de Dios, podemos volvernos más receptivos a su voz y atentos a sus caminos por medio de la oración, ayuno, meditación, adoración e intenso escrutinio de las Escrituras".[4]

En otras palabras, aunque cada uno de nosotros es único, algunos principios básicos pueden aplicarse a todos nosotros. Por eso, así como podemos aprender a oír la voz de Dios más efectivamente, también podemos aprender a estar más abiertos a sus dones. Aquí hay cinco principios que nos ayudarán a entender mejor cómo se reciben los dones y a abrir nuestro corazón para recibirlos.

1. Los dones son dados por un Dios soberano. Él da los dones, ministerios y oficios como a Él le place. Estos dones tienen que ver poco y nada con la condición de la persona. Hechos 2:1-4 y 10:44-46, por ejemplo, nos cuenta que multitudes vinieron a la fe y recibieron el don de lenguas en Pentecostés, y los resultados de la predicación de Pedro a los gentiles en la casa de Cornelio.

2. Los dones son trasmitidos frecuentemente por la imposición de manos. Un claro ejemplo es el don de sabiduría dado a Josué cuando Moisés impuso sus manos sobre él (Deuteronomio 34:9). Otro ejemplo es la impartición del Espíritu Santo a Saúl y la devolución de la vista a Pablo cuando Ananías puso sus manos sobre él (Hechos 9:17-18). La gente es frecuentemente equipada para el ministerio por la imposición de manos, como los siete diáconos elegidos para supervisar las mesas en la Iglesia primitiva (Hechos 6:3-6) y Bernabé y Saulo antes de ser enviados por la iglesia de Antioquía (Hechos 13:1-3). Esta práctica debe ser usada a conciencia; sin embargo, Pablo le advierte a Timoteo de no imponer manos ligeramente por la responsabilidad de *"participar de los pecados de otros"* (1 Timoteo 5:22).

3. Los dones pueden ser desarrollados por medio del trabajo del mentor. El ejemplo más notable es el de Jesús con sus discípulos. El Señor llamó a los doce y les entregó su autoridad (Lucas 10:1-11, 19). Otro ejemplo prominente es el de Eliseo, quien siguió a su maestro durante años de entrenamiento y servicio. Recuerde que cuando Elías fue llevado al cielo, Eliseo tomó el manto del profeta y comenzó su propio ministerio (1 Reyes 19:15-21; 2 Reyes 2:1-15).

4. Los dones que hemos recibido pueden desarrollarse todavía más. Debemos madurar y volvernos más sensibles a lo que recibimos de Dios. Hebreos 5:14 nos dice que practiquemos y entrenemos nuestros sentidos para madurar. Algunas maneras de hacerlo incluyen oración, ayuno, auto restricción, aumentar la fe, crecer en carácter y sostener una doctrina pura.

5. Los dones vienen de Dios solo por gracia. La justicia propia es una seria barrera para el desarrollo de los dones. Los dones son regalos. Ellos no prueban cuánto Dios ama y quiere ayudar al profeta, al maestro o al evangelista; en vez de ello, muestran cuánto Dios ama y quiere bendecir a su pueblo.

La gracia que me había esquivado

Hace algunos años yo no podía enseñar. Podía hablar de lo que había en mi corazón, pero no tenía una propensión natural hacia la enseñanza. En ese tiempo mis primeros mentores y colegas eran todos maestros dotados. Me sentía como un sapo de otro pozo la mayor parte del tiempo. Tenía un corazón pastoral, con un llamado profético, pero no era un maestro.

Entonces, una noche en un grupo de oración, Geoff Buck, un colega líder en el equipo del Movimiento de Jesús, se acercó a mí. "Siento que el Señor me dice que tienes que pedirle un don que tú quieras –dijo– y Dios te lo dará."

Parecía algo extraño, pero supe que esa era la voz de mi Maestro que me hablaba. Lo consideré por un momento, y luego le respondí a Geoff: le expresé el deseo de tener el don de enseñar al pueblo de Dios.

Mi amigo procedió a imponer sus manos y orar suavemente por mí.

Algo ocurrió, dos cosas, para ser más exacto.

Primero, mientras me preguntaba por qué no había pedido el don de milagros, o evangelismo o algo más dramático, sentí una nueva fe en mi corazón de que le había pedido a Dios exactamente lo que Él quería darme. Segundo, luego que Geoff oró me sentí diferente. No estaba seguro cómo, pero sabía que había recibido una gracia que previamente me había esquivado.

Hoy Geoff Buck está a cargo de las videoconferencias de "Alcance a América", de los Ministerios Derek Prince, y yo... bueno, llevo a cabo alguna enseñanza sobre revelación, muy interesante. Es por gracia, siempre lo ha sido y siempre lo será.

¿El ascensor o las escaleras?

¿Prefiere tomar el ascensor o siempre usa las escaleras? ¿Qué tiene que ver esto con el desarrollo profético? Espere.

Alguna gente profundamente dotada parece como si entrara al ascensor y la ascensorista le dice: "¿Qué piso?" Ellos responden: "Bueno, el más alto, ¡por supuesto!" Y lo próximo que saben es que están en la terraza con una vista panorámica de la ciudad. ¡Hablando de sueños y visiones! No están completamente seguros de cómo llegaron allí, ¿pero qué importa? El paquete de dones ha sido entregado y ellos dieron un gran salto y arrebataron una porción del reino espiritual.

Otros son usuarios de las escaleras. En el desarrollo de sus dones, suben un escalón por vez. Escuchan las historias de otros a los que el Comandante en Jefe ha traído hasta acá. Para el tiempo en que han escalado el primer piso, con mucho sudor en la frente, comienzan a preguntarse: "¿Dónde estaba yo cuando tomaron lista? ¿Me habré perdido el llamado?"

Dios tiene su razonamiento, y sus caminos no son nuestros caminos. Está la soberanía de Dios, por un lado, y la cooperación del hombre con su llamado, por el otro. Ambos factores entran en escena. He observado los siguientes puntos sencillos en este juego de "usuarios de ascensor" versus "usuarios de escaleras", y me ha ayudado mucho.

Usuarios de ascensor

- Dones dados soberanamente; como Jeremías, nacen con ellos.
- Pronta operación, aunque no caminan muy cerca de Dios.

• Unción mayor que su entrenamiento; experiencias grandiosas pero, a veces, falta de sabiduría en su uso.
• Sensibilidad emocional.
• Pueden sufrir mucho rechazo y soledad.
• Pueden ser tentados a tener un concepto muy elevado de sí mismos, como que son especiales.
• No son típicamente buenos maestros, porque no saben cómo lograron lo que tienen.
• Deben cultivar la humildad y gratitud.

Usuarios de escaleras

• Desarrollan los dones lenta y progresivamente; el don no aparece de repente.
• Proceden un paso a la vez, como si estuvieran escalando una montaña.
• Progresan por la fidelidad.
• Pueden sufrir intimidación e incluso envidia.
• Deben evitar los pensamientos de queja.
• Propensos a ser autojusticieros: "¡Yo me lo merezco, lo he ganado!"
• Deben continuar en fidelidad y permanencia mientras cultivan la revelación de la gracia de Dios.

2. Desarrollo del carácter: fruto que crece

Podemos encontrar muchas lecciones cruciales en cuanto al desarrollo del carácter, algunas de las cuales vimos en la Pista Uno de este libro. Dios no quiere que solo entreguemos un mensaje; quiere que seamos una palabra viviente. Porque la persona profética es extra sensible, él o ella deben darle al área del carácter una atención especial. La cruz de Cristo será el objeto de amor de cualquier persona profética.

En su excelente libro, *"Profetas, precipicios y principios"*, el Dr. Bill Hammon ilustra un punto espiritual; para ello usa un principio tomado de la agricultura. Un yuyo llamado "pasto Jonson" entremezcla sus raíces con las raíces de un buen grano parecido al maíz –al que es casi idéntico–. El yuyo se roba los nutrientes del maíz, pero no puede ser arrancado de raíz sin destruir también las de la buena planta. El resultado: un maíz debilucho de inferior calidad, no apto para ser usado como semilla para la próxima temporada de siembra. Solo después de la cosecha puede solucionarse el problema, cuando el granjero ara la tierra para exponer y remover las raíces del yuyo.

En el plano espiritual también, Dios no tratará con problemas avanzados de raíz durante una etapa de ministerio productivo. Él llevará el ministerio a un invierno de inactividad e improductividad. Él arará al profeta de arriba abajo, expondrá los problemas de raíz, y entonces ahí las rociará con una fuerte unción para destruirlas o sino se precipitará sobre el alma del profeta hasta que todas las raíces sean removidas y echadas en el fuego del propósito purgante de Dios.

Por esta causa debemos permitir que Dios, o todos los que han sido asignados como nuestros guardas espirituales, nos muestren nuestras actitudes raíces de yuyo y semilla, y remuevan las fallas del carácter recién florecidas, antes de que se entremezclen con nuestra personalidad y nuestros actos. Cuanto más esperemos, más drástico será el proceso.[5]

Señales del carácter

Aquí hay diez puntos sorprendentes para que medite mientras aprende a conducir en el camino de obtener su licencia profética:

1. El carácter es raramente evidenciado hasta que las presiones y pruebas llegan. En tiempos así, los dones pueden secarse y aún desaparecer por un tiempo, hasta que la poda del Señor se lleva a cabo en la vida de ese vaso.

2. Cuando el carácter madura, notablemente se evidencia un crecimiento en el individuo y sus dones.

3. Por su naturaleza invisible, el carácter puede ser más difícil de medir, en términos de progreso y crecimiento, que un don espiritual dado por gracia.

4. Las motivaciones son lo más difícil de reconocer. Una palabra

verdadera puede ser dada por un motivo impuro de autopromoción que no es detectada por el que da la palabra. ¡Sea misericordioso y no juzgue al otro!

5. A su tiempo aprenderá a no sacrificar metas de largo plazo para alcanzar éxitos de corto plazo.

6. Aprenda a valorar la "vida de equipo". Sepa que necesita que otros lo vigilen a usted, su familia y sus prioridades. Sea abierto al diálogo respecto de sus motivaciones, finanzas, moral y otros temas importantes de la vida natural y espiritual.

7. En el desarrollo del carácter, aprenda a valorar a otros y no envidiar sus posiciones, títulos, funciones, prestigio o dones. Aprenda que antes que la honra viene la humildad.

8. Empiece a vencer la envidia y los celos, y espere el tiempo del Señor para su vida. Por ejemplo, Dios le habló a Jeremías en el 627 a.C. –el décimo tercer año de Josías– pero no fue hasta el 612 a.C. que él comenzó a profetizar. Esperó quince años. Al año siguiente, en el 611 a.C., dieciséis años después de la visitación del Señor a Jeremías, ciertas tablas de la Ley fueron halladas. El rey Josías no consultó a Jeremías sobre su significado, sino la profetisa Hulda fue quien lo hizo (2 Reyes 22:8-14; 2 Crónicas 34:14-15).

9. Aprenda a ser misericordioso y extender gracia a otros, así como ellos también están en construcción. Esto, a su tiempo, recogerá también misericordia y gracia de otros hacia usted.

10. Dé toda la gloria, honor y alabanza al Señor. Sus debilidades se desvanecerán delante de Él, lo llevarán a nuevos niveles de intimidad con el Señor. Abrace la cruz, rechace la adulación temporal de otros y deléitese en el amor incondicional del Señor.

El profeta y la Palabra

Al rendirse a nuestro Comandante en Jefe y enrolarse en su ejército revolucionario, debe volcarse al libro de códigos o reglamento dado a cada nuevo recluta. Este asombroso recurso es el único libro en todo el planeta que, cuando usted lo lee, él lo lee a usted. Es su manual de instrucciones para la guerra, contiene la sabiduría y los métodos de Dios. Devóreselo. Le daré unos cuantos mini cuestionarios a lo largo de este libro, y si los estudia pasará los exámenes.

De hecho, si lee este manual del conductor, no solo pasará la prueba, sino que acabará conduciendo por el lado correcto del camino.

Permítame darle a conocer una palabra de sabiduría: Déjese impresionar más por la palabra que entra en usted que por la palabra que sale de usted. Esto es verdad, particularmente para los tipos proféticos. Aquí vienen seis palabras punzantes más, que le ayudarán al cumplir su llamado:

1. **Sea adicto tanto a la Palabra escrita (las Escrituras) como a la Palabra viviente (Jesús).** El error que cometen muchas personas que tiene dones proféticos, es que tienden a usar la Biblia como fuente de validación de su "última revelación". Estudia para "presentarte a Dios aprobado", le exhortaba Pablo a Timoteo (2 Timoteo 2:15), pero no para estirar la Palabra a la medida de la última visión o sueño que ha tenido.

2. **Siempre mantenga su tiempo de lectura bíblica y meditación devocional.** Aliméntese primero usted. No mezcle los tantos: ministerio y devoción deben tener su lugar apropiado. Pase tiempo con Dios.

3. **Adhiérase a las cosas simples y sencillas de las Escrituras.** Tenga doctrina profunda en lo básico, como el nacimiento virginal, la cruz, la resurrección de la muerte, la segunda venida, el nuevo nacimiento, la inspiración de las Escrituras, etc. No acepte ninguna desviación de las verdades históricas de la Iglesia.

4. **Mantenga una doctrina correcta.** Sin ella, su interpretación de la revelación puede ser engañosa. Busque la comprensión adecuada conforme al contexto histórico en las Escrituras, recién ahí deje que el Espíritu Santo lo guíe a la aplicación actual de esa Palabra.

5. **Aprenda la simbología y tipología del Antiguo Testamento**, y cómo es aplicada en el Nuevo Testamento, para poder interpretar precisamente las experiencias contemporáneas de revelación.

6. **Manténgase conectado con los líderes.** Para obtener equilibrio, protección y desarrollo, todas las personas con dones de revelación deberían juntarse con apóstoles, maestros y otros líderes, para ser entrenados más sistemáticamente en la Palabra y en teología.

7. **Camine en preparación mental y espiritual** por medio del ejercicio regular de las disciplinas espirituales.

3. Comisión: obteniendo su licencia de conducir

Para algunos de ustedes este es un tiempo en el que experimentan ciertos temores. Es como cuando uno aprende a andar en bicicleta sin las rueditas; el esfuerzo es ahora mantener el equilibrio. Puede tambalearse un poquito, o puede salir andando derecho, pero cualquiera sea el caso, recuerde que siempre tiene que seguir pedaleando y mirando hacia delante. ¡Ha recibido su licencia! Pasó el primero de los exámenes.

Puede ser útil que le advierta, como dice una frase acuñada por Francis Frangiapane: "¡Nuevos niveles, nuevos demonios!" Así que no se frustre ni se preocupe demasiado si una pequeña vocecita de intimidación trata de hacerle creer que debe ponerse nuevamente las manos en el bolsillo, cerrar la boca y volver a la butaca. Uno de los objetivos principales del diablo es convertirlo en un exitoso observador. Pero no lo deje triunfar. Sáquese esos temores, aventúrese un poco y lárguese a la calle.

Señales de una misión profética

Como en la milicia, su vida y ministerio recibirá algunos encargos o misiones de manera progresiva. Somos llamados y continuamos siendo llamados todo el tiempo. Somos entrenados y continuamos siendo entrenados todo el tiempo. Somos enviados y traídos nuevamente para ser reentrenados, provistos de herramientas y nueva visión, así podemos ser recomisionados con propósito y poder frescos. En 1 Samuel 3:19-21 leemos: *"Y Samuel creció, y Jehová estaba con él, y no dejó caer a tierra ninguna de sus palabras. Y todo Israel, desde Dan hasta Beerseba, conoció que Samuel era fiel profeta de Jehová. Y Jehová volvió a aparecer en Silo; porque Jehová se manifestó a Samuel en Silo por la palabra de Jehová".*

¿Cuáles son algunas de las señales de que una comisión es dada por el Señor (el único que puede hacerlo)?:

Dios respalda sus palabras; ellas nunca fallan.

La gente reconoce el poder, la precisión y la consistencia.

El Señor se aparece a la persona por varios medios.

La palabra del Señor viene al profeta más consistentemente.

Hay otra señal de una comisión, además; se le dice la señal "de la bota". ¿Quiere saber de qué se trata? Si usted da muchas vueltas y espera la perfección de carácter antes de que llegue la comisión, entonces puede ser que tenga un despertar algo rudo. Puede recibir la señal "de la bota". Sí, ¡puede recibir una patada de Dios en sus asentaderas y recibir la marca de su bota, al tiempo que lo escucha decir: "Bien, haz algo pronto con lo que tienes, y luego recibirás más!" O puede decirle: "¿Has obedecido mis últimas órdenes?" Usted responde, un tanto confundido: "¿Qué órdenes, exactamente?, yo estuve esperando pero..." y Dios responderá con su Palabra, le recordará: "Yo ya he dicho: 'id'".

Así que mi consejo es: siga yendo. No sea un observador religioso que solo mira y controla el puntaje. ¡Métase al auto y encienda el motor!

Sabiduría para el camino

Para ayudarle a mantenerse en carrera, le traigo una guía simple de consejos que evitarán que acabe con una multa por alta velocidad o tirado en una zanja al costado de la ruta:

1. Siempre que le sea posible, salga en equipos. Recuerde que Jesús enviaba a los discípulos de dos en dos.

2. Acuda a un equipo para que lo corrijan, hagan ajustes, lo animen, confirmen y tengan amistad.

3. No se aísle (una tendencia del profeta).

4. Vaya al frente con la seguridad de que Dios está con usted. Disfrute mientas hace la tarea.

5. Pida cobertura en intercesión mientras está en el campo de acción. Desarrolle un escudo de oración. *"Cinco de vosotros perseguirán a ciento, y ciento de vosotros perseguirán a diez mil, y vuestros enemigos caerán a filo de espada delante de vosotros"* (Levítico 26:8).

6. Comprenda que usted usará diferentes sombreros o zapatos para diferentes naciones, ciudades, tiempos o eventos. Conozca su esfera de acción. Sea flexible, pero firme.

7. Repórtese en casa. Recuerde que es una persona natural. Valore y tome tiempo para las cosas cotidianas.

Reportándose al servicio

Hay una cueva de preparación para cada profeta. Hay un Comandante en Jefe que entrega las órdenes. Él es Dios y piensa que es Él quien está a cargo. A veces pareciera como si el Espíritu Santo estuviera murmurando: "¡Repórtate, preséntate, dondequiera que estés!" Si alguna vez hubo un tiempo para reportarse al servicio, es hoy. Levántese y póngase en la fila. Leonard Ravenhill lo dice de este modo: "Los hombres de Dios están escondidos hasta el día de su aparición en público. El profeta es invalidado durante su ministerio, pero es reivindicado por la historia".[6]

Así que cualquiera sea su parte en este tiempo de cambios repentinos y cambios en la historia, tome el lugar que ha sido diseñado solo para usted. Y recuerde, cuando es llamado, debe entrenarse y reentrenarse antes que los nuevos niveles de desafíos y misiones aparezcan.

Escuche las sabias palabras equilibradas del Dr. Bill Hamon, un veterano de muchas guerras proféticas: "Los dones y el llamado de Dios se basan en su soberanía, no en méritos humanos o persistencia en solicitar una posición. El principio que Pablo reveló cuando dijo: *"Mira, pues, la bondad y la severidad de Dios"* (Romanos 11:22), se aplica también a la elección del ministerio por parte de Dios. La bondad de Dios es manifiesta en sus dones y llamados. Su severidad es revelada en el proceso de su entrenamiento, para lograr que la persona esté preparada para ser comisionada para ese llamado".[7]

¿Está listo para reportarse al servicio? Si es así, su corazón latirá un poquito más fuerte mientras lee estas declaraciones penetrantes:

Que sea tan simple como Juan el bautista.

Que sea por un tiempo una voz clamando en el desierto de la teología moderna y el "iglesianismo" estancado.

Que sea tan desinteresado como Pablo, el apóstol.

Que también, diga *"Una sola cosa hago"*.

Que no diga nada que dirija a los demás hacia sí mismo, pero solo los guíe a Dios.

Que venga cada día del trono de un Dios santo, el lugar en donde ha recibido la orden para el día.

Que él, con Dios, abra los oídos de los millones que están sordos o hipnotizados por el estruendo de las riquezas.

Dios, ten piedad. ¡Envíanos profetas![8]

Nuestro clamor intercesor

Dios santo, nos reportamos ante ti, como lo hizo Josué, y nos postramos delante de ti en adoración. Deberíamos aún quitarnos el calzado de nuestros pies, en este momento. Sentimos que el Comandante en Jefe del ejército del Señor acaba de aparecer y dice: "¡Yo soy el que manda! Yo soy el General. ¿Quién está de mi lado?"

En el temor de Cristo, hacemos la venia a nuestro General y nos reportamos para el servicio. Decimos, junto con Isaías: *"Heme aquí, envíame a mí"*. Úsanos, Señor. Entrénanos, Dios. Sé nuestro Maestro. Envíanos por la santa causa de tu nombre. ¡Amén y amén!

Mini cuestionario: ¡manténgalo despierto!

Explique las tres etapas del proceso del llamamiento, entrenamiento y comisión.

¿Cuáles son las áreas del entrenamiento en las cuales es importante que la persona profética se comprometa?

¿Qué significa para usted interesarse por la persona mas que por el propósito?

¡Quiero más, Señor!

Graham Cooke, Desarrollando sus dones proféticos (*Kent, Sussex, U.K.: Sovereign World, 1994*)

Rick Joyner, El ministerio profético (*Charlotte, N.C.: MorningStar, 1997*)

John y Paula Sandford, La tarea de Elías: un llamado a los profetas de hoy (*Tulsa: Victory House, 1997*)

5 Nuestro arsenal de revelación

Si vamos a servir en un ejército revolucionario de voluntariado, mejor que tengamos la munición correcta para cargar nuestros rifles: amor por la Iglesia, misericordia a los pecadores e intolerancia hacia los poderes de oscuridad. Lo clarifica un poco 1 Corintios 14:1: *"Seguid el amor; y procurad los dones espirituales, pero sobre todo que profeticéis"*. Recuerde: debemos asegurarnos que nuestro objetivo sea claro y nuestra meta esté bien definida.

Con el amor como la fuerza de la motivación de nuestros corazones, cargamos nuestro arsenal de revelación de Dios. No hacemos tiro al blanco. Apretamos la cola del disparador con municiones de dones espirituales, el armamento que Dios da a sus conscriptos.

Sí señor, usted está en el ejército ahora, y es excitante. El Espíritu Santo tiene un armamento de revelación listo para ser distribuido. Quiere darnos dones para edificar a su pueblo y derribar el reino de oscuridad.

Miremos más de cerca la meta de recibir y soltar el don de profecía. Después de todo, si integramos un ejército de guerreros apasionados, consagrados y revolucionarios, necesitamos asegurarnos que sabemos cómo cargar y usar nuestras armas antes de que pasemos al nivel de graduación.

"Procurad, pues, los dones mejores. Mas yo os muestro un camino aun más excelente" (1 Corintios 12:31).

"Seriamente desea y cultiva celosamente los más grandes y mejores –los superiores (dones) y más escogidos (gracia)–. Aún así les mostraré un camino todavía más excelente, uno que es mucho mejor y más elevado que todos ellos: el amor" (Traducción libre de la versión ampliada en inglés, de 1 Corintios 12:31).

Esta escritura fundamental contiene tres claves para recibir y liberar el don de profecía.

La primer clave: *debemos recordarnos a nosotros mismos que la revelación es un don de Dios*. Ni usted ni yo podemos ganar ese don; es dado gratuitamente a aquellos que tiene sed de recibirlo.

Hace unos pocos años, mientras estaba sentado en mi escritorio haciendo nada en particular, ni siquiera buscando a Dios, la voz del Señor resonó adentro de mí. Él dijo simplemente: "Ahora me estás oyendo por medio de un don".

No estamos calificados para recibir, pero podemos recibir gracias a las riquezas inmerecidas de la gracia de Dios que nos ha sido concedida a través del sacrificio de Cristo, a través del poder del Espíritu. La revelación del Espíritu es un regalo del corazón del Padre. Podemos ubicarnos de manera de cooperar con su gracia, pero no podemos ganarla. Cuando una palabra de Dios viene a nosotros al ministrar a otros, oímos a través de un don, la gracia de Dios. Esto nos pone a todos al nivel más bajo.

Dios quiere que oigamos su voz aún más que lo que nosotros queremos oírla. Y la manera en que lo oímos es por medio de una relación. Esta es la segunda clave para recibir el don de profecía: *debemos cultivar una relación de amor con Dios el Padre*. Podemos oírlo cuando oramos. Podemos oírlo cuando leemos su Palabra escrita. Podemos oírlo porque somos hijos e hijas en relación con nuestro asombroso Padre. Ningún don podrá jamás tomar el lugar de una relación. Una relación de amor con nuestro Padre Dios a través de Jesucristo es la base de toda comunión verdadera. Recuerda las palabras del viejo himno: "Y Él camina conmigo y Él habla conmigo...".

La advertencia de Pablo a la iglesia de Corinto de *"Seguid el amor; y procurad los dones espirituales, pero sobre todo que profeticéis"* (1 Corintios 14:1), fue escrita no para un grupo selecto de gente ni para aquellos que tenían el oficio de profeta, sino para el creyente común de la iglesia de Corinto, para usted y para mí. El objetivo: el carácter de Cristo. Pablo quería que sus rifles estuvieran cargados con amor (1 Corintios 13), y hasta les instaba a *desear seriamente*. Esta es la tercera clave.

La palabra "deseo" significa tener un profundo anhelo por algo. No hay nada de malo en querer, desear y ansiar la operación de los dones del Espíritu en su vida. De hecho, la Iglesia es exhortada por el Señor a través de Pablo a buscarlos apasionadamente. Nuestro Padre quiere vernos llenos de su amor y de los dones de su Espíritu, para que su pueblo no ande sin visión ni entusiasmo.

Con un hambre famélica, entonces, procure la gracia transformadora de Dios para que su amor deje una marca imborrable en las vidas de otros. Avive el fuego de su deseo, su anhelo, su ansia de los dones y la gracia del Espíritu Santo. Use esta tercera llave de una búsqueda apasionada de recibir y liberar los dones de revelación, así podrá edificar, exhortar y consolar a muchos necesitados. Prepare. Apunte. ¡Fuego!

¿Qué es el don de profecía?

Dando por sentadas estas tres claves importantes, podemos proseguir a la definición del don de profecía. Veremos definiciones dadas por maestros notables que provienen de diferentes movimientos del Espíritu Santo: el avivamiento de sanidad, el movimiento de la lluvia postrera, la renovación carismática, la tradición pentecostal, la Iglesia litúrgica y la perspectiva de la tercera ola. Mientras miramos las definiciones vamos a ir componiendo una excelente imagen del don de profecía.

Dejemos las piezas extendidas sobre la mesa, así podremos armar todo el rompecabezas.

Kenneth Hagin, padre del Movimiento de Fe

La profecía es una declaración sobrenatural en una lengua conocida. La palabra hebrea para "profetizar" significa "fluir". Además, lleva consigo el pensamiento de "rebosar como una fuente, dejar caer, levantar, saltar y brotar". La palabra griega traducida en "profetizar" significa "hablar por otro". Quiere decir, "hablar por Dios o ser su vocero".[1]

Dick Iverson, líder apostólico de la Comunidad Internacional

El don de profecía es hablar directamente bajo la influencia sobrenatural del Espíritu Santo. Es convertirse en la boca de Dios, verbalizar sus palabras como el Espíritu dirige. La palabra griega *propheteia* significa "expresar la mente y el consejo de Dios". Es inseparable, en su uso en el Nuevo Testamento, del concepto de la inspiración directa del Espíritu Santo. Profecía es la voz misma de Cristo hablándole a la Iglesia".[2]

Derek Prince, maestro internacional, autor

El don de profecía es la habilidad sobrenaturalmente impartida de escuchar la voz del Espíritu Santo y expresar el pensamiento o el consejo de Dios. La profecía ministra no solo al grupo de creyentes, sino al individuo. Sus tres propósitos principales:

Edificar: construir, fortalecer, hacer más efectivo
Exhortar: estimular, desafiar, advertir
Consolar: animar.

Por tanto, la profecía contrarresta los dos ataques más comunes de Satanás: la condenación y el desánimo.[3]

Ernest Gentile, autor, predicador, profeta

La profecía del Nuevo Testamento ocurre cuando un cristiano lleno del Espíritu Santo recibe una "revelación" (*apokaupsis*) de Dios y la declara a la Iglesia reunida bajo el ímpetu del Espíritu Santo. Una revelación tal habilita a la Iglesia a ver o saber algo desde la perspectiva del Reino de Dios. La composición esencial de una profecía es quíntuple:

• Dios da una revelación (comunicación, verdad divina, mensaje, perspicacia)
• A un cristiano lleno del Espíritu Santo (uno del pueblo de Dios, un intermediario espiritual)
• Quien la declara (una declaración oral)
• A la Iglesia reunida (la asamblea pública de creyentes)
• Bajo el ímpetu (inspiración, estímulo, ánimo, empoderamiento, impulso) del Espíritu Santo.[4]

Bill Hamon, fundador de Cristiandad Internacional, profeta apostólico, autor

El griego *propheteia*, según el Diccionario Expositivo Vine de Palabras del Nuevo Testamento, es un sustantivo que "significa expresar la mente y el consejo de Dios. Es la declaración de lo que no puede ser sabido por medios naturales. Es el hablar públicamente la voluntad de Dios, ya sea con referencia al pasado, al presente o al futuro". La profecía del Nuevo Testamento funciona de tres maneras:

1. Jesús dando testimonio inspirado y alabanza a través de uno de sus santos por una declaración profética o canción del Señor (Hebreos 2:12; Apocalipsis 19:10)

2. Una de las manifestaciones del Espíritu Santo llamada el don de profecía que trae edificación, exhortación y consuelo al Cuerpo de Cristo (Romanos 12:6; 1 Corintios 12:10)

3. El profeta hablando por declaración divina la mente y el consejo de Dios y dando una palabra *rhema* para edificación, dirección, corrección, confirmación e instrucción en justicia (1 Corintios 14:29; 2 Timoteo 3:16-17).

Una profecía divinamente inspirada es el Espíritu Santo expresando los deseos y pensamientos de Cristo a través de una voz humana.[5]

C. Peter Wagner, autor, director del Instituto de Liderazgo Wagner

El don de profecía es la habilidad especial que Dios da a ciertos miembros del Cuerpo de Cristo para recibir y comunicar un mensaje inmediato de Dios a su pueblo, mediante una declaración divinamente ungida (Lucas 7:26; Hechos 15:32; 21:9-11; Romanos 12:6; 1 Corintios 12:10,28; Efesios 4:11-14).[6]

El don de profecía versus el oficio de profeta

¿Qué es, entonces, la profecía? Podríamos decir que profecía es el pensamiento expresado de Dios, hablado en un lenguaje que nadie en sus dones naturales de elocuencia podría articular jamás. La sustancia y naturaleza de la profecía excede los límites de lo que la mente natural puede concebir. Los pensamientos de Dios no son los del hombre (Isaías 55:8). El don de profecía puede venir por medio de la boca o las acciones del hombre, pero se origina en la mente de Dios, pensamientos espirituales en palabras y demostraciones espirituales (1 Corintios 2:9-16).

A esta altura debemos aprender a distinguir entre los dones y los oficios del Espíritu. Mientras que son del mismo Señor y Espíritu, y sus funciones se superponen, debemos reconocer las distinciones y evitar actuar presuntuosamente en su demostración externa. No todos los que profetizan son profetas. No todos los profetas auténticos hablan dirigiéndose a las mismas esferas de la vida o el ministerio. Necesitamos aclarar esta área para ayudarnos a mantener un correcto equilibrio espiritual.

A continuación hay una breve comparación que adapté de una de las enseñanzas primitivas de John Paul Jackson, autor y director de Streams Ministries:

Dones del Espíritu Santo

Dados por el Espíritu (1 Corintios 12 y 14)
Si es profetizar, dado a todos (1 Corintios 14:24, 31)
Dados para edificación, exhortación, consuelo (1 Corintios 12:7)
Dados al Cuerpo para el bien común (1 Corintios 12:7)
Incluye revelaciones del pasado y presente (1 Corintios 12:8-10)
Se dirigen primeramente al Cuerpo (1 Corintios 12:1-26)
Entrega la Palabra (1 Corintios 14:12)
Hablan a la Iglesia (1 Corintios 12:2-4).

Incluye intercesión para dar a conocer a Dios las necesidades de la gente. Hablan de la gracia de Dios

Ministerios u oficios

Dados por Jesús (Efesios 4)
Si es de profecía, dado a algunos (Efesios 4:11; 1 Corintios 12:29)
Dados para poner el fundamento de la Iglesia y para guiar y equipar a la gente (Efesios 2:20; 4:12)
Actúan como coyunturas, unen a los miembros del Cuerpo (Efesios 4:16)

Incluyen revelación del pasado, presente y futuro (Hechos 11:28; 21:10-11)

Hablan al Cuerpo y también a las naciones (Hechos 21:10; Jeremías 1:5, 10)

Se convierten en la Palabra (Ágabo, Isaías, Oseas)

Hablan a la Iglesia pasado, presente y futuro, y a estratos sociales, políticos, económicos y geológicos (Nahum, Oseas, Abdías, Elías, Daniel, Ágabo)

Incluyen profecía para hacer conocer los deseos de Dios al pueblo.

Hablan de la gracia y el juicio de Dios.

Esto es solo un repaso de un tema tan amplio como es la profecía. Quédese conmigo.

¿Cuál es el propósito de la profecía en el presente?

El don de profecía es como si Jesús estuviera parado adentro de la persona moviendo sus manos y diciendo: "Tengo algo realmente animador que quiero decirte, pueblo mío. Tengo una palabra de consuelo. Tengo una palabra de edificación. Tengo una palabra de enseñanza". El don de profecía es el testimonio de Jesús que nos motivará a perseverar y orar. Dicho en otras palabras, Jesús tiene algo que decir.

Jesús prometió que el Espíritu Santo nos hablaría acerca de las cosas por venir (Juan 16:13). ¿Por qué? Para prepararnos para los eventos que vendrán. El don de profecía trae esperanza y restauración para los días por delante. Derrama luz sobre nuestros caminos, a veces oscuros.

A continuación hay una lista basada en las Escrituras, de algunos de los maravillosos propósitos de la profecía al presente.

1. **Edificación.** *"Seguid el amor; y procurad los dones espirituales, pero sobre todo que profeticéis"* (1 Corintios 14:1). Dios proveyó este don para edificar a la Iglesia (1 Corintios 3:10-15; 14:2-4)

2. **Exhortación.** Dios quiere incentivarnos, animarnos, aconsejarnos y advertirnos (Oseas 6:1-3; 1 Corintios 14:3)

3. **Consuelo.** Cuando eso ocurre, es Cristo que habla con gran interés personal, ternura y cuidado para soltar su presencia consoladora

en tiempos de necesidad (1 Corintios 14:3). Alguna vez usted necesitó consuelo. Uno cosecha lo que siembra.

4. **Convicción y convencimiento.** *"Pero si todos profetizan, y entra algún incrédulo o indocto, por todos es convencido, por todos es juzgado; lo oculto de su corazón se hace manifiesto; y así, postrándose sobre el rostro, adorará a Dios, declarando que verdaderamente Dios está entre vosotros"* (1 Corintios 14:24-25). Esto tiene que ver tanto con los creyentes que no han aprendido cómo operan los dones del Espíritu Santo al presente, como con incrédulos que todavía nos han venido al conocimiento salvador del Señor. Aquí lo profético es usado para darnos convicción, para "pinchar" nuestras conciencias por el pecado, pero también con un corazón que anhele traer arrepentimiento y reconciliación.

5. **Instrucción y aprendizaje.** *"Porque podéis profetizar todos uno por uno, para que todos aprendan, y todos sean exhortados"* (1 Corintios 14:31).

Como los dones de revelación abren las Escrituras para nosotros, las grandes verdades son iluminadas a nuestros ojos y se da un nuevo entendimiento de ellas. ¡Más, Señor!

6. **Impartición de dones.** *"No descuides el don que hay en ti, que te fue dado mediante profecía con la imposición de las manos del presbiterio. Ocúpate en estas cosas; permanece en ellas, para que tu aprovechamiento sea manifiesto a todos"* (1 Timoteo 4:14-15). No debemos despreciar los dones que yacen dentro de nosotros, especialmente la profecía. Como dice en estos versos, dones y llamados pueden ser discernidos, confirmados y aún impartidos. ¡Póngale las pilas a alguien cerca de usted que tiene las baterías espirituales medio descargadas! Déle a esa persona un empujón para ir al próximo nivel.

7. **Testimonio de y para Jesús.** *"Yo me postré a sus pies para adorarle. Y él me dijo: Mira, no lo hagas; yo soy consiervo tuyo, y de tus hermanos que retienen el testimonio de Jesús. Adora a Dios; porque el testimonio de Jesús es el espíritu de la profecía"* (Apocalipsis 19:10). Jesús está de pie en medio de su pueblo, para hablar su palabra. Una de las maneras en que lo hace es por medio de la operación del don de profecía. Cuando se abre de su corazón, la gente se da cuenta que Él está cerca y no lejos, y el receptor es atraído a Él.

Ejemplos del don de profecía

En las Escrituras, los dones proféticos no estaban reservados para ninguna elite, sino que eran dados por el Espíritu Santo a aquellos que necesitaban ánimo, instrucción, impartición y el testimonio de Jesús. Tampoco era dado según la madurez del recipiente. Tanto discípulos viejos como nuevos conversos eran usados con el don de profecía. El denominador común: todos eran buscadores y seguidores de Jesús. El don era dado libremente para revelar a un Dios amoroso que desea dar a conocer su corazón con su pueblo, y que quiere que todos sepan que pueden tener su presencia en sus vidas.

Los siguientes textos ejemplifican el don de profecía que opera en y a través de los creyentes del Nuevo Testamento:

Lucas 1:66-67: *"Y todos los que las oían las guardaban en su corazón, diciendo: ¿Quién, pues, será este niño? Y la mano del Señor estaba con él. Y Zacarías su padre fue lleno del Espíritu Santo, y profetizó..."*. Zacarías comenzó a profetizar respecto al nacimiento de su hijo, Juan. Una medida de los propósitos de Dios fue revelada en esta declaración profética. Esta misma experiencia tuvimos con mi esposa, Michal Ann, respecto al nacimiento de nuestros cuatro hijos. Por gracia del Señor, el Espíritu Santo nos reveló cada uno de sus nombres y el significado de ellos a través de sueños, visiones y declaraciones proféticas.

Hechos 13:2: *"Ministrando éstos al Señor, y ayunando, dijo el Espíritu Santo: Apartadme a Bernabé y a Saulo para la obra a que los he llamado"*. Una palabra directiva de sabiduría fue dada a Bernabé, Saulo y los demás, aparentemente por profecía, cuando ministraban al Señor con oraciones y ayunos.

Hechos 19:6: *"Y habiéndoles impuesto Pablo las manos, vino sobre ellos el Espíritu Santo; y hablaban en lenguas, y profetizaban"*. A veces la profecía es una señal de la presencia desbordante en la vida de un nuevo creyente, como lo fue para estos efesios. Es la manera en que me sucedió a mí, también. Antes de haber recibido el don de lenguas, primero me desbordé ¡y comencé a hablar del plan de Dios para un tiempo final glorioso en donde un avivamiento cubriría la Tierra!

Hechos 20:23; 21:4, 11: *"...el Espíritu Santo por todas las ciudades me da testimonio, diciendo que me esperan prisiones y tribulaciones"*. *"...y ellos decían a Pablo por el Espíritu, que no subiese a Jerusalén."*

"Esto dice el Espíritu Santo: Así atarán los judíos en Jerusalén al varón de quien es este cinto, y le entregarán en manos de los gentiles."

La profecía y otros ministerios aparentemente se combinaron para darle a Pablo advertencia y dirección. El apóstol fue avisado, como resultado de su interacción con lo profético, del precio que pagaría. Que advertencias verdaderas sean soltadas a nosotros también, para prepararnos para lo que nos depara el camino.

1 Timoteo 1:18: *"Este mandamiento, hijo Timoteo, te encargo, para que conforme a las profecías que se hicieron antes en cuanto a ti, milites por ellas la buena milicia..."*. Las profecías eran usadas para revelar el ministerio encomendado por Dios a Timoteo, y luego para fortalecerlo y animarlo a cumplir ese ministerio. En la experiencia de Timoteo, la profecía fue usada por el presbiterio con la imposición de manos, para comisionar un don o un ministerio. Este modelo fue restaurado a través del movimiento de la lluvia tardía, a finales de la década del ´40 y comienzo de los ´50.

Soltando el don de profecía

Ahora que ya hemos galopado por las praderas de cómo recibir el don de profecía, establezcamos algunos principios básicos para liberar este –y otros– dones del Espíritu Santo.

Nuestra fe debe estar activa para que alguien pueda recibir y expresar el don de profecía. Debemos trepar a la rama para poder obtener el fruto que cuelga al final de ella. Para responder a Dios en obediencia incuestionable, debemos mantener el principio de que Dios habla y aún está hablando. Los siguientes textos son ejemplos de las formas en que la profecía viene a nosotros, las formas en que puede ser expresada a través de nosotros y las formas en que puede ser administrada en el Cuerpo de la iglesia.

Las profecías pueden venir:

1. Como declaraciones espontáneas, impresiones o pensamientos no premeditados (1 Corintios 2:12-13; 14:30)
2. En visiones o trances (Números 24:2-9; Isaías 6; Hechos 9:10-1; Apocalipsis 1:11)

3. A través de sueños o visiones nocturnas (Génesis 37:5-9; Números 12:6; Daniel 7:1-28; Joel 2:28)

4. Por la venida de un ángel (Hechos 10:22; 27:23-26; Apocalipsis 1:1).

Pueden ser expresadas o entregadas:

1. Simplemente diciéndolas (1 Corintios 14:4,6,19)

2. Con acciones demostrativas (1 Samuel 15:26-28; Hechos 21:10-11)

3. Escribiéndolas (Jeremías 36:4-8; 15-18; Apocalipsis 1:1)

4. En canción o música instrumental (2 Reyes 3:15; 1 Crónicas 25:1, 3; Efesios 5:19; Colosenses 3:16)

5. En intercesión ungida, sea privada o pública –por ejemplo, Daniel– o pidiendo una bendición profética que suelte la gracia de Dios

6. Como una palabra *rhema* en medio de una predicación

7. En el contexto del "espíritu de consejo" (Isaías 11:2) sin el preámbulo de "así dice el Señor"

8. Por una persona, y siendo sometida al consejo pastoral para que sea juzgada, evaluada, considerada en oración y luego aplicada. Ahora es la responsabilidad del cuerpo pastoral; ya el profeta ha finalizado su tarea

9. No inmediatamente. Usted no debe soltar cada cosa que reciba. Espere la confirmación de dos o tres testigos. Póngala en su archivo espiritual de "asuntos pendientes" y espere que las otras piezas aparezcan antes de hablar

10. ¡No absolutamente! Algunas cosas no son para ser anunciadas a otros. Son los tesoros de Dios solo para usted, como un amigo que habla con otro.

Cada consejo local apostólico o pastoral tiene la responsabilidad de determinar la administración de los dones de revelación. Las siguientes son algunas opciones concernientes a la manera de soltar los dones revelatorios.

a) *En grupos pequeños.* Esta es la piedra fundamental, la puerta de entrada.

b) *En la fila de oración.* Estas se utilizan frecuentemente al final de los servicios. Ofrézcase como voluntario para ayudar de forma práctica.

c) *A la congregación*. Hay una persona asignada para juzgar la profecía; entonces, cuando fluye el Espíritu, en el momento apropiado se suelta la palabra previamente aprobada, para colaborar con el fluir general.

Hay un sector en donde hombres y mujeres de Dios son asignados mensualmente durante los cultos para tratar con lo profético. Esta opción ha sido ampliamente usada para conferencias numerosas.

Cantantes proféticos que sueltan el cántico nuevo al Señor. Un consejo es la práctica. Practique la presencia del Señor en su hogar, y eso lo liberará del espíritu de actuación.

Micrófono abierto, bajo liderazgo y supervisión.

d) *Someterlo por escrito*. Pueden ser puestas a consideración del liderazgo antes o durante los cultos, para que disciernan o juzguen la profecía. Yo he puesto en práctica este método, y continúo haciéndolo. Pero no escriba un libro y espere que lo lean. Sea conciso.

e) *Grupos proféticos de comunión*. En estos grupos de pares, bajo la supervisión del liderazgo local, las impresiones internas son intercambiadas y el consenso da la confirmación.

Cuando la profecía no fluye

Usted puede decir. "Yo me siento totalmente bloqueado. Algo no anda bien. ¿Tiene alguna ayuda para mí?" Bien, hagamos una tentativa. No hay una solución mágica que abarque todos los problemas, pero aquí hay algunos principios para seguir.

La Palabra dice que si es fiel en lo poco, se le dará más. No desprecie los comienzos pequeños en cuanto a operar con el don de profecía. Si es fiel en soltar las pequeñas palabras que el Espíritu le da, su capacidad de recibir más se incrementará y el don comenzará a fluir más libre y ricamente.

Si usted o el cuerpo de su iglesia parecen estar trabados o han dejado de fluir en lo profético, puede haber algún error o pecado que no ha sido reconocido y corregido. El Señor está pronto a perdonar y limpiar una vez que se haya expresado el arrepentimiento, y puede pedirle que restaure el don, y creer que lo renovará y aún lo aumentará. Recuerde que puede equivocarse de tanto en tanto, pero su Padre desea expresarle su amor a través de su bondadosa disciplina y corrección. ¡Su misericordia es nueva cada mañana! Así que esté presto a perdonarse usted mismo, también, y continuar moviéndose en el fluir del Espíritu. Sacúdase el polvo de encima y siga caminando.

La siguiente es una lista de algunas de las razones principales por las que lo profético no fluye. Léala en un espíritu de oración y pídale al Señor que le resalte algunas de las que pueden aplicarse a su caso. La luz de la verdad de Dios trae sanidad y libertad.

1. **Ignorancia.** *"Mi pueblo pereció por falta de conocimiento"* (Oseas 4:6). Debido a la enseñanza insuficiente, algunas áreas del ministerio pueden estar débiles o desnutridas. Se necesita instrucción; luego la fe y la búsqueda espiritual harán el resto.

2. **Temor.** *"Dios no nos ha dado espíritu de cobardía, sino de poder, amor y dominio propio"* (2 Timoteo 1:7).

Temor de la gente, aún del liderazgo (rechazo, ser malinterpretado).

Temor de decir algo mal, o decir algo sin pensarlo.

Temor de que le va a faltar la fe en el medio del mensaje.

Temor de ser avergonzado, de fallar.

3. **Poner lo profético fuera del alcance.** Al tomar la actitud de que profetizar está fuera del alcance del creyente ordinario, o hacer que la palabra de conocimiento sea lo básico para la actividad profética, intimidamos a otros para dar a conocer sus dones "menos impresionantes". Hable de lo que le da el Señor.

4. **Un ambiente cerrado.** Al no estar expuesto a un ambiente en donde lo profético fluye, pierde el entrenamiento por contacto. Si bebe de un río por demasiado tiempo, usted también se involucrará. La asociación y el ambiente deben ser creados y mantenidos para alimentar la presencia profética.

5. **No vivir en la Palabra.** Si la Palabra de Cristo no vive ampliamente en la persona, entonces el Espíritu tiene poco y nada que hacer allí, y se irá. El aliento de Dios sopla sobre la Palabra escrita. Pero repito, déjese impresionar más por la Palabra que entra en usted que por la Palabra que sale de usted.

6. **Oración inconsistente.** Es estando en la presencia de Dios que recibimos su palabra. Debemos ser consistentes en la oración. Si no

hay vida de oración no habrá vida de revelación.

7. **Orgullo.** Por querer empezar por la cima, saltamos los procesos naturales del crecimiento. Con el deseo de ser profundos y complejos en vez de apegarnos a lo simple y sencillo, detenemos el fluir de lo profético. La motivación es el tema central. El Señor honra la humildad. Sea un siervo y el crecimiento vendrá solo.

8. **Contristar al Espíritu Santo.** Debido a errores del pasado –por una persona, un grupo o aún una denominación– el Espíritu Santo puede haber sido contristado. Debemos confesar nuestros caminos y buscar que su vida profética restaurada fluya nuevamente. Puede llevar meses o incluso años, pero finalmente veremos pasto nuevo crecer en esa tierra desolada. He visto este patrón en muchas ciudades. Cuando se cultiva el arrepentimiento, los viejos pozo pueden y son cavados nuevamente. Como Isaac, ¡cave los antiguos pozos de la presencia del Señor!

Puntos prácticos de sabiduría

"La benevolencia del rey es para con el servidor entendido" (Proverbios 14:35). Mientras avanzamos cuidadosamente en el don de profecía, busquemos ese corazón entendido y sabio para que podamos hallar favor con nuestro Rey. Después de todo, servimos a Jesús cuando compartimos su testimonio con el Cuerpo de Cristo y con el mundo.

Michel Sullivant en *"Protocolo profético"* tiene algunos pensamientos magistrales para nosotros sobre el tema de "Dones, fruto y sabiduría". Consideremos algunas de las palabras de quien se ha movido en lo profético, al igual que ha pastoreado gente profética:

> "Hay un 'protocolo profético' que necesita ser enseñado y aprendido en la casa del Señor, así el don de profecía puede ser aprovechado en su máxima intención y extensión. Cuatro valores primarios: amor, integridad, humildad y búsqueda apasionada. He identificado estos cuatro valores básicos que harán la profecía más útil, si se siguen. Estoy seguro de que hay otros que pueden agregarse a esta lista. Ciertamente, estos valores no se aplican solo a la profecía, sino a cualquier ministración en el Cuerpo de Cristo.[7]

Con esto en vista, he enumerado algunas valiosas balas de sabiduría para su arsenal revelatorio. Ellas pueden ayudarlo a evitar afligir al Espíritu y los corazones de aquellos a quienes usted les trae la palabra del Señor.

• **Evite profetizar su doctrina favorita.** Para que la corriente pura y limpia pueda correr, debe dejar de lado sus opiniones favoritas y sus prejuicios.

• **Refrénese de sermonear a otros.** No dé una clase usando la profecía. La condenación no es el Espíritu de Cristo (Romanos 8:1).

• **Trate de no corregir públicamente al liderazgo, cuando usa la profecía.** Honre a aquellos que están en autoridad. No somos llamados a criticar, sino a orar por los demás (Romanos 13:1-5; 1 Pedro 2:17; Judas 8-9). No suelte palabras que pongan presión para que la gente haga cosas.

• **Sea cuidadoso con sus palabras.** Ponga especial cuidado a las palabras acerca de noviazgos, matrimonios, nacimientos y muertes. En rara excepciones ocurren, pero prefiera lo simple y seguro. No ponga cargas pesadas sobre las personas, no las presione a tomar una dirección que viole sus conciencias personales.

• **No se enfoque en problemas.** El hablar de problemas de público conocimiento y circunstancias desagradables solo crea una innecesaria atmósfera de incomodidad. ¡Profetice vida! Vea el problema, pero busque la solución (vea el último capítulo).

• **No predique.** No predique por largos ratos bajo la excusa de estar profetizando. Sepa cuándo parar. No use el don como una plataforma para mostrar su última revelación, sino sirva en humildad para exaltar a Cristo, no a su propio ego.

• **Evite las profecías redundantes y repetitivas.** Cuando la intención de Dios ha sido claramente comunicada por otros, no hay necesidad de que alguien aparezca y comience a decir lo mismo. Anímese al saber que usted ha oído del Señor.

• **No desafine.** Si profetiza durante una reunión, no desafine con el tenor de la orquesta. No vaya en contra y arruine el mensaje del Señor. Una palabra hablada erróneamente es como un címbalo que retiñe.

• **Hable para inspirar.** Lo ideal es hablar animando, evitando gritar o apedrear a la audiencia. Es parte de edificar y hacer todas las cosas decentemente y en orden.

• **Evite la confusión.** No hable si tiene un mensaje con puntos oscuros o poco claros. Si la trompeta da un sonido incierto, produce confusión (1 Corintios 14:33). Simplemente presione el botón de pausa y continúe buscando al Señor.

• **Prefiera la Palabra.** Esto es verdad especialmente para los principiantes. No nade muy lejos de la costa hasta que esté seguro de que su bote es navegable. Sea "adicto" a las Escrituras.

• **No mezcle lo propio.** Evite insertar lo suyo y sus problemas personales en sus palabras. Esto incluye ánimo, frustración, arrebato, amargura, opiniones, legalismo o tiempos en que está enfermo o bajo medicación. Sea una vasija limpia para que el Señor lo use.

• **Depure las emociones negativas.** Es importante permitir que el Espíritu Santo purgue cualquier elemento negativo de su espíritu. Trate de no hablar de temas de los cuales usted sabe que está involucrado emocionalmente para mal. Sea un intercesor en ese caso, no un profeta.

• **Muévase dentro del perímetro de su fe.** Avance, pero aún así permanezca dentro de los límites de su fe (2 Corintios 10:15). *"De manera que, teniendo diferentes dones, según la gracia que nos es dada, si el de profecía, úsese conforme a la medida de la fe"* (Romanos 12:6).

• **Sea gobernado por el amor.** Que el amor de Cristo sea su meta (1 Corintios 13:1-3; 14:1-2; 2 Corintios 5:14).

• **No se cohíba por el temor al hombre.** Dispárele al blanco de la perfecta unidad del Cuerpo de Cristo. No caiga en las trampas de complacer a los hombres y el temor al rechazo. Luche por el objetivo de complacer primeramente al Señor.

• **Lo principal es la edificación.** Suena esta profecía como dicha por Jesús. Edificará a la persona, ministerio o iglesia. Como los físicoculturistas, aprendamos a ser edificadores del Cuerpo.

Lecciones para el principiante, guías para el maduro

Muchos señalan el año 1988 como el año en que el movimiento profético fue introducido de nuevo al Cuerpo de Cristo. Esto fue una generación –o cuarenta años– después del comienzo del movimiento de la lluvia tardía y del nacimiento de Israel como nación. Durante fines de la década de los ´80 y comienzo de los ´90, tuve el privilegio de ser parte de una compañía de voces proféticas que emergían en el ámbito de la nación. A continuación hay una serie de consejos prácticos que escribí para prepararse, lecciones para principiantes a las cuales los maduros pueden volver de tanto en tanto.

1. **Procure fervientemente los dones del Espíritu Santo.** Especialmente que profetice (1 Corintios 14:1). Dios quiere hablarle a usted y a través de usted.

2. **Confíe en la paz del Señor.** Esté atento a hablar cuando su espíritu está incómodo, en confusión o se siente forzado a hablar. Busque la paz de Dios en cada palabra que oye (Salmo 85:8; Filipenses 4:7-9).

3. **Obedezca la urgencia del Espíritu.** Recuerde que el espíritu profético está bajo control. Él no lo impulsará a hablar contra su voluntad. Usted puede "prenderlo" o "apagarlo" a voluntad.

4. **No se apoye en sensaciones físicas.** Cuando comienza a andar en la profecía, frecuentemente el Señor le da sensaciones físicas, como un nudo en el estómago, palpitaciones, calor intenso, sentimiento de euforia, impresiones, visiones y otras. El Señor hace esto para prepararlo para recibir o a dar su palabra. Cuando el tiempo pasa, sin embargo, el Señor retira estos síntomas para que pueda crecer en la habilidad de escuchar la voz de Dios aparte de las sensaciones físicas.

5. **Hable clara y naturalmente.** No tiene por qué hablar en versión Reina Valera todo el tiempo. Ni tampoco tiene por qué decir "así dice el Señor" para sonar más creíble. Si su palabra es verdaderamente de Dios, el Espíritu la confirmará en los corazones de los oyentes (Juan 10:4-5, 16). Además, hable fuerte y claramente, lo suficiente como para ser oído por todos.

6. **El tiempo exacto es todo.** Una profecía que viene en un tiempo incorrecto durante una reunión, es como metal que resuena o címbalo que retiñe. Atraerá la atención hacia usted, no hacia Jesús.

7. **Deje las palabras de corrección y dirección para los hermanos más experimentados y maduros.** El don simple de profecía es para edificación, consuelo y exhortación (1 Corintios 14:3). Si recibe una palabra de dirección, escríbala y sométala en oración al liderazgo, para que sea evaluada.

8. **¿Cómo recibe un mensaje?** ¡No tiene que ser atravesado por un

rayo para profetizar! Un mensaje puede venir de muchas maneras: palabras literales, sueños, sensaciones o vislumbres, imágenes de palabras como si estuvieran impresas en su mente, y muchas otras formas más. Muy frecuentemente un individuo experimentado recibe el sentido de lo que Dios quiere decir. Su tarea es, entonces, expresar ese sentido clara y correctamente (Salmo 12:6).

9. **¿Qué hace con la palabra luego de que la recibe?** Depende. No todas las palabras son para el propósito de comunicarlas; muchas son para interceder. Algunas palabras deben ser puestas en un archivo para esperar la confirmación. Otras deben ser escritas y sometidas a evaluación por cristianos más maduros en el ministerio profético. Algunas profecías deben ser habladas solo a un individuo, otras a un grupo. Algunas palabras proféticas deben ser entregadas en forma de canción.

10. **¿Qué pasa si hace lío?** Nadie es perfecto. La madurez viene de asumir riesgos y fallar ocasionalmente. Proverbios 24:16 dice: *"Porque siete veces cae el justo, y vuelve a levantarse"*. Aprenda de sus errores, pídale al Señor que lo perdone y lo limpie, y luego reciba humildemente de su gracia (1 Pedro 5:5).

Nueve pruebas escriturales

Las siguientes nueve pruebas escriturales para juzgar la profecía son inspiradas en la enseñanza de un casete de Derek Prince. [9]

1. **1 Corintios 14:3**: *"Pero el que profetiza habla a los hombres para edificación, exhortación y consolación"*. El propósito final de toda profecía es edificar, aconsejar, animar al pueblo de Dios. Todo lo que no se dirija hacia este fin no es verdadera profecía. La comisión de Jeremías era negativa al principio, pero luego se agrega una promesa (Jeremías 1:5,10). 1 Corintios 14:12 lo resume mejor: *"Así también vosotros; pues que anheláis dones espirituales, procurad abundar en ellos para edificación de la iglesia"*.

2. **2 Timoteo 3:16**: *"Toda la Escritura es inspirada por Dios, y útil para enseñar, para redargüir, para corregir, para instruir en justicia"*. Toda revelación verdadera concuerda con la letra y el espíritu de la Biblia. Lea 2 Corintios 1:17-20, donde el Espíritu Santo dice *sí* y *amén* en la Escritura. También dice *sí* y *amén* en la revelación. Él no se contradice a sí mismo.

3. **Juan 16:14**: *"Él me glorificará, porque tomará de lo mío y os lo hará saber"*. Toda revelación verdadera se centra en Jesucristo, lo exalta y glorifica (Apocalipsis 19:10).

4. **Mateo 7:15-16**: *"Guardaos de los falsos profetas, que vienen a vosotros con vestidos de ovejas, pero por dentro son lobos rapaces. Por sus frutos los conoceréis"*. La revelación verdadera produce fruto en el carácter y la conducta que se compara al fruto del Espíritu (Gálatas 5:22-23; Efesios 5:9).

Entre los aspectos del carácter o la conducta que no son claramente el fruto del Espíritu, podemos mencionar los siguientes: orgullo, arrogancia, exageración, deshonestidad, codicia, irresponsabilidad económica, vida licenciosa, inmoralidad, apetitos adictivos, votos nupciales quebrados, hogares divididos. Cualquier revelación responsable de un resultado como este proviene de un canal diferente al del Espíritu Santo.

5. **Deuteronomio 18:20-22**. Si una revelación contiene una predicción referente al futuro y no es cumplida, entonces –con raras excepciones– la revelación no es de Dios. Las excepciones:

Cuando la voluntad de la persona está involucrada.

Cuando incluye arrepentimiento nacional –por ejemplo, Nínive–.

Cuando tiene que ver con predicciones mesiánicas –cientos de años hasta el cumplimiento–.

6. **Deuteronomio 13:1-5**. El hecho de que una persona haga una predicción respecto al futuro y que se cumpla, no necesariamente prueba que él o ella se mueve por el Espíritu Santo, por revelación inspirada. Si una persona así, en su propio ministerio, desvía a otros de la obediencia al Dios verdadero, entonces esa persona es falsa, aún cuando haga predicciones correctas acerca del futuro.

7. **Romanos 8:15**: *"Pues no habéis recibido el espíritu de esclavitud para estar otra vez en temor, sino que habéis recibido el espíritu de adopción, por el cual clamamos: ¡Abba, Padre!"* La revelación verdadera produce libertad, no ataduras (1 Corintios 14:33; 2 Timoteo 1:7). El Espíritu Santo nunca trae al pueblo de Dios a una condición en la que ellos se sientan como esclavos, motivados por temor o legalismo.

8. **2 Corintios 3:6**: *"[Dios] asimismo nos hizo ministros competentes de un nuevo pacto, no de la letra, sino del espíritu; porque la letra mata, mas el espíritu vivifica"*. La verdadera revelación del Espíritu produce vida, no muerte.

9. 1 Juan 2:27: *"Pero la unción que vosotros recibisteis de él permanece en vosotros, y no tenéis necesidad de que nadie os enseñe; así como la unción misma os enseña todas las cosas, y es verdadera, y no es mentira, según ella os ha enseñado, permaneced en él"*. La verdadera revelación es confirmada por el Espíritu dentro del creyente. El Espíritu Santo es el *"Espíritu de verdad"* (Juan 16:13). Él testifica de lo verdadero y rechaza lo falso. Esta novena prueba es la mas subjetiva de todas, y debe ser usada en conjunto con las otras ocho anteriores.

Llevar lo profético a las calles

Hasta aquí hemos tratado con la operación de nuestro arsenal revelatorio, solo desde la óptica de una reunión típica de nuestras congregaciones. Pero sí, hay mucho más. La Iglesia debe ser edificada. Pero no se supone que hagamos algo luego de que hemos sido equipados.

Necesitamos adoptar un nuevo esquema de pensamiento de lo que es la "iglesia" y dónde tiene lugar. Necesitamos un cambio de paradigmas de "la iglesia sin paredes". ¡El Espíritu Santo quiere incitar a una revolución!

¿Se acuerda de mi declaración inicial? "Si va a haber una revolución en lo profético, debe haber primero una revolución en la Iglesia. Si hay una revolución auténtica en la Iglesia, vendrá el despertar espiritual más grande que la sociedad haya visto jamás". Para que esto suceda, debemos apuntar nuestras armas proféticas a las calles y a la vida cotidiana.

Recuerde la lección de Números 11. Mientras los setenta ancianos profetizaban alrededor de la tienda de reunión, Eldad y Medad, también movidos por el Espíritu Santo, *"profetizaron en el campamento"* (v. 26). Moisés se rehusó a prohibirles que continuaran, y no hay indicación de que ellos cesaran de hacerlo. Pero luego de que los setenta ancianos profetizaron, *"ellos no volvieron a hacerlo"* (v. 25). Ellos usaron su don solo en la "iglesia", se fueron a su casa y nunca volvieron a hacerlo. ¡Qué terrible! Quizá algún día nos sintamos tan frustrados con esas "sesiones de práctica" con los creyentes que explotemos y, por el amor de Dios, hagamos algo de daño real al reino de las tinieblas fuera de las cuatro paredes de la iglesia.

Considere estos conceptos y objetivos como una forma de salir de lo convencional:

• Intente una conversación con el mozo o la camarera en un restaurante, bajo la guía del Espíritu Santo. (¡Me suena como Jesús aconsejaba a la samaritana junto al pozo!)
• Vaya a un festival de la Nueva Era y hable con sabiduría la verdad de la Palabra de Dios. (Me suena como Pablo en Atenas, ¿no cree?)
• Ayude a un conocido con SIDA a recibir la Palabra de Dios y ser sanado. (¿Qué de Eliseo y su interacción con el leproso en 2 Reyes 5? Los amigos de Naamán lo persuadieron de obedecer la palabra, y fue sano.)
• Vaya a una plaza pública o debajo de un puente y hable con un linyera. Déle comida y pregúntele si puede orar por él. (Suena como Jesús cuando alimentó a la multitud con un par de panes y cinco pescados. ¡Más, Señor!)

¿Cuál es el punto? Está empezando a captarlo, creo. La mayoría de veces en la Biblia en que los dones fluyeron, fue cuando los creyentes fueron en busca de los no creyentes, no solo invitándolos a sus lindas y cómodas iglesias, sino visitándolos en donde los no creyentes estaban. Más que a los trasfondos eclesiásticos, llevemos lo profético al mercado, al sistema judicial, el ambiente de la escuela pública, a los pobres. ¡Salgámonos de lo convencional!

Mientras medita y ora sobre los principios de este capítulo, recuerde que el Espíritu Santo está con usted, le enseña y lo entrena en el don profético. Usted cometerá algunos errores, pero Él lo redimirá de cada uno de ellos si se humilla y recibe su amorosa corrección. Convertirse en un siervo fiel en lo profético lo llevarán a adentrarse en sus pensamientos íntimos y planes para sus hijos y para las almas perdidas de este mundo. Tome coraje mientras avanza en fe y atrévase a crecer en el testimonio del Señor Jesucristo.

Nuestro clamor e intercesión

Padre, nos presentamos ante ti ahora y pedimos que nos equipes con la gracia de tu Espíritu Santo como nuestro arsenal revelatorio, para que podamos ser guerreros efectivos para la causa de tu Reino. Llénanos con tu Espíritu Santo ahora mismo. Despierta los llamados que duermen dentro de nosotros, para que seamos revolucionados llenos de poder. Concédenos sabiduría más allá de la edad que tengamos, para que sigamos en el curso correcto. Danos la oportunidad de impactar las vidas de otros, permítenos hablar, orar y actuar según tus pensamientos, Oh Dios, para edificar, exhortar y consolar a otros. Que el amor sea nuestro principal objetivo, pero ayúdanos a procurar apasionadamente, con intenso hambre, los dones espirituales, especialmente que profeticemos. Ayúdanos a llevar la revelación con sabiduría, para extender los propósitos de tu Reino. En el nombre de Jesús. Amén.

> **Mini cuestionario: ¡manténgalo despierto!**
>
> ¿Cuáles son los propósitos que la Palabra declara respecto del don de profecía?
>
> ¿Cuáles son los diferentes modelos o formas de soltar la revelación profética en un entorno congregacional?
>
> ¿Cuáles son algunas pruebas o guías prácticas para juzgar la profecía?

¡Quiero más, Señor!

Cindy Jacobs, *Escuchando la voz de Dios* (Ventura, Calif.: Regal, 1995)

David Pytches, *Profecía en la iglesia local: Un manual práctico y revisión histórica* (Londres: Hodder and Stoughton, 1993)

Steve Thompson, *¡Todos ustedes profetizarán!* (Charlotte, N.C.: Morningstar, 2000)

6 La anatomía de una palabra profética

"Como aguas profundas es el consejo en el corazón del hombre; mas el hombre entendido lo alcanzará" (Proverbios 20:5).

Si vamos a tener una revolución profética, mejor que tengamos no solo las municiones correctas, sino también algo de sentido común y entendimiento en la materia, porque sino acabaremos disparándonos en nuestros propios pies antes de comenzar. Esto es lo que hemos hecho con demasiado frecuencia con todo nuestro arsenal de revelación: herirnos a nosotros mismos en vez de al reino de las tinieblas.

Para poder soltar el consejo de Dios correctamente, necesitamos poseer su entendimiento. Existen por lo menos nueve principios con respecto a los dones de revelación, que debemos comprender para no desestimar una palabra genuina ni disminuir el impacto que Dios quiere que esa palabra produzca. Si miramos estos factores obtendremos un mejor entendimiento de la anatomía de una palabra profética, y cómo funciona para cumplir los resultados que Dios desea. ¡Saquémosle el jugo a cada palabra!

Las zanjas están llenas de profetas que han resbalado como autitos chocadores, de un lado a otro, de reunión en reunión y de palabra en palabra. Es tiempo de que haya una revolución en lo profético. Como dice David Ravenhill: "Por el amor de Dios, ¡crezca!" Es una manera muy directa de decírselo en la cara pero, sin embargo, es cierto. Limpiémonos de nuestro obrar, aprendamos de los errores del pasado y busquemos una corriente de aguas nuevas y más puras.

He tenido el privilegio de andar y conversar con muchos de los siervos escogidos de Dios. Mucho de lo que sigue a continuación es lo que he "pescado" a través de los años de estas voces divergentes. He guardado estas preciosas verdades a las que les he sumado mi propia experiencia. Creo que estos nueve puntos le ayudarán a no terminar en una zanja al costado del camino, sino a levantarse en victoria y autoridad sobre lo profético.

1. La piedra angular de la revelación

Uno, dos, tres... uno, dos, tres... ¡Ya! Debe empezar por algún lado su entrenamiento para la guerra. Comenzaremos examinando las tres fuentes posibles de revelación.

Fuente Nro. 1: Dios

"Amados, no creáis a todo espíritu, sino probad los espíritus si son de Dios; porque muchos falsos profetas han salido por el mundo" (1 Juan 4:1). Puede haber una mezcla en una palabra de revelación, no porque la palabra está mezclada cuando viene de Dios, sino porque ella es filtrada a través del alma engañosa del hombre. También puede ser condimentada con nuestras propias opiniones no santificadas, prejuicios y emociones. Esto es particularmente cierto en el área de aprender a interpretar y aplicar la palabra profética.

Fuente Nro. 2: Uno mismo

"No envié yo aquellos profetas, pero ellos corrían; yo no les hablé, mas ellos profetizaban" (Jeremías 23:21. Ver también Ezequiel 13:1-2). Estos profetas hablaban desde la inspiración de sus propias almas. Profetizaban lo que ellos querían en vez de lo que Dios decía realmente en ese tiempo. Esto es por lo que debemos enfatizar la centralidad de la cruz de Jesús, porque debemos morir a nuestros propios deseos.

Fuente Nro. 3: Satanás

" [Jesús] dijo a Pedro: ¡Quítate de delante de mí, Satanás!; me eres tropiezo, porque no pones la mira en las cosas de Dios, sino en las de los hombres" (Mateo 16:23). Pedro había hablado recién por el don de profecía, cuando declaró: *"Tú eres el Cristo, el hijo del Dios viviente"* (v. 16). Pero cuando Jesús se refirió a su crucifixión, Pedro protestó y verbalizó su disgusto. En un instante Pedro hablaba por la inspiración

profética, y en el siguiente disentía con Jesús, por lo cual sus palabras no estaban alineadas con la aparente sólida opinión que tenía por fuera. Entonces Pedro vino a ser un instrumento de Satanás, por hablar en contra de los propósitos de Dios.

Nuestras ideas preconcebidas y estructuras mentales prejuiciosas pueden impedirnos interpretar o responder correctamente a la revelación de Dios. El enemigo usa tanto nuestra estructura de pensamiento para torcer o degradar la verdadera revelación de Dios, como para fabricar sus supuestas revelaciones que se oponen a los propósitos de Dios.

Buscar a Dios

Debemos reconocer que la revelación viene de una de estas tres fuentes principales. Aún así, como creyentes en Cristo debemos aceptar también que si le pedimos a nuestro Padre en el nombre de Jesús, Él nos dará buenos dones. Confiemos en el Espíritu Santo.

2. Formas de revelación

"Y él les dijo: Oíd ahora mis palabras. Cuando haya entre vosotros profeta de Jehová, le apareceré en visión, en sueños hablaré con él" (Números 12:6). Dios tiene ilimitadas e incontables maneras de comunicarse con sus siervos. Yo he tenido visitaciones angelicales, sueños en los que profetizaba, visiones con los ojos abiertos, visiones en mi mente, sentimientos, impresiones, voces audibles y otras formas. He experimentado campanas sonando, llamadas de teléfono, alarmas de incendios disparándose espontáneamente y rayos cayendo del cielo. La forma más grandiosa de revelación, sin embargo, proviene de dos fuentes: la Palabra escrita y la Palabra viviente.

Los siguientes ejemplos bíblicos representan la diversidad de herramientas usadas por el Espíritu Santo para transmitir la voz de Dios al hombre:

La majestuosa y poderosa voz del Señor en las aguas, el trueno, llamas de fuego, encinas que se desgajan y bosques que se desnudan (Salmo 29).

Dios habló una, dos veces, a través de sueños o visiones (Job 33:14-18).

Una voz en un trance (Hechos 10:9-16).

La voz de muchos ángeles (Apocalipsis 5:11).

La voz del arcángel (1 Tesalonicenses 4:16).

El sonido de muchas aguas (Apocalipsis 1:15).

El sonido de las pisadas del Señor caminando en el jardín (Génesis 3:8).

El ruido del ejército de Dios marchando en las copas de los árboles (2 Samuel 5:23-25).

La voz audible de Dios (Éxodo 3:4).

Dios hablando paz a su pueblo (Salmo 85:8).

La Palabra escrita de Dios como nuestra fuente primaria de revelación (Salmo 119:105).

Maravillas en el cielo y en la Tierra (Joel 2:30-31).

Visiones y parábolas dadas a los profetas (Oseas 12:10).

Palabras y metáforas físicas dadas a los profetas (Jeremías 18:1-6).

El Espíritu Santo hablando a un grupo (Hechos 13:2).

Hombres movidos por el Espíritu Santo para declarar la voz de Dios (2 Pedro 1:21).

Visitaciones celestiales en las cuales uno es llevado ante el Señor (2 Corintios 12:1-4).

El Espíritu Santo dando testimonio a nuestro espíritu (Romanos 8:16).

Una mula hablando con la voz de un hombre (2 Pedro 2:16).

Una persona hablando el consejo de Dios a otra (Santiago 5:19-20).

En estos últimos días, el Hijo de Dios (Hebreos 1:2).

Gran cantidad de palabras genuinas han sido juzgadas como falsas a causa de una mala interpretación. Lo contrario también puede suceder. Palabras falsas pueden ser valuadas como verdaderas, debido a la falta de discernimiento y a incorrectas habilidades de interpretación. Debemos buscar al Señor, por tanto, para tener consejos y consejeros sabios.

Algunos ejemplos en la Biblia nos muestran la necesidad de conectar la revelación profética con la interpretación acertada. A través del proceso de buscar a Dios para obtener entendimiento, aumentamos nuestra fe en el deseo que Dios tiene de comunicarse con nosotros, y también la confianza en nuestra habilidad para oír su voz. Como José, podemos declarar: *"¿No son de Dios las interpretaciones?"* (Génesis 40:8).

Qué significa

Recordemos la escena de la visión de Pedro cuando el Señor declaró que todos los animales eran limpios a su vista. Esto era diametralmente opuesto a lo que Pedro había aprendido en su crianza judía, que decía que ciertos animales eran inmundos y no aptos para comer. Cuando Pedro se levantó y meditó en la declaración del Señor, *"estaba perplejo dentro de sí sobre lo que significaría la visión que había visto"* (Hechos 10:17). Pedro necesitaba entender para poder extraer el beneficio de la visión.

En Hechos 11 Pedro ya había adquirido esa comprensión de la visión, porque lo observamos hablando con hermanos que se asombraban de verlo comiendo con *"hombres incircuncisos"* (v. 3). Esto fue un giro que afectó a la historia de toda la Iglesia.

Steve Thompson, el vicepresidente de Publicaciones MorningStar, tiene algunas palabras muy sabias con respecto a la interpretación correcta de la revelación:

> Mientras que la revelación no interpretada es frecuentemente inútil, la revelación mal interpretada es aún más desconcertante. Cuando es mal interpretada, la revelación se volverá una piedra de tropiezo en vez de una piedra de edificación. Como tal, debemos crecer en nuestro entendimiento del simbolismo, y purificar nuestros corazones a medida que nos acercamos al Señor.
>
> Conocer a Dios es el elemento más sencillo pero más importante en la interpretación de sueños, visiones y revelaciones. No solo saber acerca de Dios, o saber acerca del simbolismo, sino conocerlo a Él personalmente. El testimonio de Jesús es el espíritu de la profecía, así que, conocerlo a Él es una clave para conocer su testimonio. En otras palabras, conocer a Dios es fundamental para saber lo que Él nos dice.[1]

Escudriñar

"Los profetas que profetizaron de la gracia destinada a vosotros, in-
quirieron y diligentemente indagaron acerca de esta salvación, escudri-
ñando qué persona y qué tiempo indicaba el Espíritu de Cristo que esta-
ba en ellos, el cual anunciaba de antemano los sufrimientos de Cristo, y
las glorias que vendrían tras ellos" (1 Pedro 1:10-11).

La clave es la humildad

"Vi de noche, y he aquí un varón que cabalgaba sobre un caballo ala-
zán, el cual estaba entre los mirtos que había en la hondura; y detrás de
él había caballos alazanes, overos y blancos [la revelación]. Entonces
dije: ¿Qué son éstos, señor mío? [búsqueda de la interpretación]. Y me
dijo el ángel que hablaba conmigo: Yo te enseñaré lo que son éstos" (Zacarías 1:8-9). Note que cuando Zacarías preguntó, el Señor respondió. La clave aquí es la humildad, la cual permite que admitamos
nuestra debilidad y nos lleva a buscar fuerzas divinas.

Buscar entendimiento

"Y aconteció que mientras yo Daniel consideraba la visión y procuraba
comprenderla, he aquí se puso delante de mí uno con apariencia de hom-
bre" (Daniel 8:15). El Señor respondió a la búsqueda de comprensión
por parte de Daniel, y se la otorgó. ¿No deberíamos hacer lo mismo?

Discernir el llamado de Dios

"Cuando vio la visión [revelación] enseguida procuramos partir pa-
ra Macedonia, dando por cierto [interpretación] que Dios nos llamaba
para que les anunciásemos el evangelio" (Hechos 16:10). Nuevamente la interpretación adecuada de la visión acabó por cambiar el curso de la historia de la Iglesia. ¡Macedonia recibió el evangelio!

Oír y escuchar

Génesis 40 cuenta que cuando el panadero y el copero del Faraón
tuvieron sueños, se los contaron a José en la prisión, y esperaban

entender algo. Los sueños eran la revelación. Después de escuchar-
los, José trajo la interpretación (vv. 12, 18). Las habilidades de oír y
escuchar la voz de Dios lo ayudaron a recibir la interpretación correcta de parte del Señor.

¡Confirmación!

*"Entonces respondió José a Faraón: El sueño de Faraón es uno mismo;
Dios ha mostrado a Faraón lo que va a hacer"* (Génesis 41:25). En este caso Faraón le contó a José su sueño –la revelación– y José le dijo a Faraón el significado –la interpretación–. José le dio una interpretación detallada de las figuras simbólicas del sueño y cómo ellas
se aplicaban a Egipto. La clave aquí era entender el tema de la confirmación.

El principio de las escrituras es que Dios siempre confirmará su
palabra por más de un testigo, experiencia o testimonio (Deuteronomio 19:15; Mateo 18:16; 2 Corintios 13:1). Los sueños de Faraón se
interpretaban entre sí; tenían el mismo significado, solo que con diferentes símbolos. Dios lo hace también por nosotros.

3. Determinar la mejor aplicación

Usted puede pegarle al objetivo en el primer par de tiros que dis-
pare, pero mantengamos firme la meta para que nuestra interpretación aplicada correctamente continúe dándole al blanco. Aquí es necesario poner un cartel: "¡Se busca correcta aplicación!"

Pablo nos da un ejemplo extraordinario. Había oído en cada ciudad
que iba, a través del Espíritu Santo, que le esperaban *"yugos de aflicción"*
en Jerusalén (Hechos 20:23). El profeta Ágabo, de hecho, *"tomó el cinto
de Pablo, y atándose los pies y las manos, dijo: Esto dice el Espíritu Santo:
Así atarán los judíos en Jerusalén al varón de quien es este cinto, y le entregarán en manos de los gentiles"* (Hechos 21:11). Entonces los amigos de
Pablo comenzaron a rogarle que no subiese a Jerusalén (v. 12).

¿No hubiera sido mejor que Pablo evitara la muerte y así prolon-
gara su ministerio a las iglesias? Pablo sabía que el Señor lo guiaba
a Jerusalén y le daba la oportunidad de calcular el costo. Estaba listo, como él dijo: *"No sólo a ser atado, mas aun a morir en Jerusalén
por el nombre del Señor Jesús"* (v. 13).

Pablo no dejó que las emociones o los afectos de aquellos que lo amaban lo persuadieran a detenerse. ¡Qué ejemplo increíble de la tenacidad de una vida totalmente comprometida! Señor, danos esta sabiduría y rodéanos de gente que acepte tu voluntad para nuestras vidas y nos apoye mientras avanzamos en fe. No solo debemos interpretar la revelación de Dios correctamente, sino que además debemos calcular el costo, tomar nuestras cruces y seguirlo. Esta es la única aplicación aceptable para un guerrero consagrado.

4. Apropiarse: hacer que suceda

"Este mandamiento, hijo Timoteo, te encargo, para que conforme a las profecías que se hicieron antes en cuanto a ti, milites por ellas la buena milicia" (1 Timoteo 1:18).

¿Qué hacemos cuando una palabra profética viene a nosotros? Hemos sido enseñados a retenerla con un corazón abierto y confiar en Dios hasta que se cumpla. Esto es, creo, una enseñanza correcta. Pero también debemos responder a la palabra con fe y obediencia. Continúan algunos consejos simples que nos ayudarán a apropiarnos de la palabra profética, de manera que pueda ser cumplida en nuestras vidas. Debemos declarar las cosas que no son como si fueran (Romanos 4:17).

Fe: La herramienta de apropiación

"...pero no les aprovechó el oír la palabra, por no ir acompañada de fe en los que la oyeron" (Hebreos 4:2). La palabra de Dios dada en profecía es como una semilla con una cáscara dura alrededor. La fe libera la semilla para que pueda alcanzar su potencial. Nuestra fe debe estar primeramente puesta en Dios. Debemos creer, *"porque es necesario que el que se acerca a Dios crea que le hay, y que es galardonador de los que le buscan"* (Hebreos 11:6). Nuestra confianza debe estar solo en Dios para cumplir la palabra.

Pero también tenemos que creer que la palabra es verdad y que vino de Dios. Él puede hablar una palabra muchas veces, pero si no la mezclamos con nuestra fe, será improductiva. Una su fe a las auténticas palabras proféticas y libere la promesa.

En el libro *Desarrollando el ministerio profético*, Frank Damazio nos ofrece una advertencia muy apropiada:

Cuando la palabra profética viene a nosotros, debemos unirnos a esa palabra con fe. Hebros 4:2 dice: *"Porque también a nosotros se nos ha anunciado la buena nueva como a ellos; pero no les aprovechó el oír la palabra, por no ir acompañada de fe en los que la oyeron".* Cuando recibimos una palabra de Dios, esa palabra debe ser mezclada con fe, para que nos aproveche y se cumpla en nuestras vidas. Ha habido muchos casos de personas que recibieron una palabra profética del Señor, pero que tambalearon en incredulidad debido a su estrechez mental o pequeñez de corazón. Ellos anularon las grandes promesas de Dios para sus vidas.[2]

Un corazón tierno: suelo fértil donde sembrar

"Y otra parte cayó en buena tierra, y nació y llevó fruto a ciento por uno" (Lucas 8:8). La parábola del sembrador enfatiza la importancia de la buena tierra, del corazón. La misma clase de semilla fue sembrada por todos lados, pero solo el buen suelo produjo buen fruto. La superficialidad, preocupación, ansiedad, el engaño de las riquezas y el deseo por los placeres de este mundo, hicieron que los otros suelos fueran improductivos.

Una nueva mirada con oración a esta parábola, puede revelar si hay problemas en la tierra de nuestros corazones. ¿Hay piedras en su corazón? Pídale al Espíritu Santo que le revele si hay alguna dureza, y si es así, que Él aplique su agente suavizante sobre él.

Diligencia por buscar el significado de Dios

"... yo Daniel miré atentamente en los libros el número de los años de que habló Jehová al profeta Jeremías, que habían de cumplirse las desolaciones de Jerusalén en setenta años. Y volví mi rostro a Dios el Señor, buscándole en oración y ruego, en ayuno, cilicio y ceniza" (Daniel 9:2-3). Vemos el proceso que pasó Daniel para recibir la palabra del Señor: buscó en los escritos del profeta Jeremías, para mezclar esa

palabra con fe, y finalmente responder buscando diligentemente al Señor con súplica, oración y ayuno.

Es importante tomar las revelaciones proféticas diligentemente, para que podamos apropiarlas en nuestras vidas. Podemos crecer en el entendimiento del propósito de Dios al concedernos esa palabra en particular y aplicarlo de una manera que produzca fruto para la gloria de Dios. Sea tenaz como un bulldog: ¡préndase de los pantalones de Dios y no los suelte! Hay tiempos para ser santamente obstinados.`

5. Indagar si hay cláusulas condicionales

Con frecuencia hay condiciones detrás de las palabras que deben ser seguidas para que la promesa se cumpla. A veces esas condiciones están presentes en el corazón de Dios, pero no son dichas al hombre. Este es un principio que no nos gusta, porque todo lo que queremos hacer es obtener la palabra y luego seguir nuestro camino, felices. Nuestra carne no quiere presionar un poquito el corazón del Padre para ver si hay algún requisito.

Pero las palabras de Dios están diseñadas para conducirnos a Él, en una relación. Él desea comunicarse con nosotros íntimamente acerca de sus planes para nuestras vidas, así que hace que sea necesario para nosotros ir a su presencia a buscar mayor entendimiento de sus palabras. ¡Si lo hacemos, Él lo hará! La mayoría de las palabras no son tan sencillas como un avión al que le ponemos el piloto automático. Debemos buscar al Señor por las cláusulas condicionales que debamos cumplir.

Aquí hay ejemplos de condiciones establecidas por Dios en las Escrituras:

Volverse de la maldad

"Pero si esos pueblos se convirtieren de su maldad contra la cual hablé, yo me arrepentiré del mal que había pensado hacerles" (Jeremías 18:8). Esta declaración era la condición para liberar esa nación de la destrucción que Dios había decretado.

Humildad, oración y arrepentimiento

"Si se humillare mi pueblo, sobre el cual mi nombre es invocado, y oraren, y buscaren mi rostro, y se convirtieren de sus malos caminos; entonces yo oiré desde los cielos, y perdonaré sus pecados, y sanaré su tierra" (2 Crónicas 7:14). Son mencionadas cuatro condiciones en esta palabra profética que cada nación debe cumplir para recibir las tres promesas declaradas. Corazones llenos de arrepentimiento son el preludio de una tierra bendita.

Buscando la misericordia de Dios

"De aquí a cuarenta días Nínive será destruida (...) Y vio Dios lo que hicieron, que se convirtieron de su mal camino; y se arrepintió del mal que había dicho que les haría, y no lo hizo" (Jonás 3:4, 10).

¡Eh! Miremos esto más de cerca. Nínive estaba en Asiria, un país al norte de Israel y uno de sus peores enemigos. Dios le dio a Jonás una invitación profética para entregarle a un enemigo de Israel, así Dios podía tener compasión de ellos. Jonás estaba enojadísimo porque sabía que ellos se arrepentirían y Dios los perdonaría. Note, además, que la palabra de Dios –según Jonás– no incluía ninguna condición. Aún así, Jonás sabía que Dios se compadecería y se refrenaría de destruirlos si ellos se arrepentían.

Y lo hicieron, desde el mayor hasta el menor, ¡aún el ganado! Todos se abstuvieron de comida y bebida por tres días, Dios se ablandó y el principal enemigo de Dios fue perdonado por ciento diez años. Aunque la condición no era expresa sino tácita, los receptores entendieron el mensaje y lo pusieron por obras a través de un arrepentimiento sincero. Aunque no había ninguna garantía de que Dios se aplacaría, creyeron la Palabra como cierta y respondieron a ella, esperando misericordia.

Clame al Señor, Él será misericordioso con usted también.

Otro sincero pedido de misericordia

"En aquellos días Ezequías cayó enfermo de muerte. Y vino a él el profeta Isaías hijo de Amoz, y le dijo: Jehová dice así: Ordena tu casa, porque morirás, y no vivirás" (2 Reyes 20:1). Pero en los versículos 5-6

vemos que el Señor sanó a Ezequías y le dio quince años más de vida. ¿Isaías era un falso profeta? ¿Por qué no se cumplió su palabra?

Lo que sucedió en los versículos 2-4 nos proporciona la respuesta: *"Entonces él volvió su rostro a la pared, y oró a Jehová y dijo: Te ruego, oh Jehová, te ruego que hagas memoria de que he andado delante de ti en verdad y con íntegro corazón, y que he hecho las cosas que te agradan. Y lloró Ezequías con gran lloro"*.

El Señor oyó la oración sincera de este hombre y, en cuestión de un momento, cambió su palabra. Cuando Isaías se marchaba, ya fuera del palacio, Dios le dijo que Él había oído la oración de Ezequías, que había visto sus lágrimas e iba a sanarlo (vv. 4-5).

La palabra original dada por Isaías era sin dudas una palabra verdadera. No había ninguna condición expresada pero, nuevamente, detrás de la palabra de juicio estaba el Dios de misericordia. Ezequías apeló a su misericordia y Dios respondió que sería sanado. La oración sincera fue la llave que abrió el corazón de Dios, quien desea una relación basada en la misericordia y no en el juicio.

Si podemos entender esto, se formará una revolución dentro de la Iglesia.

6. Momento *kairos*: el tiempo exacto

Ser capaces de discernir el tiempo exacto de una palabra de profecía es crucial a veces, para el impacto de la revelación. Lleva práctica, paciencia y sabiduría discernir los tiempos acertadamente, pero el Señor nos da su gracia y es muy paciente con nosotros mientras aprendemos. La palabra griega *kairos* se refiere a un tiempo acordado y estratégico para que algo suceda. El Señor puede adelantarnos algo de revelación antes que suceda en el tiempo natural, y puede pedir que lo retengamos en nuestros corazones hasta un tiempo más estratégico, cuando la palabra pueda ser recibida con gracia por parte de aquellos que la oyen.

Este ha sido el caso de mi experiencia en el ministerio. En 1979 tuve un encuentro con un joven hombre coreano. De repente una imagen vino a mi mente, y supe que él tenía un llamado de proporción apostólica con un don poderoso para ser soltado en las naciones. Pero oré y clamé sobre esa palabra por más de quince años antes que tuviera el momento *kairos* para soltarla o hacer algo con ella. Hoy ese hombre, el Dr. Che Ann, dirige una maravillosa y creciente red de iglesias llamadas Ministerios Internacionales de Cosecha, en todo el mundo.

¡El tiempo exacto es todo! Aprender a discernir el tiempo del Señor es una gran prueba de nuestro carácter. Mientras esperamos en Él por dirección y cumplimiento de la revelación, Dios borda pacientemente su carácter en el tapiz de nuestra vida.

Los siguientes pasajes bíblicos nos ayudarán a ver la importancia del tiempo *kairos*.

¿Decir o no decir?

"Y soñó José un sueño, y lo contó a sus hermanos; y ellos llegaron a aborrecerle más todavía. Le respondieron sus hermanos: ¿Reinarás tú sobre nosotros, o señorearás sobre nosotros? Y le aborrecieron aun más a causa de sus sueños y sus palabras" (Génesis 37:5, 8). Definitivamente José tuvo una revelación de Dios, y también tenía la interpretación correcta. Pero parece que su capacidad para entender el tiempo era desastrosa. Alguna vez estuvo fuera de tiempo. Debemos considerar también la soberanía de Dios, cuya misericordia y fidelidad aparecieron cada vez que José estaba desubicado en el tiempo. ¡Gloria a Dios! Y, como José dijo luego, lo que sus hermanos pensaron para mal, Dios lo tornó en bien (ver Génesis 50:20), aún para el bien de una nación entera.

Aunque tardare

"Y Jehová me respondió, y dijo: Escribe la visión, y declárala en tablas, para que corra el que leyere en ella. Aunque la visión tardará aún por un tiempo, mas se apresura hacia el fin, y no mentirá; aunque tardare, espéralo, porque sin duda vendrá, no tardará" (Habacuc 2:2-3). Esta es una importante lección de la importancia de escribir, porque el tiempo es de vital importancia. Hay un tiempo de retraso y de espera —mientras tanto nos afirmamos en la palabra y la recordamos diariamente— pero vendrá el tiempo de correr con ella.

El cumplimiento del tiempo

"Pero cuando vino el cumplimiento del tiempo, Dios envió a su Hijo, nacido de mujer y nacido bajo la ley..." (Gálatas 4:4). Dios esperó hasta el cumplimiento del tiempo para enviar a su Hijo para redimir el mundo. Ciertos elementos debían estar en su lugar antes de la entrada de Jesús al mundo natural, que pudiera afectar la humanidad de la manera que Dios había planeado.

Dejar que Dios lo haga

"Porque de suyo lleva fruto la tierra, primero hierba, luego espiga, después grano lleno en la espiga" (Marcos 4:28). Muchas veces tendremos en nuestro corazón una palabra que sabemos que es auténtica y que viene del Señor, pero parece extremadamente imposible, como en la situación de Abraham y Sara. Eso es muy común cuando Dios habla acerca de nuestro futuro. Pero Él quiere que dejemos de mirarnos a nosotros mismos y nuestras circunstancias en el tiempo presente y busquemos de Él en fe. Entonces, al buscarlo a Él y su fidelidad, primero vendrá la hierba, luego la espiga y luego el grano maduro. Tenemos que darnos cuenta que no vamos a hacer que una palabra se cumpla en nuestras fuerzas, de ningún modo, pero el Señor, en su perfecto tiempo, traerá la manifestación de la revelación si confiamos y obedecemos.

Esperar lo imposible

"Porque un niño nos es nacido, hijo nos es dado" (Isaías 9:6). Nadie podía entender cómo iba a suceder esto. Una virgen concebiría. ¿Quién ha oído algo semejante? Pero cuando llegó el tiempo de Dios, así fue hecho.

7. La motivación correcta

Dios mira profundamente dentro del corazón del hombre o de la mujer, indaga sobre la motivación. ¿Queremos que el Señor sea glorificado o queremos la promoción que el hombre pueda darnos? Él es un Dios amoroso, pero celoso, y escudriña los corazones de su pueblo para ver si hay ídolos que pudieran tomar su lugar. Pablo escribe: *"Porque el amor de Cristo nos constriñe, pensando esto: que si uno murió por todos, luego todos murieron; y por todos murió, para que los que viven, ya no vivan para sí, sino para aquel que murió y resucitó por ellos"* (2 Corintios 5:14-15). El amor por Dios, y no el amor a la aprobación o el reconocimiento, debe ser nuestra motivación.

Veamos un par de citas que clarifiquen un poco más este concepto.

Adorar al Dador

"Háblales, por tanto, y diles: Así ha dicho Jehová el Señor: Cualquier hombre de la casa de Israel que hubiere puesto sus ídolos en su corazón, y establecido el tropiezo de su maldad delante de su rostro, y viniere al profeta, yo Jehová responderé al que viniere conforme a la multitud de sus ídolos, para tomar a la casa de Israel por el corazón, ya que se han apartado de mí todos ellos por sus ídolos" (Ezequiel 14:4-5). El tema aquí es la relación. Dios estaba celoso de Israel y lo quería para sí mismo. También hoy desea una relación de amor puro para reforzar los dones de revelación, y hacer que penetren en los corazones de los receptores. Debemos adorar al Dador, no a los dones ni a la gloria que conllevan.

Mantener limpio el corazón

"Bien pronto olvidaron sus obras; no esperaron su consejo. Se entregaron a un deseo desordenado en el desierto; y tentaron a Dios en la soledad. Y él les dio lo que pidieron; mas envió mortandad sobre ellos" (Salmo 106: 13-15). Dios respondió a los hijos de Israel conforme a su lujuria, con el propósito de revelarles qué era lo que había en sus corazones, así podían tratar con ello. Envió mortandad a sus almas, lo cual les causó gran aflicción. Pero lo que parecía dañino, no era más que una jugada misericordiosa de parte de su Dios para atraerlos nuevamente a su amor y protección.

Vayamos de nuevo a Steve Thompson en *Todos ustedes profetizarán*:

"Además de entender los principios de interpretación, debemos tener 'corazones limpios' para poder interpretar acertadamente la profecía. La interpretación se deriva de una interacción de nuestra comprensión de los principios interpretativos, nuestra sensibilidad al Espíritu Santo y la actitud de nuestro corazón. Para poder interpretar correctamente la mente de Dios, debemos también poseer su corazón.

"Hay dos problemas básicos 'del corazón' que pueden causar interpretaciones equivocadas aún cuando entendemos la simbología profética. El primero es cuando nuestro corazón no está bien con Dios. Los asuntos tales como el orgullo y la falta de docilidad para ser enseñados, frecuentemente causan interpretaciones erróneas. El segundo problema es cuando nuestros corazones no están bien hacia la gente que ministramos. Estos problemas del corazón vienen en forma de ofensas, amargura o prejuicios. Debemos tener un corazón correcto hacia Dios y hacia la gente, para poder interpretar la profecía acertadamente."[3]

8. Contradicciones al nivel de la superficie

En algunas ocasiones el Espíritu Santo habla muy claramente, pero cuando la promesa se da a luz, parecer ser bastante diferente de lo que esperábamos que fuese. Debemos clamar al Señor para que no perdamos el día de nuestra visitación, debido a no entender la forma en que la promesa aparece a primera vista.

Con respecto a estas contradicciones al nivel de la superficie, descansemos en los años de experiencia del Dr. Bill Hammon:

"Tenga en mente (...) que la vida tiene sus estaciones, cada una de ellas es única. Una profecía puede referirse a una época en la vida de una persona, mientras que otra profecía a otra. Entonces si una palabra, por ejemplo, habla de abundancia económica y otra predice tiempos de escasez, probablemente no se contradicen, sino que describen diferentes períodos en el futuro.

También debemos tener cuidado en leer demasiado en las palabras. A veces las contradicciones ocurren cuando suponemos cosas que la profecía en realidad no dice."[4]

Aquí hay algunos ejemplos bíblicos.

Reconocer los principios que operan

"Porque un niño nos es nacido, hijo nos es dado..." (Isaías 9:6). Israel esperaba el nacimiento de un rey. Esperaban un niño de naturaleza real; en vez de eso tuvieron un pequeñito nacido en un establo, con padres muy humildes. Eso estaba fuera de su compresión. Dios empleaba los principios de orgullo y humildad en una forma incomprensible para ellos. Las circunstancias del nacimiento de Jesús parecían contradecir la promesa que el Señor había dado.

Confiar en Dios en las contradicciones

"El nacimiento de Jesucristo fue así: Estando desposada María su madre con José, antes que se juntasen, se halló que había concebido del Espíritu Santo. José su marido, como era justo, y no quería infamarla, quiso dejarla secretamente" (Mateo 1:18-19). La primer reacción de José hacia su novia embarazada parecía una cosa bastante noble. Trataba de proteger a María de la vergüenza y del ridículo. Decidió dejarla secretamente porque, a su entender, parecía algo justo de hacer. Brotó de su corazón compasivo y sus principios razonables. Podía haberse dicho a sí mismo: "Solo ignora esta revelación profética acerca de una virgen que concibe un hijo –¡quien casualmente es mi prometida!– solo ocúltala".

Pero algo le ocurrió a José mientras que él meditaba en estas cosas. Tuvo una segunda revelación que lo cambió. *"Y pensando él en esto, he aquí un ángel del Señor le apareció en sueños y le dijo: José, hijo de David, no temas recibir a María tu mujer, porque lo que en ella es engendrado, del Espíritu Santo es. Y dará a luz un hijo, y llamarás su nombre Jesús, porque él salvará a su pueblo de sus pecados"* (vv. 20-21). El hombre de principio era también un hombre temeroso. Dios lo visitó con revelación para disipar sus temores y darle fe para creer en la palabra profética que ya había sido dicha. *"Y despertando José del sueño, hizo como el ángel del Señor le había mandado, y recibió a su mujer"* (v. 24).

La revelación vino a José y él fue cambiado de un hombre de principios a un hombre de fe y obediencia. Esto es lo que Dios desea hacer en cada una de nuestras vidas con las revelaciones que Él nos da. Pero aún cuando las cosas parecen contradecirse, debemos confiar en Él.

Esto es principalmente lo que el Señor hizo con Michal Ann. Por una serie de dramáticas visitaciones sobrenaturales –incluyendo ángeles que aparecían y el fuego de Dios que se manifestaba– mi esposa fue liberada del temor y hecha una mujer valiente para Dios. Si Dios lo hizo para José, puede hacerlo para usted también.

Discernir la paradoja

"Entonces Elías dijo a Acab: Sube, come y bebe; porque una lluvia grande se oye" (1 Reyes 18:21). En este pasaje Elías proclamaba algo que aún no había sucedido. No había llovido por tres años y medio; la tierra estaba seca y polvorienta. Aún así este hombre decía: "Yo oigo una lluvia, y es un diluvio".

¡Definitivamente me suena contradictorio! Luego Elías envió a su siervo a ver qué ocurría. Él volvió y dijo que no pasaba nada. Lo hizo siete veces hasta que, finalmente, una pequeña nubecita como la palma de un hombre apareció en el cielo. Aún este reporte parece contradictorio, porque Elías oía un rugido y esta nubecita no podía producir un diluvio de tal magnitud. Pero eventualmente el cielo se puso negro y empezó la tormenta.

Debemos aprender a discernir las cosas que parecen paradójicas a la vista, y no despreciar los comienzos pequeños.

9. Discerniendo correctamente los caminos de Dios y los del hombre

Me reservé uno de los mejores puntos para el final. Creo que voy a recibir alguna señal de alivio de la compañía de profetas y un ¡amén! de los receptores de sus palabras. Este punto ayudará a aclarar un montón de dudas en el campo de la revelación.

Uno de los problemas potenciales más grandes que se le presentan a la persona profética, es que otros suponen que él siempre está "encendido" cada vez que habla. Esto no solo revela falta de sabiduría de parte del oyente, también deshonra al profeta. Debemos buscar el balance, el equilibrio exacto en oración. Considere los ejemplos siguientes:

Hablando por su mente natural

"Dijo el rey al profeta Natán: Mira ahora, yo habito en casa de cedro, y el arca de Dios está entre cortinas. Y Natán dijo al rey: Anda, y haz todo lo que está en tu corazón, porque Jehová está contigo. Aconteció aquella noche, que vino palabra de Jehová a Natán, diciendo: Ve y di a mi siervo David: Así ha dicho Jehová: ¿Tú me has de edificar casa en que yo more?" (2 Samuel 7:2-5). Hasta que Dios lo hubo corregido, Natán habló a David por su mente natural, no habiendo recibido ninguna palabra del Señor. David podía haber tomado eso como palabra profética y seguir adelante, y no habría sido en absoluto la revelación de Dios. Según los planes de Dios, no era David el que debía edificar el templo, sino su hijo Salomón.

Los profetas son personas

"Y aconteció que cuando ellos vinieron, él vio a Eliab, y dijo: De cierto delante de Jehová está su ungido. Y Jehová respondió a Samuel: No mires a su parecer, ni a lo grande de su estatura, porque yo lo desecho; porque Jehová no mira lo que mira el hombre; pues el hombre mira lo que está delante de sus ojos, pero Jehová mira el corazón" (1 Samuel 16:6-7).

Cuando Samuel fue enviado a la casa de Isaí a ungir uno de sus hijos como rey, el profeta no tenía idea de cuál de ellos sería. Cuando miró al primogénito de Isaí, pensó –en parte por su buena tradición judía– que Eliab sería el escogido, porque era hermoso y, además, porque generalmente los primogénitos tenían ese derecho. Pero no. Cuando la contraseña divina vino sobre su corazón, tuvo que detenerse, escuchar y buscar discernimiento rápidamente.

Este ejemplo contiene importantísimos principios acerca del discernimiento correcto. Solo porque alguien tiene madurez en los dones no quiere decir que todos sus pensamientos y declaraciones es genuina palabra de Dios. No cometa el error de creer que toda palabra que sale de la boca de un profeta en conversación natural es en cierto modo una palabra de un nivel superior. Necesitamos permitir

que las personas con dones proféticos puedan funcionar tan normal-
mente en su vida cotidiana, como cualquier otro. Son solo personas.

No debemos tomarnos a nosotros mismos con tanta seriedad tampoco, si el don de revelación fluye de tiempo en tiempo en nuestra
vida. Todos tenemos que darnos el espacio para crecer, y debemos
permitir que, asimismo, otros lo hagan.

Un poco de sabiduría práctica

Hay momentos en que la gente viene a mi esposa y a mí cuando
estamos con nuestros cuatro hijos; puede ser tanto en el supermer-
cado o en el templo. Yo sé que ellos están sedientos de Dios. Pero
mis hijos están sedientos de tener un papá. Entonces tengo que decir: "Disculpe, estoy haciendo de papá ahora, no de profeta". Me temo que muchos a veces se marchan enojados. Pero tengo otras prioridades en mi vida; no soy un tocadiscos de esos que funcionan con
monedas y que alguien puede apretar los botones para escuchar la
canción que le gusta. Debemos aprender a "prender" el don y a "apagarlo" cuando sea necesario.

¿No está feliz de que Dios no mira lo exterior para valuar al hombre como digno o no de llevar su unción? Samuel tuvo que esperar
pacientemente hasta que los siete hijos pasasen delante de él, solo
para oír que ninguno de ellos era el escogido por Dios. Isaí tendría
otro hijo. Entonces Samuel tuvo que esperar a que David regresara
de apacentar las ovejas para que el profeta diera el visto bueno de
Dios, finalmente, para ungir a este hijo.

Aparentemente, David no hubiera sido la elección natural de Samuel. Pero Dios sabía a qué corazón confiarle la autoridad del reino
de Israel. Nosotros también, debemos aprender a esperar pacientemente y escuchar, como Samuel hizo, con sabiduría y dirección del
Espíritu, y guardarnos de las suposiciones.

Debemos también escuchar con gracia las palabras proféticas de
aquel que aún no tiene la interpretación de esa revelación. Por ejemplo, el Señor puede decir a través de alguien: "Veo un cambio en el
futuro de tu vida". El que escucha puede interpretar un cambio en
lo físico cuando, de hecho, el Señor dice que habrá un cambio de su
Espíritu, que está viniendo. La persona que habla puede entregar
una palabra acertada, pero no entender qué clase de cambio es el que

viene. Y la persona que recibe la palabra interpreta mal si se basa en sus propios deseos o expectativas internas.

Debemos permanecer en constante dependencia de Dios, sea que entreguemos una revelación o la recibamos. David era el octavo hijo; el número ocho es simbólico de un nuevo comienzo. Puede haber un octavo "hijo" en su vida que usted no puede ver, pero en el tiempo indicado Dios declarará claramente: "Este es del cual yo he hablado".

Cuando todos estos parámetros están en su lugar, crearán una atmósfera segura donde podamos caminar en una madurez profética fructífera, y la fe podrá moverse libremente. No nos equivoquemos en cuanto a excedernos en la libertad, ni tampoco sofocar la presencia y el poder del Espíritu. Con este entendimiento de la anatomía de una palabra profética, podemos ponernos en la fila y alistarnos como soldados en el ejército revolucionario de Dios, listos para la batalla.

Nuestro clamor e intercesión

Padre, nos maravillamos de tu deseo de incluir a tus hijos en la obra de tu Espíritu. Pedimos que nos des gracia para esperar en ti hasta que formes tu carácter y sabiduría en nuestras vidas. Ayúdanos a eliminar los ídolos y los temores de nuestro corazón, para que entremos completamente en el ministerio de la reconciliación contigo, porque tú buscas animar y dirigir a otros hacia ti. Que el amor sea nuestra única ambición, y que ese amor por otros fluya de nuestro espíritu para todos los que nos rodean. Concédenos la gracia de cargar, con entendimiento, las municiones de revelación que necesitamos para poder marchar al frente en tus propósitos progresivos. Gracias por enseñarnos tus caminos. En el glorioso nombre de Jesús. Amén.

Mini cuestionario ¡manténgalo despierto!

¿Por momentos algo que parece ser contradictorio puede ser el cumplimiento exacto de una revelación? Dé un ejemplo bíblico.

Dé un ejemplo de su propia vida cuando haya mal interpretado una palabra profética. ¿Cuál fue el resultado?

¿Cuáles son algunos de los consejos sabios que puedo aprender en este capítulo?

¡Quiero más, Señor!

Kevin Conner, *Interpretando símbolos y tipos* (Portland: BT Publicaciones, 1980)

Larry Randolph, *User-Friendly Prophecy* (Shippensburg, Pa.: Destiny Image, 1998)

Michael Sullivant, *Protocolo profético*, (Lake Mary, Fla.: Casa Creación, 2000)

Una revolución de sabiduría

Parte tres

La vasija quebrada

"Viendo esto sus discípulos Jacobo y Juan, dijeron: Señor,
¿quieres que mandemos que descienda fuego del cielo, como
hizo Elías, y los consuma? Entonces volviéndose él, los
reprendió, diciendo: Vosotros no sabéis de qué espíritu sois"
(Lucas 9:54-55).

¿Alguna vez lo retó el Señor? ¿Le ha hablado alguna vez tan profundo que sintió como si lo partiera al medio? Creo que esto es exactamente lo que ocurrió con Juan, el zelote, en el ejemplo de arriba. Creo que fue penetrado por las palabras del Señor en sus fuerzas carnales.

Juan empezó como cualquiera de nosotros, celoso, fervoroso y encendido. Pero a lo largo del camino se convirtió en una vasija quebrada en las manos del Señor. Recuerde, los discípulos se hacen, no nacen. Este Juan tuvo una rendición completa al Comandante en jefe. Imagine lo que es tener que aprender nuevos métodos, nuevas formas, una nueva vocación, estar con un grupo de hombres toscos día y noche y hacer un recorrido itinerante por el país.

Sí, sería emocionante por un momento. Pero cuando tiene una palabra profética como *"No sabéis de qué espíritu sois"*, eso lo haría pensar en pedir un relevo.

Comprenda que la mayoría de estos nuevos seguidores estaban probablemente alrededor de los veinte años de edad. Juan y Jacobo eran llamados *Boanerges* por el Señor, que significa *"Hijos del trueno"* (Marcos 3:17). Luego de que hubieron seguido a Jesús por casi tres años, estaban casi forcejeando por obtener una posición, y su madre, Salomé, estaba aún alentándolos para que lo hicieran. Se peleaban para ver cuál de ellos se sentaría a la derecha de Jesús y cuál a la izquierda. Suena como si Juan y su hermano tuvieran más fervor que sabiduría. ¿No le es familiar esto?

Pero cada "hijo del trueno" necesita la sabiduría de un padre para ayudarlo a formarse en todo lo que Dios lo ha llamado para ser. ¿Ha tenido alguna vez más fervor que conocimiento de los caminos de Dios? ¿Alguna vez tuvo un concepto equivocado de lo que era el ministerio profético, y solo ha deseado que descienda fuego del cielo y los consuma a todos? Después de todo, usted ha sido llamado para ser un profeta de fuego, y sabe que Dios lo ha llamado para pedir que este descienda del cielo cuando sea necesario corregir algo. (Y en su elevada y poderosa opinión ¡cuanto antes, mejor!)

Tal vez la misericordia necesita triunfar en su vida, como lo hizo en la de Juan. Necesitamos profetas que amen la misericordia y que quieran pedir *esa* clase de fuego sobre las vidas, ciudades y naciones. Los profetas solitarios y que juzgan a todos no duran mucho; un equipo de ministerio es la manera más adecuada. Está en esto a largo plazo o solo por un período corto. Determine su destino. Enfoque el objetivo. Busque la sabiduría del Espíritu Santo. Y cultive el carácter necesario para ser portador de la increíble unción de Dios.

Sí, es verdad, hay trampas que evitar y hay que crecer en sabiduría. Hay lecciones invalorables que aprender como, por ejemplo, que el egoísmo no es la manera del Reino. La promoción viene del Señor, pero generalmente luego de que se ha estado en el juego por varios *rounds* y se ha permanecido. Juan se convirtió en una vasija quebrada, y esto le complacía al Señor. Véalo postrado, lleno de misericordia y recostándose sobre el pecho del Maestro. Me pregunto cómo llegó a ser así.

Quizás será igual con usted y conmigo. Lecciones del camino que transforman, de eso se trata esta parte. El material contenido podría salvar su vida, o la de un amigo. Así que, respire profundo y sigamos adelante. ¿Destino? "Una revolución de sabiduría".

7 *Precipicios y pináculos del ministerio profético*

Antes de examinar los precipicios y pináculos en lo profético, debemos identificar los dos propósitos básicos de la existencia del ministerio profético. Si una verdadera revolución está por traer una mejor propagación del evangelio al mundo, debemos estar enfocados en el plan de nuestro Comandante en Jefe. Y sin una comprensión de estos dos principios básicos, haremos un mal uso de la revelación, y acabaremos por perder el objetivo de la revolución profética.

Propósito 1: Testificar de Jesús

Debemos llevar en nuestro pecho el fuego del testimonio de Cristo, un ardiente deseo de conocerlo y hacerlo conocer. Las vislumbres del futuro o el hacer grandes y gloriosas predicciones no pueden ser nuestra motivación primaria. La ardiente pasión por este glorioso Cristo Jesús, y por hacerlo conocer, es la fuerza motora interna que nos hará exhalar la fragancia de su maravillosa presencia. Sin este fundamento sólido en su lugar, gastaremos nuestras energías en propósitos temporales y fallaremos en revelar el testimonio de Jesús en nuestras vidas.

Jesús le preguntaba a sus discípulos: *"¿Quién dicen los hombres que es el Hijo del Hombre? Ellos dijeron: Unos, Juan el Bautista; otros, Elías; y otros, Jeremías, o alguno de los profetas. Él les dijo: Y vosotros, ¿quién decís que soy yo? Respondiendo Simón Pedro, dijo: Tú eres el Cristo, el Hijo del Dios viviente. Entonces le respondió Jesús: Bienaventurado eres, Simón, hijo de Jonás, porque no te lo reveló carne ni sangre, sino mi Padre que está en los cielos"* (Mateo 16:13-17).

151

Había mucha discusión sobre quién y qué era realmente Jesús. Muchos miraban sus obras maravillosas y sus peculiaridades, y lo comparaban con los profetas que habían venido antes que Él. Estos observadores usaban su entendimiento natural para explicar quién era Él. Pero Pedro recibió este entendimiento del Padre, de Dios mismo.

La verdadera revelación profética no viene de ninguna otra fuente más que del Dios viviente. No podemos deducirlo por percepciones naturales o por averiguaciones bibliográficas. Pedro recibió un testimonio personal de Jesús, del Espíritu Santo, y luego habló por el poder del espíritu de profecía. Una vez que Pedro –junto con los otros discípulos– hubo recibido el testimonio de Jesús, entonces el Padre le reveló a Pedro quién era Jesús.

"Y yo también te digo, que tú eres Pedro, y sobre esta roca edificaré mi iglesia; y las puertas del Hades no prevalecerán contra ella" (v. 18).

Jesús le dijo a Pedro (*petra,* pequeña roca) que la Iglesia sería edificada sobre la Gran Roca, Jesús, y que el mismo infierno no prevalecería contra ella. Este fundamento sólido es la revelación de Jesucristo, y ningún viento puede derribarlo de esa Roca.

Se necesita que el Espíritu Santo nos revele quién es Dios, quién es Jesús. El Espíritu Santo es la primera Persona de la Trinidad con que nos encontramos. Él toma a Jesús desde la posición de una imagen religiosa y la ilumina como el Cristo, el Hijo de Dios. Hace que Jesús sea real para nosotros.

El Espíritu Santo también suelta el espíritu de convicción de pecado, justicia y juicio en nuestras vidas, y por tanto revela la centralidad, la gloria y las maravillas de este glorioso Jesucristo. ¡Se necesita a Dios para conocer a Dios! Este es el fundamento de lo profético. Si la revelación profética no nos hace enamorarnos más de Jesús, entonces hemos perdido el propósito principal.

El verdadero propósito de lo profético es no solo revelar a Jesús, sino también revelar el señorío de Cristo. *"Nadie puede llamar a Jesús Señor, sino por el Espíritu Santo"* (1 Corintios 12:3). No podemos entender el señorío de Jesús y su justa autoridad sobre nuestras vidas, sin la revelación del Espíritu Santo que opera a favor de nosotros.

La revelación de Jesús y su señorío es el propósito básico de toda la revelación profética. Si no estamos completamente plantados aquí, no habrá revolución profética alguna.

Propósito 2: Penetrar las defensas del enemigo

El Espíritu Santo es un maestro que detecta y penetra las defensas del enemigo, y Él usa los dones proféticos como misiles antitanque. Jesús demostró este segundo propósito del ministerio profético en su interacción con Natanael, en Juan 1:45-51, y con la mujer en el pozo, en Juan 4:7-26. El uso de la revelación profética por parte de Jesús traspasó sus defensas de escepticismo y prejuicios, y entró hasta lo más profundo de sus corazones. El Espíritu Santo ungió a Jesús para revelar estas cosas ocultas, con el objetivo de traer a estas personas al conocimiento de que Él era el Mesías.

Penetrando la defensa de escepticismo

Natanael acababa de ser traído por Felipe, que le había dicho: *"Hemos hallado a aquél de quien escribió Moisés en la ley, así como los profetas: a Jesús, el hijo de José, de Nazaret"* (Juan 1:45).

> *"Natanael le dijo: ¿De Nazaret puede salir algo de bueno? Le dijo Felipe: Ven y ve. Cuando Jesús vio a Natanael que se le acercaba, dijo de él: He aquí un verdadero israelita, en quien no hay engaño. Le dijo Natanael: ¿De dónde me conoces? Respondió Jesús y le dijo: Antes que Felipe te llamara, cuando estabas debajo de la higuera, te vi. Respondió Natanael y le dijo: Rabí, tú eres el Hijo de Dios; tú eres el Rey de Israel"* (vv. 46-49).

Aunque Natanael pareciera un poco escéptico en su respuesta a Felipe acerca de Jesús como el Mesías prometido, el Señor vio por revelación que él estaba siendo sincero en su entendimiento. Natanael hablaba transparente y honestamente. Pero también estaba sorprendido de que Jesús profesara conocerlo, aunque nunca habían cruzado las miradas. La palabra de conocimiento de Jesús acerca de la higuera sirvió solo para confirmarle que este era un hombre fuera de lo común. La revelación de Jesús del corazón de Natanael penetró su defensa de escepticismo.

Penetrando la defensa del pecado

En un segundo ejemplo profético tenemos un contraste. Porque Jesús era judío, eso constituía una barrera inmediata entre Él y esta mujer. Los hebreos no tenían nada que ver con sus "primos", los samaritanos. Un buen judío consideraba a los samaritanos como poca cosa. No solo eso, sino que era una mujer adúltera que adoraba falsos dioses, y Él era un hombre puro y, además, soltero. No podían haber estado más separados.

Pero Jesús, por el poder del espíritu de profecía, se animó a romper la pared de la tradición y el prejuicio para alcanzar a un alma perdida. Ella fue tocada no solo por su iniciativa de hablarle, sino por el hecho de que Él sabía cosas de su vida personal.

> *"Jesús le dijo: Ve, llama a tu marido, y ven acá. Respondió la mujer y dijo: No tengo marido. Jesús le dijo: Bien has dicho: No tengo marido; porque cinco maridos has tenido, y el que ahora tienes no es tu marido; esto has dicho con verdad"* (Juan 4:16-18).

La revelación penetrante de Jesús tenía el poder de derribar sus defensas y convencerla de que Él era un profeta, ¡más aún, el Mesías! Enseguida ella corrió y le contó a la ciudad entera acerca del hombre que debía ser el Cristo: *"Venid, ved a un hombre que me ha dicho todo cuanto he hecho. ¿No será este el Cristo?"* (v. 29). Dios había expuesto de su vida, y ella supo que Dios la conocía. ¡Asombroso! No solo ella experimentó un terrible cambio en su historia personal, sino que dio vuelta la ciudad patas para arriba. ¡Una revolución personal puede llevar a una revolución en la ciudad, si lo desea!

Un encuentro en el aeropuerto

Hace más o menos diez años, me encontraba regresando de una cruzada en Haití con mi querido amigo Mahesh Chavda, y tuvimos una demora en Atlanta. Las reuniones habían sido espectaculares y habíamos visto muchos milagros, tales como una anciana de setenta y siete años, ciega de nacimiento, que recibió la vista la noche que estuvimos allí. Mientras algunos de nosotros en el equipo, incluso mi hermana Bárbara, estábamos sentados en el aeropuerto con el resplandor del éxito todavía en nuestras mentes, un hombre muy desarreglado se acercó a nosotros. Su pelo estaba despeinado, sus ropas eran harapos y olía a nicotina. Encima de todo, usaba uno de esos carteles-sandwich con algo como "Los profetas no sirven para nada" escrito en él.

Cuando se acercó me puse un poco nervioso e intenté proteger a mi hermana de ese loco. Entonces se sentó en la misma fila de asientos que ocupábamos nosotros, solo a unos asientos de distancia.

Mientras lo mirábamos moverse, de repente mi antena espiritual comenzó a detectar la señal de Dios y empecé a preguntarle si Él tenía algo para decir acerca de este hombre. Mientras oraba suavemente en el Espíritu, el Señor comenzó a hablarme. Luego me acerqué y me dirigí a él con una pregunta.

"Señor, usted realmente ha sido herido por el Cuerpo de Cristo, ¿no es cierto?"

El hombre giró su cabeza y me miró.

"De hecho –continué– ha sido echado de la iglesia a la cual asistía. ¿Es verdad eso?"

Él continuó observándome.

"Y no tiene un lugar dónde vivir. Ha estado viviendo en un garaje."

Las lágrimas empezaron a surcar su rostro.

"Y su esposa lo abandonó hace como tres años, y ha sido rechazado por el Cuerpo de Cristo, y lleva un gran dolor en su corazón."

Enseguida que comencé a hablarle con compasión, el lente del juicio se cayó y supe que el Señor hablaba al corazón de este hombre. Para ese entonces un montón de lágrimas caían al suelo, y la gente que estaba conmigo en el equipo lloraba también, y se arrepentían de sus actitudes de juicio.

El hombre respondió diciendo que todo aquello era verdad. Luego nos paramos y abrazamos unos a otros. Oré que la limpieza y sanidad de Dios vinieran a su corazón.

Le digo la verdad, el espíritu de profecía derriba las barreras y las defensas. Aún más que eso, el Espíritu Santo –la presencia profética de

Dios– puede construir puentes con gente con la cual somos completamente diferentes.

Los dones de revelación son parte del sistema de defensa de Dios, que libera los misiles y destruye las defensas y barreras erigidas por el enemigo para impedir el plan de Dios. ¡Qué poder tenemos en lo profético! Si queremos usar estos poderosos misiles con gran certeza y efectividad, debemos desplegar el amor y el testimonio de nuestro Señor Jesucristo resonando en nuestros corazones.

Ahora, recordando estos dos propósitos básicos, echemos una mirada honesta a los seis precipicios que enfrentamos en el campo de lo profético. Luego entonces veremos los siete pináculos o claves de éxito, y al final tres guías simples que nos ayudarán a esquivar los precipicios y prepararnos para los pináculos.

Los precipicios

¿Ha dicho alguna vez: "¡Oh! Ahora viene la peor parte"? Es la parte mala, usted lo sabe, Dios lo sabe y solo Él sabe quién más lo sabe. Pero por la gracia de Dios y un mayor entendimiento de las tácticas que nuestro enemigo usa, podemos aprender cómo avanzar para la gloria de Dios. Pero, ¡cuidado! Hay gran cantidad de precipicios que deben ser evitados a toda costa. Un camino hostil sembrado de trampas nos aguarda por delante. Veremos seis de esos abismos en los que podemos caer.

Precipicio 1: Hostilidad

El riesgo no está tanto en promover equivocadamente lo profético, como en matar a los profetas con la espada afilada de nuestra lengua. A través de toda la historia de la Iglesia hasta el presente, ha habido muchos ejemplos de concepciones erróneas acerca de los profetas y la profecía que llevaron a la hostilidad hacia todo lo que tenga que ver con profecía. *"Necio es el profeta, insensato es el varón de espíritu"* (Oseas 9:7). ¿Cuáles son las razones para tal hostilidad? Aquí hay cuatro:

El pecado del hombre.
El pecado original de la humanidad fue la rebelión contra la palabra de Dios. El corazón del hombre alberga hostilidad hacia la entrada de la palabra de Dios. El Espíritu Santo se mete en los corazones y trae convicción, nos hace sentir incómodos. Es natural resistir esos sentimientos. La revelación profética es un cuchillo filoso. Pero recuerde, la palabra de revelación no compite con la palabra de Dios –las Escrituras– más bien la complementa. Por causa del pecado en el corazón del hombre, frecuentemente vemos la hostilidad no solo contra la palabra de Dios sino, además, contra la revelación profética.

La manera "ofensiva" en que los dones –en el original "regalos"– están envueltos
"Sino que lo necio del mundo escogió Dios, para avergonzar a los sabios; y lo débil del mundo escogió Dios, para avergonzar a lo fuerte" (1 Corintios 1:27). Dios a menudo envuelve sus dones en una manera ofensiva. Moisés es un excelente ejemplo de un envoltorio ofensivo. Creció en cuna de oro, como un príncipe egipcio en el palacio de Faraón. Ofendía a los israelitas étnica, racial y socialmente. Pero Dios lo había escogido como su libertador. Esto no entra en la mente religiosa.

Pablo es otro ejemplo de un envoltorio ofensivo. *"Antes por el contrario, como vieron que me había sido encomendado el evangelio de la incircuncisión, como a Pedro el de la circuncisión..."* (Gálatas 2:7). Pablo era un fariseo de sangre azul enviado con el mensaje de salvación a los gentiles, quienes despreciaban a los judíos por su actitud separatista y su celo religioso. ¡Qué figura! Como algunos dicen hoy: "Dios ofende la mente para que el corazón sea revelado".

La forma velada en que Dios se manifiesta
La metodología de Dios también genera hostilidad y crea lazo. Números 12:6 se refiere a esto: *"[Dios] dijo: Oíd ahora mis palabras. Cuando haya entre vosotros profeta de Jehová, le apareceré en visión, en sueños hablaré con él. No así a mi siervo Moisés, que es fiel en toda mi casa. Cara a cara hablaré con él, y claramente, y no por figuras"*.

Dios ha elegido hablar proféticamente en una forma velada. ¿Cómo llevó a cabo Jesús sus enseñanzas? Por parábolas. ¿Con qué propósito Dios elegiría dar mensajes oscuros? Para crear en nosotros un corazón que lo busque y porque Él es mucho más que una caja de respuestas. Provoca preguntas para aumentar nuestro apetito y curiosidad divina, así indagamos la respuesta: ¡Dios mismo! Su deseo es atraernos a una comunión más cercana a través de la búsqueda.

Falta de apreciación por el proceso profético

Mucha gente no aprecia lo que algunos enseñan como un proceso de tres pasos: revelación, interpretación y aplicación. Luego de que la revelación viene, debemos obtener la interpretación apropiada; pero la aplicación apropiada de la interpretación también es vital. Muchos reciben la revelación inicialmente, pero se olvidan de continuar el proceso interpretando y aplicándola.

Entonces se vuelven hostiles hacia el mensajero, porque piensan que todo es muy complicado. Nuestra tendencia es querer que todo nos sea servido en bandeja, sin tener que consultar personalmente a la Fuente de la revelación, el Espíritu Santo. Recuerde que la profecía fue diseñada para promover la relación. Por tanto, la hostilidad viene de la falta de apreciación del proceso de recibir la palabra de Dios en una relación.

Precipicio 2: Los efectos de la hostilidad en el profeta

Las personas con dones a veces reaccionan de una manera poco saludable a la hostilidad hacia ellos. Después de todo, si usted es apedreado, es normal querer correr y esconderse, o al menos levantar una pared para evitar los piedrazos. Como consecuencia se vuelven:

Adversarios. La gente profética comienza a ver a aquellos que han reaccionado con hostilidad, como si fueran sus enemigos, en vez de reconocer que nuestro enemigo real, el diablo, es el que incita esas reacciones. El pecado es nuestro enemigo, no los pecadores.

Juzgadores. El dolor que causa la hostilidad puede hacer que el profeta comience a juzgar las motivaciones de todos los que están en desacuerdo con él. Entonces se vuelven demasiado críticos con todo el mundo.

Aislados. Como el dolor sigue cavando hondo, la persona profética puede aislarse y rehusar someterse u obtener consejo de aquellos que están en autoridad en la iglesia local. Ahora son llaneros solitarios que disparan al azar a sus hermanos y hermanas por los que Cristo murió.

Desertores. Finalmente, la gente profética bajo ataque puede elegir abandonar las filas de la iglesia local y dejar el Cuerpo de Cristo. El aislamiento lleva a la enajenación y esta al abandono.

El síndrome de Elías

Elías experimentó hostilidad hacia su ministerio profético cuando lidió con Acab y Jezabel, su esposa. En 1 Reyes 18 el hombre de Dios experimentó un poderoso pináculo en lo profético, cuando confrontó la maldad de Acab, mató a 850 profetas falsos y oró para que se termine la sequía que había causado severos daños en el pueblo. "*Y la mano de Jehová estuvo sobre Elías*" (v. 46). ¡Qué fantástica serie de eventos experimentó!

Pero algo le ocurrió a Elías. Sufrió un golpe de parte de la esposa de Acab, la malvada Jezabel, que envió un mensajero de muerte para él. "*Así me hagan los dioses, y aun me añadan*" –dijo, refiriéndose a la masacre de sus profetas– "*si mañana a estas horas yo no he puesto tu persona como la de uno de ellos*" (1 Reyes 19:2). Ella estaba dolida por los profetas y, además, por el hecho de que Elías hacía quedar a Acab como un débil y tonto.

Aún después de todo lo que Dios había hecho, el golpe hirió a Elías tan duro que su primer reacción fue huir. Entonces el Señor vino a Elías cuando estaba escondido en una cueva y le preguntó: "*¿Qué haces aquí, Elías?*" (1 Reyes 19:9).

¿Recuerda cuando en el capítulo 1 reflexionamos acerca del motivo por el cual Dios nos hace preguntas cuando de hecho ya sabe las respuestas? Puede ser que solo desea que nos demos cuenta que acabamos de caer en un pozo.

La miserable respuesta de Elías fue: "*He sentido un vivo celo por Jehová Dios de los ejércitos; porque los hijos de Israel han dejado tu pacto, han derribado tus altares, y han matado a espada a tus profetas; y solo yo he quedado, y me buscan para quitarme la vida*" (v. 10).

Hombre, ¡este sí que estaba deprimido! Se escondía en la cueva, se sentía solo y pensaba que él era el último justo que quedaba sobre la faz de la Tierra. Creo que le podríamos llamar a esto "complejo mesiánico". ¿Alguna vez le pasó? A mí sí, y me sentí realmente miserable.

La incubadora de la revelación

El enemigo, a través de varias fuerzas demoníacas –por ejemplo, espíritus de Jezabel, anticristo, desilusión, depresión y pesadez– intenta separar las vasijas proféticas de su participación en el Cuerpo de Cristo. La oscuridad odia la luz de la revelación, y si no puede quitársela de encima, al menos tratará de correr fuera de escena al "incendiario" lo más que pueda, así su impacto es limitado.

Es verdad que los guerreros proféticos necesitan su espacio, un poco de quietud y una buena medida de reclusión. La soledad es una parte vital del estilo de vida profético. El estar quietos de espíritu y en soledad nos ayuda a edificar la relación íntima con Dios. Si vemos algunas de las palabras de mi libro *Arrodillándose sobre las promesas* tendremos un pensamiento adicional:

> "Sí, solo pare por un minuto... Debemos aprender a aquietar nuestras almas delante de Dios para poder tener comunión con Él. Recuerde, oración es más que inclinar nuestras cabezas, cerrar nuestros ojos y decirle a Dios todo lo que pensamos que Él aún no ha hecho. La oración no es tanto algo que hacemos y sí Alguien con quien estamos. ¡Esto requiere que apretemos el botón de pausa!
>
> La verdadera adoración contiene *selah* (en hebreo "pausa"). Debemos detenernos lo suficiente como para aquietarnos e inclinar nuestros oídos en la dirección de Dios para poder escuchar. No puede oír si habla al mismo tiempo. ¡Es imposible! Así que, haga una pausa. Espere. Descanse. Cálmese. Se sorprenderá de ver cómo esto solamente revolucionará su estilo de vida."[1]

El apartarse es una disciplina, pero es absolutamente necesario para que Dios nos pueda enseñar y llenar con sus palabras de vida. Nuestros combustibles se acaban después de cierto tiempo de ministración, y necesitamos cargar de nuevo para que podamos movernos en fuerza y poder, y desarmar los misiles del enemigo. Nos ayuda a mantener nuestra salud mental. Le da al Espíritu Santo la oportunidad de sanarnos de las heridas de batallas anteriores, y nos prepara para las próximas.

Jesús mismo conocía este lugar de soledad e iba muy a menudo. ¿Qué nos hace pensar que nosotros podríamos sobrevivir en el campo de batalla con algo menos que lo que el hijo de Dios encarnado necesitó para sí mismo? Debemos aprender a mantener la quieta soledad que fomenta una relación íntima con Dios y restaura nuestro arsenal de revelación en contra de nuestro enemigo.

Volvemos a Elías

El Señor vino nuevamente al profeta con la misma pregunta: *"Qué estás haciendo aquí, Elías"* (v. 13), y su respuesta fue la misma por segunda vez. Pero el Señor no lo dejó en ese lugar. Le declaró la verdad: *"Y yo haré que queden en Israel siete mil, cuyas rodillas no se doblaron ante Baal, y cuyas bocas no lo besaron"* (v. 18).

Elías no era el único hombre bueno, no es cierto. Él pensaba que sí lo era. Pero luego el Señor lo llamó a ungir a otros: *"Ve por el camino del desierto de Damasco, y cuando hayas llegado, ungirás a Hazael (...) Jehú (...) y Eliseo"*(ver 19:15-16)

Nuestro Padre Dios tiene un plan especial para la protección y alimentación de su pueblo mientras ellos avanzan en fe para ser sus ministros de gracia. Su diseño es unirnos como un equipo de amigos y consiervos que se den aliento y ayuda unos a otros, que se bendigan y se animen unos a otros. Somos la familia de Dios. Pero lleva tiempo y humildad desarrollar esta clase de atmósfera y relación. La seguridad de una comunidad de cuidado y un equipo de ministerio es vital para el crecimiento y desarrollo de los dones de revelación –tanto como de los otros dones–.

Precipicio 3: Confusión acerca de la identidad personal

La gente profética generalmente es hipersensible. Esta es en parte la forma en que recibimos la revelación. Somos receptivos a los codazos suaves que nos da el Espíritu Santo para llamar nuestra atención. Esta sensibilidad nos permite percibir las cosas en la esfera de lo espiritual con rapidez. Dios nos creó así. Pero si nuestra seguridad e identidad personal yace en cosas equivocadas, esa misma sensibilidad nos hará reaccionar mal a ciertas palabras, insinuaciones, juicios o críticas de otros.

Comprender profundamente los puntos siguientes nos ayudará a evitar caer en este precipicio de la identidad personal.

Su identidad es quién usted es, no lo que hace. Su identidad primaria está en quién es usted en Cristo, no en lo que hace en obediencia a Él. Es un hijo de Dios y su identidad está en su relación con Él. Amo el ministerio profético. Es apasionante y emocionante. Pero soy primero un hijo de Dios, no un profeta. Tengo muchos roles en la Tierra: marido, padre, maestro, ministro, intercesor, pero ninguno de esos roles me hacen ser quien soy. Ellos solo le dicen a usted lo que hago como consecuencia de ser un hijo de Dios creado a su imagen. No edifique los cimientos de su identidad sobre lo que hace, ni tampoco en el ministerio o las responsabilidades terrenales, sino será arrastrado por los cambiantes vientos.

Lo que usted hace es su función. Lo mismo es cierto para los dones del ministerio. Los dones que Dios nos da para llevar adelante el ministerio, no nos dicen quiénes somos. Esos dones solo sirven para mostrar el amor y la misericordia de nuestro Creador. Pero nuestra función puede cambiar varias veces. Quiénes somos en Cristo será un fundamento inamovible. ¡Gracias a Dios!

Usted no es lo que hace. Debemos ser identificados como verdaderos cristianos que llevan la imagen de su Padre Dios y el nombre de la familia. Pablo, el apóstol, nunca se identificaba a sí mismo como tal, sino que se llamaba "un esclavo de Jesucristo". Pero si nos llamamos a nosotros mismos "Apóstol Pérez" o "Profeta Rodríguez" y eso no es verdad, disminuimos la identidad y función de esa posición en el Cuerpo de Cristo.

Si tengo que ser llamado algo, no será porque lo ponga en alguna tarjeta personal o en mi sitio web. Será porque mi vida ha producido fruto y otros han comido de él. Nuevamente, las funciones cambian. Primero somos cristianos. Otros deben ser los que declaren quién soy yo por el fruto que he llevado. Haga que una revolución ocurra aún en esta simple área.

Es amado por la gracia de Dios, no por su desempeño profesional. Lo amamos porque Él primero nos amó a nosotros. Dios extendió su gracia y misericordia a nuestras vidas aún antes de que supiéramos que Él existía. Su desempeño no lo califica para ser su hijo. Recibimos su gracia y amor por la fe, y eso nunca cambia. Su actuación no cambia el amor del Padre hacia usted, y su gracia y misericordia se extienden continuamente mientras usted se tambalea en el proceso de aprender a caminar.

¿Cuáles son los resultados de caer en estos precipicios de la identidad?

Obstinación y dogmatismo. Esto sucede no porque la persona profética sea rebelde o impía, sino porque trata de sobrevivir. Sin embargo, nuestra meta no es la supervivencia, sino la muerte al yo.

Proclamas extravagantes. Cuando trata de sobrevivir, el "Así dice el Señor" dicho en alta voz y con mucha emoción aparecen en cada profecía. La simplicidad es arrojada por la ventana y la autopromoción se convierte en la regla.

Espíritu "no enseñable". "¡Yo escucho directamente de Dios, y no aprendo del hombre!" ¿Ha oído eso alguna vez? Somos miembros de un cuerpo de una iglesia local porque Dios sabía que nos necesitábamos unos a otros para cumplir nuestro destino en Él. Siempre necesitaremos el Cuerpo de Cristo.

Ya que estamos en el tema de nuestra identidad personal, quiero identificar tres conceptos erróneos que tiene que ver con nuestro ministerio profético.

La meta es el ministerio público. Esta es una meta equivocada y un mal enfoque en la vida. Somos llamados para funcionar primero en casa, en el trabajo, en la escuela, y recién ahí en otros lugares según la voluntad de Dios. ¡Que los obreros de la plataforma inspiren y equipen al ejército de guerreros apasionados para invadir la Tierra!

La forma suprema de profecía es la palabra espontánea y exaltada. También esto es un concepto falso. Una de las formas más importantes de lo profético es orar a Dios con una palabra que hemos recibido de Él. La intercesión es llevarle las cargas y tener comunión con Él, en lo concerniente a su revelación a nosotros.

Nuestra meta es ser conocidos como los mejores, o al menos como buenos en lo que hacemos. No, nuestra meta es el testimonio de Jesús. La presencia profética hará que Él sea conocido *por* nosotros, y luego *a través* de nosotros. ¿Para qué es, entonces, la presencia profética y los dones? Primero, para revelarnos a Dios; luego, para que emanemos su presencia dondequiera que vayamos.

Precipicio 4: Culpa por asociación

¿Ha caído alguna vez en el precipicio de la culpa por asociación? Piensa que está haciendo todo bien, cuando de repente aflora una lista de malos comentarios acerca del grupo de personas con las cuales se junta. Hasta donde sabe, usted no ha hecho ninguna de esas cosas malas. Entonces alguien le apunta con su dedo índice y dice: "Tú eres uno de ellos, ¿no es cierto?" ¿Cuál es su reacción? ¿No quisiera esconderse y decir: "¿Quién, yo?"

Podemos aprender mucho de la vida de Pedro en cuanto a la culpa por asociación. Luego que hubo proclamado valientemente que él nunca abandonaría al Señor, Jesús fue arrestado. Pedro lo siguió a la distancia, hasta el patio del Sumo Sacerdote, donde Jesús había sido llevado para ser interrogado. Pedro trataba de ser fiel al Señor con todas sus fuerzas, pero cuando la gente comenzó a relacionarlo abiertamente con Jesús, la vergüenza y el temor rápidamente se apoderaron de él y Pedro cayó de cabeza en el precipicio de la culpa por asociación.

Primero, la gente hizo comentarios –citados en Lucas 22– acerca de la identidad de Pedro:

"También este estaba con él" (v. 56).

"Tú también eres de ellos" (v. 58).

"Verdaderamente también este estaba con él, porque es galileo" (v. 59).

Pedro negó no solo a su Señor, sino también su propia identidad:

"Mujer, no lo conozco" (v. 57).

"Hombre, no lo soy" (v. 58).

"Hombre, no sé lo que dices" (v. 60).

"Entonces, vuelto el Señor, miró a Pedro; y Pedro se acordó de la palabra del Señor, que le había dicho: Antes que el gallo cante, me negarás tres veces. Y Pedro, saliendo fuera, lloró amargamente" (vv. 61-62). ¿Puede imaginarse el dolor que Pedro debe haber sentido cuando Jesús, su Señor y Amigo, se dio vuelta y lo miró profunda y directamente a su alma? Esa mirada debe haber penetrado su mismo corazón y dividido el alma y el espíritu. Pedro estaba bien en el fondo del precipicio, a punto de morir a sí mismo.

Dios quiere sanar ese dolor, pero también quiere que muramos. El diablo y Dios tienen una cosa en común: ¡ambos quieren matarnos!

¿Ha experimentado alguna vez la gloria y la fama que vienen por el nombre de Jesús? Espero que sí, porque eso es una señal de que es auténtico. Cuando la gente ve evidencias de que está relacionado con Jesús, significa que su mensaje y su estilo de vida son reales. Pero el dedo acusador y las reacciones que pueda experimentar como consecuencia, pueden ser algo dolorosas. Es un tiempo de morir al yo e identificarse con los sufrimientos de Cristo.

El dolor de la negación es mucho peor que el dolor de ser asociado con Jesús y con sus seguidores. Quizás no haya hecho nada mal, pero la persecución es una parte muy real del seguir a Cristo.

En el área de lo profético, su imagen de ser "el pibe 10" puede abruptamente pasar a ser "el pibe 0", especialmente cuando a la gente no le gusta el mensaje –y particularmente su habla de cambios revolucionarios–. Podemos aprender de la experiencia de Pedro, que negar nuestra verdadera identidad en Cristo y nuestras relaciones en Él puede ser más doloroso aún que morir a nuestra propia buena imagen.

Precipicio 5: Revelación sin compasión

El precipicio del enojo es otra trampa común que le espera a la gente profética. La historia de Jonás, la cual vimos anteriormente, nos da una ilustración excelente de un profeta enojado.

El síndrome de Jonás

Jonás tenía un gran dilema. La palabra de Dios había venido con poder, le dijo que vaya y le profetice a Nínive. Pero como los ninivitas eran conocidos por las atrocidades cometidas contra el pueblo hebreo, Jonás seguramente los odiaba. No solo Dios le pedía que fuese y les hablase de su pecado, sino también que les dijese que si se arrepentían verdaderamente serían perdonados. Dios se volvería de su enojo hacia ellos.

¿Puede imaginarse cómo se sentiría si Dios le dice que va a derramar su misericordia sobre alguien que le ha hecho muchísimo daño?

Él podría decirle que le profetice a la pequeña iglesia de la vuelta de su casa, aquella que se ha encargado de ensuciar su nombre por todos lados, y que le diga que Dios va a derramar su Espíritu y a bendecirlos hasta el cansancio. Eso sería una palabra difícil de dar. Sería como tener que tragarse sus propias palabras para darles un mensaje de misericordia.

Eso es lo que Jonás fue llamado a hacer. El profeta huyó de la presencia del Señor y saltó justo sobre el precipicio del enojo. Dios podía haber sido tardo para la ira, misericordioso y compasivo hacia Nínive, pero Jonás estaba abatido, amargado ¡y muy enojado! Él no tenía el corazón de Dios y realmente no lo quería. Aún después de su obediencia en dar la palabra del Señor a Nínive, luego del arrepentimiento, seguía aferrado a su enojo: *"Ahora pues, oh Jehová, te ruego que me quites la vida; porque mejor me es la muerte que la vida. Y Jehová le dijo: ¿Haces tú bien en enojarte tanto?"* (Jonás 4:3-4).

Hace unos años yo formaba parte de una comunidad en Kansas City, que era perseguida y criticada por otro ministerio que me había bendecido mucho en forma personal. Me enojé por la situación. Me sentía atrapado entre estos dos grupos, porque había sido bendecido por ambos. ¡Esto sí que era un precipicio! Nunca me había enojado tanto como en aquella ocasión. Estaba herido y confundido por las reacciones de las dos partes.

En el medio de ese tiempo turbulento, Mike Bickle, el líder principal del equipo en el que yo estaba, habló abiertamente acerca de su propio enojo y de la sabiduría que Dios le había dado sobre este problema. El Señor le reveló que el grado de su enojo era el mismo que el de su ambición personal. ¡Vaya vara de medir!

Dios nos da revelación y luego nos enfrentamos con situaciones, como esta que le ocurrió a Jonás, en las cuales Él instantáneamente alcanza las profundidades de nuestra alma pecaminosa. Sus palabras y actos de misericordia hacia otros exponen la medida de falta de perdón y misericordia que hay en nuestros corazones.

Jonás continuó cayendo más profundo en el precipicio del enojo, cuando echó un vistazo a la ciudad y lo que Dios haría con ella ahora. Dios tuvo misericordia de él y le proveyó una planta que le diera sombra, lo cuidó del incómodo calor del sol. Jonás estaba contento con la planta. Pero luego el Señor envió una oruga que se la comiese toda, y entonces quedó expuesto.

"Y aconteció que al salir el sol, preparó Dios un recio viento solano, y el sol hirió a Jonás en la cabeza, y se desmayaba, y deseaba la muerte, diciendo: Mejor sería para mí la muerte que la vida. Entonces dijo Dios a Jonás: ¿Tanto te enojas por la calabacera? Y él respondió: Mucho me enojo, hasta la muerte. Y dijo Jehová: Tuviste tú lástima de la calabacera, en la cual no trabajaste, ni tú la hiciste crecer; que en espacio de una noche nació, y en espacio de otra noche pereció. ¿Y no tendré yo piedad de Nínive, aquella gran ciudad donde hay más de ciento veinte mil personas que no saben discernir entre su mano derecha y su mano izquierda, y muchos animales?" (Jonás 4:8-11).

La compasión de Dios se extendió aún hasta los animales de esa ciudad. Quería revelarle a Jonás la profundidad de la falta de compasión y misericordia en su propia vida. El corazón del profeta era duro y la misericordia de Dios lo expuso, pero en el proceso Dios salvó de la destrucción a una ciudad por otros ciento diez años.

Dios usará todas las circunstancias en nuestras vidas para revelarse y exponer nuestros corazones, así podemos ser cambiados *"de gloria en gloria"* (2 Corintios 3:18).

Palabras de misericordia

Debemos salir del estereotipo del profeta del Antiguo Testamento, gritando a viva voz, apuntando con su dedo puntiagudo a todos en una actitud juzgadora.

Dios restauró un líder espiritual de los ´40, que había caído. Su nombre era Rex Andrews. El Señor le dio los siguientes pensamientos que alteraron el curso de su vida:

"La misericordia es la provisión de Dios para toda necesidad en todo lugar. Es esa bondad, compasión y ternura que nos lleva a sufrir con, o participar en las enfermedades o sufrimientos de otros, para poder aliviarlos, sanarlos o restaurarlos. Ella acepta al otro libremente tal cual es y suple al necesitado para levantarse, traerle paz y mantener esa paz. Es traer al otro al corazón de uno mismo tal como el otro es, y allí nutrirlo y cuidarlo. La misericordia toma los pecados y faltas del otro como propias, y lo liberta trayéndolo a Dios. Ese es el brillo del amor. Eso es la unción."[2]

Uno de los ingredientes necesarios en la maduración profética es cultivar un corazón así, lleno de compasión. El autor Ken Blue dice: "La clase de compasión que Jesús tenía por la gente no era meramente una expresión de su voluntad, sino una erupción desde lo más profundo de su ser. Por esta compasión Jesús llevó a cabo sus poderosas obras de salvación, sanidad y liberación".[3] Debemos ser capaces de ver el corazón de Dios detrás de un asunto y convertirnos en solucionadores de problemas, en vez de ser señaladores de problemas.

Textos de misericordia

Aquí hay algunas Escrituras de misericordia para orar sobre su vida:

Hebreos 4:16: *"Acerquémonos, pues, confiadamente al trono de la gracia, para alcanzar misericordia y hallar gracia para el oportuno socorro".*

Mateo 9:13: *"Id, pues, y aprended lo que significa: Misericordia quiero, y no sacrificio. Porque no he venido a llamar a justos, sino a pecadores, al arrepentimiento".*

Miqueas 7:18: *"¿Qué Dios como tú, que perdona la maldad, y olvida el pecado del remanente de su heredad? No retuvo para siempre su enojo, porque se deleita en misericordia".*

Santiago 2:13: *"Porque juicio sin misericordia se hará con aquel que no hiciere misericordia; y la misericordia triunfa sobre el juicio".*

Marcos 1:41: *"Y Jesús, teniendo misericordia de él, extendió la mano y le tocó, y le dijo: Quiero, sé limpio".*

Salmo 78:38-39: *"Pero él, misericordioso, perdonaba la maldad, y no los destruía; y apartó muchas veces su ira, y no despertó todo su enojo. Se acordó que eran carne, soplo que va y no vuelve".*

Precipicio 6: ¡Cuidado! Zanjas a ambos lados

Aquí hay algunas actitudes y reacciones que evitar en los dos lados del camino, porque ellas también lo enviarán directo al precipicio:

• La gente lo trata de manera especial.
• La gente deja de tratarlo de manera especial.
• La gente quiere manejarlo como a una marioneta y hacer que profetice a demanda.
•Usted no está preparado y es llamado al frente a profetizar.

•Usted está preparado, pero nada acontece.

•Usted está preparado, pero no es convocado.

•Usted está preparado, pero nadie quiere, le gusta o responde a su mensaje.

•Usted hace líos que luego hay que arreglar.

•Tiene miedo de arriesgar su reputación y se queda callado.

•Ha exagerado una palabra y todo el mundo se dio cuenta.

•Ha exagerado una palabra y nadie se dio cuenta, excepto usted y Dios.

•Su don sobrepasa su carácter. ¡Uyy!

Esto puede sonar bastante cómico, pero muchos no se reirán si les sucede a ellos. Los pastores querrán agregar una línea más aquí. Para los pastores, a veces los PRecipicios son los PRofetas PRincipiantes. (¡Oh! ¡Eso duele!)

Recuerde, nuestro amoroso Padre siempre nos ofrece una salida a los precipicios en que caemos. Es por su gran misericordia y amor. *"Acerquémonos, pues, confiadamente al trono de la gracia, para alcanzar misericordia y hallar gracia para el oportuno socorro"* (Hebreos 4:16).

Los pináculos

Finalmente llegamos a los gloriosos pináculos o picos del ministerio profético. La cima más alta del estilo de vida profético es esta: Jesucristo magnificado, Jesucristo glorificado, Jesucristo levantado, y la vida de Dios siendo impartida a todas las personas.

Esto sucede cuando un hombre o mujer sigue los dos propósitos fundamentales del ministerio profético: conocer a Cristo y hacerlo conocido, usando las palabras proféticas como misiles para penetrar las defensas del enemigo.

Pináculo 1: Cuando todo funciona bien

En enero de 1994 quedé tocado luego de un viaje a Albania, en una ciudad en la costa norte del Mar Adriático.

Albania es una nación islámica que estaba bajo el control del comunismo, y que se abrió entre 1990 y 1991. En 1967 todos los templos fueron destruidos. La mayoría de la gente se cerró al evangelio. En el lenguaje albanés, el nombre de la cuidad que estábamos visitando, Sein Gein, significa San Juan. Los habitantes dicen que se debe a que el apóstol Juan ministró allí. El equipo evangelístico con el cual yo estaba sabía de la existencia de solo cinco o seis creyentes en toda la ciudad.

Antes de la hora prevista para el comienzo de la reunión evangelística –una de las primeras que esta ciudad había tenido tal vez en los últimos cien años– yo estaba parado en un risco mirando el Mar Adriático. Comencé a preguntarle al Señor: "¿Qué es lo que tú tienes para la gente de Sein Gein?" Aunque estábamos allí solo por una noche, pude percibir su destino en Dios, sabiendo que posiblemente Juan, el apóstol, había pisado esa misma tierra.

De pronto el nombre "Sara" vino a mi mente. De nuevo dije: "Pero Señor, ¿qué es lo que tienes para este pueblo de Albania?"

Y nuevamente el nombre "Sara" me vino a la mente.

Entonces se hizo la hora de ir a la reunión, así que me di vuelta y me marché de ese bello lugar.

Solo un puñado de las ochenta o cien personas que asistieron esa noche eran cristianos. Un amigo mío compartió su testimonio. Ahora era mi turno de predicar.

Casi a la mitad de mi sermón acerca de Jesucristo –el mismo ayer, hoy y por siempre– aquel nombre "Sara" flotaba en mi mente de nuevo. Así que me dirigí a mi intérprete y le pregunté cómo decir Sara en albanés.

"Sabrina", dijo.

Así que a través del intérprete pregunté si había alguien allí esa noche que se llamara así. Casi al final de la sala una mujer joven levantó su mano. Le dije que viniera al frente.

Cuando Sabrina estaba enfrente del intérprete, me vino el pensamiento de preguntarle cuántos años tenía –extraño pensamiento de preguntarle eso a una mujer–. Luego le pedí al intérprete que le dijera lo siguiente: "Tu nombre es Sabrina. Nunca antes has estado en una reunión evangelística en toda tu vida. Tienes 32 años, y un tumor en tu seno derecho. Y Jesús quiere sanarte".

Cuando el Espíritu Santo se movió en ella, una musulmana, parecía como que al resto de las personas se le salían los ojos de sus órbitas. Sabrina fue salva inmediatamente.

Al término de esa preciosa reunión, llovía. Los otros miembros del equipo y yo tomamos el primer auto disponible. Mientras el conductor nos llevaba al lugar en donde pasaríamos la noche, de pronto tuve el sentir de que yo era como Felipe, el que subió al carro del etíope eunuco, en Hechos 8.

"Jesús sabe su nombre –le dije al chofer a través de mi intérprete–. Él sabe cuántos cabellos hay en su cabeza. De hecho, una joven mujer en la reunión de hoy, Sabrina, de 32 años de edad, tenía un tumor en su seno derecho. Ella es musulmana, nunca había asistido a una reunión cristiana anteriormente. ¡Pero esta noche ella se encontró con Jesucristo!"

Mientras avanzábamos por esa vieja callejuela, el conductor comenzó a temblar. ¿Adivina qué? Sabrina era su esposa. Lo guié al Señor mientras manejaba en esa noche lluviosa.

¡Esta clase de pináculo o cima de gloria en el ministerio profético te desarma! Quiero ver cientos y cientos más de esas demostraciones de la gracia revelatoria de Dios en amor y poder. ¡Eso es lo único que vale!

Pináculo 2: Cuando el carácter iguala la unción profética

Cuando nuestro carácter y frutos van de la mano con los dones que Dios nos ha dado, parece como si Él volcara una dosis extra de unción sobre nuestras vidas, llamada "la autoridad de Dios". No es que tenemos que decir o hacer algo diferente que antes, sino que Dios pone un sello extra de su vida en nosotros. Cuando Él pone su autoridad en nuestras palabras, es como si fuéramos E. F. Hutton y la gente se parase para escucharnos. ¡Qué pináculo! ¡Y qué nueva prueba también!

Pináculo 3: Aprender de los errores del pasado

No se detenga. Aprenda todo lo que pueda. Continúe andando. Sea como Pablo, que dijo: *"Hermanos, yo mismo no pretendo haberlo ya alcanzado; pero una cosa hago: olvidando ciertamente lo que queda atrás, y extendiéndome a lo que está delante, prosigo a la meta, al premio del supremo llamamiento de Dios en Cristo Jesús"* (Filipenses 3:13-14).

Pináculo 4: La negación es cambiada en una correcta identidad

Cuando decimos: "Sí, es verdad, yo soy uno de ellos, y acepto pagar el precio", podemos cambiar un precipicio en pináculo. Puede graduarse como José, de un foso a un palacio.

Pináculo 5: Cuando el espíritu profético es impartido a otros

Este es un pináculo o cumbre de la vida espiritual, en donde la presencia de Dios se imparte a otros. Uno de mis mayores gozos es dar la medida de la presencia profética que he recibido, a los demás. Qué gran alegría equipar a otros y enseñarles cómo beber en la presencia profética de Jesús en sus vidas. Pero esta revolución no sucederá hasta que carguemos nuestros rifles espirituales con la presencia del Señor.

Pináculo 6: Cuando abrazamos la cruz y somos cambiados

La experiencia del precipicio es horrible, emocionalmente hablando. Pude causar dolor y heridas. Pero personalmente puedo decir que no cambiaría por nada esos tiempos de aprendizaje. Abrazar la cruz ha sido no solo bueno, sino también necesario, y ese también es un pináculo de éxito. No deje que el diablo lo mantenga en el hoyo por demasiado tiempo; corra a la cruz y sea transformado.

Pináculo 7: Cuando nos corremos y Jesús es glorificado

Este es el pináculo de todos los pináculos. Una vez que hemos pasado la cruz, la vida de resurrección nos aguarda del otro lado. Es entonces cuando nos hemos corrido de en medio y solo Jesús es visto. Cuando solo Él es glorificado, hemos realmente alcanzado la cumbre del éxito. Ahí recién ha comenzado en verdad la revolución.

Cómo manejar un ministerio profético genuino

A continuación hay tres instrucciones simples que nos ayudarán a evitar algunos de los precipicios, y prepararnos para los pináculos del ministerio profético.

Instrucción 1: Pruebe los espíritus

"Amados, no creáis a todo espíritu, sino probad los espíritus si son de Dios" (1 Juan 4:1). Qué idea, concepto, enseñanza o información aparece. ¿Cuál es el punto? Es presentado Jesús como fuente de vida y la cruz puesta en alto.

Graham Cooke, autor y ministro profético de Inglaterra, asevera: "Permitir la profecía sin probarla (...) trae abusos dentro del ministerio, un descrédito del don en sí, un modelo pobre para que los creyentes sigan, y finalmente frustración de los propósitos por los cuales la verdadera profecía es dada".[4]

El maestro bíblico internacional, Derek Prince, agrega: "Permitir el libre ejercicio de la profecía sin requerir que esta se sujete al juicio de la Escrituras, es contra las enseñanzas del Nuevo Testamento, y generalmente lleva a abusos que desacreditan la profecía como un todo y frustran los propósitos de Dios por los cuales es dada la profecía".[5]

Instrucción 2: No sea un profeta improvisado

La palabra de revelación complementa y no compite contra la palabra escrita de Dios. ¡Sea primero adicto a la Palabra! Que el don de revelación sea como el postre, no el plato principal. Guarde la palabra de Dios en su corazón y medite en la Palabra escrita. Dios vendrá y soplará sobre ella para avivarla como una palabra hablada.

Instrucción 3: Conozca la naturaleza de lo profético

El conocimiento no es nuestro primer objetivo; las revelaciones proféticas solo son carteles que nos indican cómo hallar a Aquel que es la respuesta. Deseamos más que información, ¡deseamos intimidad con Dios! Aquí hay algunas instrucciones relacionadas con esto:

• Pocas veces las palabras son declaraciones de que algo va a cumplirse automáticamente. La mayoría son invitaciones a responder a Dios con condiciones que deben ser cumplidas primero. (Vuelva al Capítulo 6 para ver más acerca de esto).

• Pocas de las palabras proféticas son inmediatas, palabras "ahora". La mayoría nos ayudan en el proceso de transformación.

• Pocas palabras proféticas nos sacan de un dilema. Son usadas para traer luz, consolar y animarnos a continuar. ¡No hay atajos con Dios!

• Enfóquese no en la promesa, sino en el Dios que promete. Dirija su fe al Dios de la Palabra. Cuando nuestra fe está puesta en lugares incorrectos, produce fantasías y expectativas irreales.

• Sepa que hay un costo. Lo que es significativo para Dios con frecuencia traerá oposición del enemigo. Pablo fue advertido muchas veces sobre cuánto sufriría por la causa de Cristo. Cada promesa tiene un precio que pagar.

• Déle tiempo. Como la mayoría de las palabras son una invitación hacia un final, hay una duración de tiempo en el cual la persona es preparada para el cumplimiento de la promesa que está en curso.

No lo arroje por la borda

Cuando tratamos de aprender a discernir las revelaciones proféticas y procesarlas efectivamente, solemos experimentar cierta frustración y confusión. En un cierto punto podemos vernos tentados a arrojar todo el paquete de los dones proféticos por la ventana. ¡No lo haga! Lleva tiempo y paciencia parar nuestra antena espiritual, y por eso es que la relación con Jesús es fundamental, por la comunicación. Podemos ocuparnos de aprender la manera en que Dios se comunica.

A continuación hay algunas estrategias útiles para usar mientras está en entrenamiento para la revolución profética que viene.

No apague el fuego de la profecía

"No apaguéis al Espíritu. No menospreciéis las profecías" (1 Tesalonicenses 5:19-20). Debido a errores, fallas o abusos, podemos vernos tentados a desechar todo el asunto. No extinga el fuego del Espíritu Santo por una mala reacción.

No sea sacudido con facilidad

"Os rogamos, hermanos, que no os dejéis mover fácilmente de vuestro modo de pensar, ni os conturbéis, ni por espíritu, ni por palabra, ni por carta como si fuera nuestra, en el sentido de que el día del Señor está cerca" (2 Tesalonicenses 2:2).

Retenga lo bueno

Moverse en lo profético vale la pena, aún cuando hay precipicios y pozos en los que podemos caer a lo largo de todo el camino. Obtendremos grandes beneficios al cultivar el carácter que necesitamos para usar los dones de revelación. *"Yo pues, preso en el Señor, os ruego que andéis como es digno de la vocación con que fuisteis llamados"* (Efesios 4:1). Se nos ordena en 1 Tesaloniceses examinar todo y quedarnos solo con lo bueno.

Esperanza para los heridos

"Venid y volvamos a Jehová; porque él arrebató, y nos curará; hirió, y nos vendará. Nos dará vida después de dos días; en el tercer día nos resucitará, y viviremos delante de él. Y conoceremos, y proseguiremos en conocer a Jehová; como el alba está dispuesta su salida, y vendrá a nosotros como la lluvia, como la lluvia tardía y temprana a la tierra" (Oseas 6:1-3).

Esta es una palabra profética acerca del Mesías, su muerte, entierro y resurrección. Pero también es un mensaje para el pueblo del Mesías, el Cuerpo de Cristo. Es una palabra reconfortante de la gracia y misericordia de Dios hacia nosotros cuando experimentamos los precipicios y pináculos de una revolución profética.

Habrá tiempos de dolor y de morir a la ambición personal, pero nuestro Padre promete esperanzas y ayuda para cada soldado débil en la batalla. Él no nos dejará derribados en medio de ella para que muramos. El Espíritu Santo vendrá, nos levantará y resucitará las áreas proféticas en nuestra vida, para que podamos continuar peleando la buena batalla con las fuerzas y el poder de su gracia, y con su mano de misericordia que nos guía siempre a la victoria. Anímese en su viaje, y cuente las hermosas experiencias que ha vivido con los que vienen detrás de usted. Imparta la presencia del Señor a todos aquellos que Dios le permita.

Nuestro clamor e intercesión

Señor, estamos delante de ti con gran temor y temblando por el asombroso poder que has manifestado en toda tu creación. Pero también nos postramos y te adoramos por la dulce gracia y misericordia que mostraste en tu Hijo, Jesucristo. Señor, nuestro deseo es ser portadores de la gloriosa presencia de Cristo Jesús. Pedimos que vengas en el poder del Espíritu Santo a sanar toda área herida en nuestros corazones que nos impiden aferrarnos a tus bendiciones.

Levántanos, y enséñanos a escuchar tus dulces palabras de amor, y poder darlas libremente a aquellos que necesitan de una revelación de Jesús. Nuestro deseo es glorificarte, magnificarte en esta Tierra y servirte fielmente en los campos de la cosecha. Precioso Padre, sácanos fuera de los pozos en que hemos caído y llévanos a los pináculos de tu gloria. Que aprendamos del pasado y podamos avanzar en respuesta al llamado supremo en Cristo Jesús. Por la gloria de tu Hijo amado. Amén.

> **Mini cuestionario: ¡manténgalo despierto!**
>
> 1. ¿Cuáles son algunos de los precipicios del ministerio profético?
> 2. ¿Cuáles son algunos de los pináculos?
> 3. Al observar las experiencias de otros, ¿cuáles son algunas de las lecciones que puede aprender?

¡Quiero más, Señor!

Mike Bickle con Michael Sullivant, *Creciendo en lo profético* (Lake Mary, Fla.: Casa Creación, 1996)

Jim y Michal Ann Goll, *Encuentros con un Dios sobrenatural* (Shippensburg, Pa.: Destiny Image, 1998)

Dr. Bill Hamon, *Profetas, precipicios y principios* (Shippensburg, Pa.: Destiny Image, 1991)

8 ¿Demasiado caliente para agarrar?

Precisamos ponernos las agarraderas de la sabiduría para poder asir la gran fuente caliente de la grandiosa unción que está hirviendo en el horno de Dios. De otro modo terminaremos tirándola al suelo, volcando todo y hasta quemándonos nosotros mismos. Precisamos perseguir la presencia y el rostro de Dios, y alimentar un profundo anhelo por los dones espirituales, especialmente que profeticemos (1 Corintios 14:1). La receta de Dios contiene una proporción exacta de todos los ingredientes: dones y frutos, mezclados juntos. El estofado está muy caliente para agarrarlo con las manos solas, fuerzas humanas, ego y autopromoción. ¡Entonces busquemos los mitones de la sabiduría de Dios para servir la unción a un mundo hambriento, sin quemarnos ni quemar a otros en el proceso!

La historia de la Iglesia está llena de reportes de líderes ungidos que de pronto se alzaron a la fama solo para convertirse en estrellas fugaces que cayeron de sus lugares de influencia delante de los ojos de todos los que observaban su venida a pique. El mundo se ha burlado de la Iglesia mientras hemos caído presa de espíritus políticos y religiosos. Hemos dormido con el enemigo. La ambición desmedida y la necesidad de ser vistos han impulsado nuestras motivaciones. Muchos ministros, como muchos hombres de negocios y líderes de gobierno, se mueven por el dinamismo del éxito más que por el Espíritu Santo que los empuja a avanzar. Dios, ¡ten misericordia de nosotros!

Somos llamados a ser *"astutos como serpientes y mansos como palomas"* (Mateo 10:16), pero cuando de manera persistente y a sabiendas permitimos la mezcla en nuestras vidas, quedamos expuestos al engaño.

Yo podría ser un poco menos duro, y llamar al próximo punto "Conceptos erróneos acerca de la unción". Pero nuestra falta de entendimiento de las formas que Dios utiliza nos lleva a aplicar mal la revelación, lo que afecta finalmente la manera en que mostramos a

Dios. Eventualmente, algunos terminan en la pila de residuos del engaño y engañan a otros. Así que soy insistente con el engaño: "El acto de engañar o desviar; el hábito de engañar; el estado de ser engañados o desviados".[1]

Sansón: El engaño de la unción

Sansón es el típico ejemplo de la persona ungida por Dios que cae en la trampa del engaño. En solo cuatro capítulos del libro de Jueces, hallamos varias claves muy significativas para entender la unción y los métodos de Dios con el hombre. Sansón, uno de los jueces, se descarrió en la inmoralidad y aún todavía podía ministrar bajo la unción.

Primero leamos algunos versículos que contienen el llamado de este hombre poderosamente usado por Dios:

> "*Y había un hombre de Zora, de la tribu de Dan, el cual se llamaba Manoa; y su mujer era estéril, y nunca había tenido hijos. A esta mujer apareció el ángel de Jehová, y le dijo: He aquí que tú eres estéril, y nunca has tenido hijos; pero concebirás y darás a luz un hijo. Ahora, pues, no bebas vino ni sidra, ni comas cosa inmunda. Pues he aquí que concebirás y darás a luz un hijo; y navaja no pasará sobre su cabeza, porque el niño será nazareo a Dios desde su nacimiento, y él comenzará a salvar a Israel de mano de los filisteos.*
>
> *(...) Y la mujer dio a luz un hijo, y le puso por nombre Sansón. Y el niño creció, y Jehová lo bendijo. Y el Espíritu de Jehová comenzó a manifestarse en él*" (Jueces 13:2-5, 24-25).

Para que Sansón naciera había sido necesaria la intervención sobrenatural de Dios. Si seguimos leyendo vemos en Jueces que el Espíritu de Dios de repente se movía en él, y una unción de fuerza fuera de lo común venía a él para someter a los filisteos, los enemigos del pueblo de Dios. Había un misterioso secreto en la unción de Sansón: el largo de su cabello. No cortárselo era una representación profética externa de su voto interno de ser un guerrero consagrado para el Señor, un nazareo.

La fuerza sobrenatural venía sobre Sansón y él llevaba a cabo un acto violento, lo que aterrorizaba al campamento enemigo. ¿Puede imaginarse cómo se sentían los filisteos con este fuerte hombre de Dios cerca? Pero Satanás puso en marcha una sucia treta para derribarlo. El diablo siempre tiene estrategias y hace de las suyas. En este caso el usurpador, avanzando en un intento furtivo de descubrir la clave de su unción, le dio un golpe bajo. La esposa de Sansón le fue dada a su mejor amigo (Jueces 14:20). El hombre se vengó de esta pérdida quemando los campos filisteos llenos de granos (ver Jueces 15:14-17). La unción de Dios prevalecía contra los enemigos de Israel.

Sansón tropieza

Jueces 16:1 representa esta escena bien gráficamente: *"Fue Sansón a Gaza, y vio allí a una mujer ramera, y se llegó a ella"*. ¿Qué pasó aquí? (¿Alguna vez se hizo esa pregunta cuando un ungido de Dios cayó?) Seguramente el enemigo había hecho una investigación exhaustiva de sus debilidades. Él estaba aparentemente alejándose de su voto interior y ahora quería lo mejor de los dos mundos: el del plano del Espíritu y el de la carne.

Cuando Sansón comenzó a jugar con las cosas preciosas de Dios, el "engaño de la unción" comenzó a instalarse en él y mostrar sus efectos. ("Yo debo ser especial; puedo hacer todo lo que quiero.") Pero note que Dios no removió su don de la vida de Sansón. Esta es una de las cosas extrañas, uno de los principios que encontramos en Romanos 11:29: *"Porque irrevocables son los dones y el llamamiento de Dios"*.

El rumor acerca de qué y cómo era el hombre de Dios circuló pronto, y los de Gaza lo esperaban en la entrada de la ciudad, deseaban capturarlo y matarlo cuando él volviera muy campante de sus placeres (Jueces 16:2). Pero en vez de ello, la fuerza y el poder vinieron una vez más sobre Sansón (v. 3). Arrancó de cuajo las puertas de la ciudad y las cargó triunfalmente sobre sus hombros hasta la cima de una montaña en las afueras de Gaza.

Aparentemente Sansón había salido impune de esto de jugar con Dios. Pero el asunto aquí no es el resultado inmediato, sino las consecuencias a largo plazo de todo lo que hizo. Pregúntese a usted mismo:

¿Adonde me llevarán los resultados de mis acciones de acá a un año? ¿Y de acá a cinco años? El talón de Aquiles de Sansón –una pequeña pero potencialmente mortal vulnerabilidad– era expuesta ahora, y el enemigo iba a tratar de agarrarlo por este lado, si podía.

El enemigo le tiende una trampa a Sansón

Dalila aparece en escena de la nada. Sansón se enamoró de ella (Jueces 16:4). Entonces los filisteos traman una conspiración de intriga sexual, empleando las fuerzas del sanguinario dios Mamón para sacarle a Sansón el secreto de dónde residía su gran fuerza.

"Y Dalila dijo a Sansón: Yo te ruego que me declares en qué consiste tu gran fuerza, y cómo podrás ser atado para ser dominado" (Jueces 16:6).

¿Puede ver la escena? El enemigo seguía el plan. La mujer lo seducía justo enfrente de sus narices, vistiendo sabe Dios qué ropa, para destruir al ungido de Dios. ¿Usted cree que a ella realmente le importaba él? Ella estaba en esto por lo que podría obtener: ciento diez piezas de plata de cada uno de los príncipes filisteos (v. 5). Los filisteos querían manchar el nombre y la reputación del único Dios verdadero. Era una guerra espiritual y las fuerzas demoníacas eran llamadas para debilitar a Sansón.

Probablemente Sansón pensaba: "La última vez que me ataron rompí las cuerdas y tomé una quijada de asno y maté a miles de hombres. Solo jugaré un rato este jueguito. Después de todo, soy indestructible. Soy el ungido de Dios".

Así que Dalila insistía con su pregunta y Sansón jugaba cada vez más cerca del borde del precipicio, e inventó un argumento acerca de su secreto: Que si era atado con *"siete mimbres verdes"* (v. 7), perdería su fuerza. Ella lo ató así y pronto tenía a los filisteos encima. Nuevamente la fuerza de Dios fue liberada y Sansón triunfó sobre lo que parecía una travesura inocente. Pero la chica no se daba por vencida.

Así es en nuestros días. Déle al diablo la mano y él se tomará el codo. Así que no le dé ni la hora al engañador.

Sin darse cuenta, Sansón comenzaba a debilitarse. Mientras lo hacía, Dalila se acercaba un poquito más a la verdad. Él mezclaba leyendas de siete mimbres verdes, luego *"cuerdas nuevas"* (v. 11), y luego –casi se le escapa– dijo: *"Si tejieres siete guedejas de mi cabeza con la tela y las asegurares con la estaca, seré como cualquier otro hombre"* (v. 13). A esta altura, hablando de su cabello, estaba jugando con su secreto.

Los filisteos fallaron una vez más al tratar de capturarlo, entonces la seductora Dalila activó todos sus encantos: *"Y ella le dijo: ¿Cómo dices: Yo te amo, cuando tu corazón no está conmigo?"* (v. 15). El poder demoníaco ahora estaba encendido en su máxima potencia. *"Y aconteció que, presionándole ella cada día con sus palabras e importunándole, su alma fue reducida a mortal angustia"* (v. 16). Abatido, finalmente Sansón metió la pata. ¿Cuál sería la diferencia entre decirlo y no decirlo? Todavía era el ungido de Dios. *"Le descubrió, pues, todo su corazón"* (v. 17), el secreto de su fuerza.

Dalila lo atrajo hacia su regazo, lo arrulló hasta dormirlo y un hombre le cortó siete guedejas de su cabeza. Obtuvieron lo que querían: *"Su fuerza se apartó de él"* (v. 19). Cuando los filisteos cayeron sobre él, Sansón supuso que los vencería como las otros veces. Pero había jugado tanto con fuego, que esta vez se quemó. Escuche estas nefastas palabras de la Escritura: *"Pero él no sabía que Jehová ya se había apartado de él"* (v. 20).

Fue capturado por el enemigo, torturado, le sacaron los ojos. Ahora era simplemente un hombre natural, apartado de Dios y atormentado. El destino que Dios tenía para él estaba desecho, ahora era un prisionero en la cárcel filistea. ¡Qué trágico final!

Las consecuencias de perder las fuerzas

Lo triste es que denominaciones enteras, ministerios, movimientos, congregaciones e individuos se hallan en el mismo estado. Todo lo que queda es un mero esqueleto, y las sombras de lo que fue el llamado de Dios para ellos. Cuando la sabiduría no es la guardiana de la unción, pueden verse trágicos resultados, como vimos con Sansón.

- Perdió su cabello, su fuerza, su gozo, la pérdida de cobertura y protección.
- Perdió su vista, la ausencia de revelación profética y visión.
- Perdió su función, quedó atado con grillos en la prisión, el tormento de perder el destino y el propósito.

He visto mucho desde entonces, todo, desde pastores yéndose con sus secretarias, a evangelistas fervorosos siendo atrapados por el "síndrome de yo soy especial", a profetas orgullosos por creerse de la elite de los que tienen la revelación de Dios. (Puede agregarle a la lista, si quiere). Esas cosas son normales en el mundo El problema es cuando el sistema del mundo se mete en la Iglesia. Dalila y Jezabel se pasean rampantes, y actuamos como si no supiéramos nada.

¡Ya es suficiente! Es tiempo de una revolución profética auténtica. Es tiempo de decirle a Dalila y sus huestes demoníacas que armen sus valijas y su vayan. Es tiempo de aprender del pasado, evitar el dedo acusador del juicio y clamar a Dios por un cambio radical en la sociedad y en la historia. Es tiempo de una revolución que restaure las raíces de la Iglesia. Es tiempo de levantarse de dormir en el regazo de Dalila y escapar mientras podamos. ¡Oh, que una unción santa venga y limpie a la esposa de Cristo!

La misericordia de Dios en práctica

En medio de todo esto, la misericordia obraba en la vida de Sansón. *"Y el cabello de su cabeza comenzó a crecer, después que fue rapado"* (v. 22). ¡Gloria a Dios! ¡Sí, dije gloria a Dios! Gracias a Dios por la restauración de un individuo o de un ministerio. Haga lo que pueda para ayudar a restaurar a un hermano o hermana que ha caído (ver Gálatas 6:1-3). Su actitud y respuesta a su condición puede determinar su siguiente nivel de gracia, promoción o remoción. Juntos aprendamos la lección de clamar por sabiduría y, por amor de Dios, no estemos en acuerdo con el acusador de los hermanos.

Todavía no se ha acabado la historia. Los filisteos, cuando celebraban en el templo de Dagón, llamaron a su prisionero para que los entretenga (Jueces 16:25). Nada sabían de que ya Sansón no estaba ni débil ni pelado. Creo que hasta había aprendido algunas lecciones en la prisión acerca del temor del Señor y del correcto uso de los dones.

"Entonces clamó Sansón a Jehová, y dijo: Señor Jehová, acuérdate ahora de mí, y fortaléceme, te ruego, solamente esta vez, oh Dios, para que de una vez tome venganza de los filisteos por mis dos ojos" (v. 28). Su acto final de poder fue ejecutado cuando empujó las dos columnas del medio de la casa, y el edificio entero se derrumbó y aplastó a tres mil filisteos... y a él mismo.

Sí, fue restaurado a su llamado. Pero ¡qué precio tan alto tuvo que pagar! Y qué manera tan triste de acabar: sacrificó su propia vida. Gracias a Dios por su corazón misericordioso, las fuerzas de Sansón volvieron y junto con ellas una porción de su llamado y propósito. El Señor sí que triunfó sobre sus enemigos.

Cada individuo, como Sansón, tiene un don especial de parte de Dios (1 Pedro 4:10-11), una manera especial en que la presencia sobrenatural de Dios obra con él y a través de él. Pero, como Sansón también, cada persona con dones de Dios tiene un talón de Aquiles o una zona de vulnerabilidad. Sansón tuvo a Dalila; usted tiene sus debilidades también (1 Corintios 10:13-14). Pero esas áreas de debilidad, cuando están rendidas al Señor, pueden convertirse en los mismos mecanismos que lo mantengan humilde y en dependencia con el Señor. Su debilidad se convertirá en el área donde el enemigo lo engañe, o en el lugar en donde el poder de Dios sea perfeccionado en su vida. Usted elige.

Cuando el engaño se consolida

Lo he visto ocurrir muchas veces. Y usted también. Una situación ocurre en la cual los individuos o grupos comienzan a verse en una categoría elitista, una línea de pensamiento tipo "yo soy la excepción a la regla", lo que yo llamo "el síndrome de Superman". La gente se cree invencible, comienza a pensar que puede salirse con la suya porque es mejor, más buena o más santa que los demás, aún que los líderes espirituales.

El engaño entra cuando las personas sacan sus conclusiones de por qué son ungidos. El "porque tenemos la mejor doctrina" es letal. "Dios vindica la verdad de nuestra enseñanza". Hay elementos de realidad aquí, el Espíritu Santo atestigua de la verdad y pone un sello inconfundible en las vidas. Pero cuando cree que merece esa unción, que ha ganado esa gracia especial, ese trato especial se debe a que es el hombre de Dios, entonces la autojustificación lo ha agarrado y el engaño está a un paso.

Un veterano de 53 años de ministerio profético local y nacional, Ernest Gentile, agrega algunos pensamientos muy adecuados: "Cuando la gente está cautivada con el ministerio profético es fácil suponer que un rasgo extraño en el ministro –y también en la doctrina– se debe a la unción particular de ese ministro y que Dios restaurará esa verdad a la Iglesia. Esto, por supuesto, no es así. También, una palabra simple de Dios puede ser embellecida con verdades complementarias o palabras grandiosas que solo sirven para promover al mensajero y no al Dador. Estos factores diluyen la simplicidad de Cristo y sus dones". [2]

Los temas sexuales y la unción

Al mirar este subtítulo usted puede ponerse un poco nervioso o incómodo, y pensar que estoy caminando sobre la cuerda, que no debería arriesgarme tanto. Bien, si queremos que una revolución tenga lugar, alguien tiene que sacar estos trapitos al sol. Así que, ¡aquí vamos! Las verdades siguientes se aplican tanto a jóvenes como a viejos, hombres y mujeres, casados y solteros.

Ministrar bajo la unción del Espíritu Santo es realmente un desafío. Puede volverse tan cautivado en el Espíritu que todo lo natural se desvanece a su alrededor. Aún los deseos y apetitos naturales y psicológicos parecen ser puestos en pausa. Está comprometido con Dios y es un sentimiento celestial. El poder fluye. La presencia del Espíritu parece flotar en la habitación, dispuesta a que todos la experimenten.

Pero cuando el compromiso del ministerio se acaba, la unción gradualmente se desvanece y usted queda tal cual es: un trozo de carne, al igual que todos los demás. Parece como si bajo la unción hubiera sido cambiado en otro, alguien verdaderamente espiritual, pero ahora es una criatura física de nuevo. ¡Ah! La fatiga, el cansancio y el apetito vienen de visita todos juntos. A veces la soledad golpea a los ungidos de Dios, y hay tiempos de gran vulnerabilidad y guerra espiritual luego de ministrar. En vez de que esos apetitos sexuales se calmen, ahora se levantan. Aparentemente estaban durmiendo.

Está en la habitación de un hotel, haciendo "zapping" con el control remoto, y de pronto el Sr. o Sra. Tentación aparecen. Está cansado de los problemas de la vida real. El enemigo siembra en su mente pensamientos de actividades ilícitas como si fueran un "servicio" al hombre o mujer de Dios. Una llamada telefónica... y la historia continúa, una y otra vez.

Despiértense hermanos. Esta es una guerra en vivo y en directo. No por nada Jesús envió a sus discípulos de dos en dos.

El enemigo ha preparado una trampa para usted, tal como lo hizo con Sansón. O quizás tiene sus señuelos puestos a través de Internet. Jezabel, que ha cavado sus túneles para entrar en los subterfugios de la web, la cual hoy es el caldo de cultivo del enemigo para adolescentes curiosos y adultos en soledad. ¡Ayúdanos Jesús! Un caballo de Troya ha sido rodado hasta entrar en el seno de la Iglesia y está soltando sus huestes infernales.

La puerta de los ojos

En su libro, *El ministerio profético*, Rick Joyner nos da ciertos consejos paternales: "Podemos permitir que tanto las tinieblas como la luz entren a nuestras almas a través de los ojos. Si hemos de funcionar como ojos para el Cuerpo de Cristo, debemos darle nuestros ojos a Él, para ser usados solo para sus propósitos santos. No debemos permitir que la oscuridad entre a nuestras almas por lo que miramos. La lujuria es uno de los principales enemigos que destruyen la visión. La codicia es egoísmo en su forma más básica, lo exactamente opuesto a la naturaleza del Señor, a quien deseamos imitar". [3]

La batalla de las pasiones es librada en un nivel muy diferente que nunca antes. Las publicidades en catálogos de las cadenas de tiendas o *shoppings* de hoy, hubieran sido consideradas pornográficas hace unos años atrás. Hemos perdido el rumbo en esta sociedad despampanante. Necesitamos un nuevo despertar. Si nosotros en el ministerio profético somos capaces de ser considerados los ojos del Cuerpo (Isaías 29:10), entonces debemos abrir camino y pedir una limpieza de ojos y cuidar la puerta de los ojos también. Necesitamos hacer un pacto con nuestros ojos para que nuestra visión pueda ser clara (Job 31:1; Lucas 11:34).

Cuando la mano de Dios es quitada

Hace unos años tuve un sueño muy vívido y lleno de sabiduría en el que me eran mostradas tres cosas que pueden ocurrir cuando la mano de Dios se retira de un hombre o mujer. La mano de Dios trae protección, cobertura. Bendiciones y dones. Pero por el pecado persistente, la desobediencia u otros temas, Dios puede quitar su mano de una persona, por un tiempo. Esto parece ser lo que ocurrió con Sansón por el pecado: la mano de Dios se movió y Sansón no se dio cuenta de ello. Son tiempos de grandes pruebas. Corra a Dios, Él lo ayudará.

En ese sueño vi tres cosas que tratarán de venir y acampar en el umbral si no corre a Dios:

• El asunto que ha luchado en privado se hará más y más difícil de ocultar, y será expuesto o revelado en público.

• Lo que ha temido en el pasado es atraído a usted como con un imán.

• El deseo por hábitos pecaminosos de antes –debilidades, compulsiones, obsesiones– vuelve a resurgir.

Los triunfos ahora se convierten en tragedias.

Después de levantarme de este sueño, el temor de Dios vino a mí –también puede venir a usted– y clamé al Señor: "Oh, Dios dependo de tu mano de protección. Que tu mano nunca se retire de mí. Que nunca te dé motivos para que tu mano sea quitada de mi vida, por amor de mi familia y por amor de tu nombre. ¡Ayúdame Señor!"

Lo animo a que tenga una oración sincera y someta la conducción de su vida a Dios.

La exaltación y adoración de instrumentos humanos

Tuve otro sueño que me golpeó, el que ilustraba las razones posibles de las fallas de tres grandes líderes espirituales de Estados Unidos. Cada uno de estos líderes carismáticos había tenido grandes séquitos regionales y nacionales. Sus faltas produjeron un fuerte impacto, y todavía se oyen los ecos de sus caídas. Cada líder tenía un ministerio exitoso. Cada situación era distinta. Pero el enemigo los golpeó a todos en el talón de Aquiles. El problema, como se presentaba en mi sueño, se centraba alrededor de:

1. Exaltación de la posición. Esto terminaba con manipulación y presión a otros. Estamos para funcionar como siervos. Libramos una batalla con una espada en los lugares celestiales, pero en la Tierra usamos la toalla del servicio.

2. Exaltación de la revelación. Esto terminaba en un profuso espectáculo de exhibición de los dones, porque la gente se volvía adicta a "recibir palabras", y el profeta se volvía adicto a la atención que recibía al dar esas palabras. Como he dicho, ningún don tiene que hacerle sombra a la simple y aún poderosa Palabra de Dios. La revelación no está para competir con las Escrituras, sino para complementarlas.

3. Exaltación de la interpretación. Esto resultaba en una elevación de la interpretación personal como superior a la de los demás. El elitismo surgía. El orgullo trepaba. Entonces, de aquellos conceptos se formaban nuevas doctrinas, porque los líderes eran especiales, ¡eran los elegidos! No hay interpretación privada de las Escrituras. Debemos hablar con otros y evitar el elitismo o el aislamiento de la otra parte del Cuerpo de Cristo.

Los peligros y bendiciones de la debilidad

Consideremos los siguientes puntos mientras continuamos en el sendero de aprender algunas lecciones de la sabiduría de Dios. Una revelación de debilidad puede ser usada para salvarlo de muchos peligros.

• La unción en una persona puede crecer más rápidamente que el carácter de ese individuo. Pero siga adelante. Los dones son dados; el fruto se siembra.

• Nadie edifica una torre si primero no calcula el costo (ver Lucas 14:28).

• Decimos fervientemente al principio: "¡Señor, estoy listo!" y Él nos usará en esa condición, pero eventualmente para mostrarnos que *no* estamos listos.

• Luego decimos frecuentemente: "Señor, envía a otro". *Ahora* estamos listos, porque sabemos que no podemos hacerlo con nuestras fuerzas. Ahora el problema es sacarnos de nuestro asiento.

• Estamos típicamente listos en nuestra habilidad al principio; luego estamos listos en la habilidad divina, por la revelación de nuestra debilidad.

• *"Cuando soy débil, fuerte soy"* (2 Corintios 12:10).

- *"Bástate mi gracia; porque mi poder se perfecciona en la debilidad. Por tanto, de buena gana me gloriaré más bien en mis debilidades, para que repose sobre mí el poder de Cristo"* (2 Corintios 12:9).
- Comience con *a*, *b* y *c* antes de ir a *x*, *y* y *z*. Los primeros pasos son los más fundamentales e importantes.
- Así como el proceso de crecimiento y desarrollo de los niños no debe ser acelerado, el discipulado y la maduración también lleva tiempo, y ambos valen la pena.
- Hay dos clases de ministerios. Las estrellas fugaces están aquí por hoy, pero se queman y desaparecen mañana. La estrella guía es una luz fija que inspira por toda la vida. Al unir los dones con el carácter y la sabiduría, se forma un cordón de tres dobleces que no se rompe fácilmente.

Permítame cerrar esta parte en este capítulo imprescindible citando el asombroso pasaje de Joel 3:10: *"Que diga el débil: fuerte soy"*. Cuando nuestras debilidades son identificadas y traídas a los pies del Señor, Él cambia el poder de la debilidad en una poderosa arma que confunde al enemigo. Su poder se perfecciona en nuestra debilidad. No tenemos por qué repetir los errores de los movimientos pasados. Podemos aprender del pasado y andar juntos como guerreros apasionados y consagrados, llamados a una revolución profética. Sí, es verdad, soy débil. Pero Dios es fuerte. El engaño no tiene por qué atraparnos. Cuando nos aferramos fuertemente de Él, el diablo no tiene por dónde hacernos caer.

Pautas para el discernimiento

En ciertos momentos deberían prenderse luces de alerta dentro de usted. Tenga en cuenta estas pautas y ellas lo ayudarán en el proceso de adquirir mayor discernimiento.

- **Entienda la "revelación del segundo cielo".** Diferentes términos son usados para esto según los grupos o personas, pero no todo lo que recibe es una declaración de lo que se supone que va a suceder. Es posible que Dios le haya permitido ver algún plan o estratagema del enemigo. (Pablo dice en 2 Corintios 2:11 que no tenemos que ser ignorantes de sus planes). Con respecto al término en sí: como Pablo fue transportado al tercer cielo (2 Corintios 12:2) y como suponemos que el primer cielo es el firmamento que está sobre nuestras cabezas, por tanto el "segundo cielo" es considerado el lugar de residencia de Satanás. El término revelación del segundo cielo se refiere a información que deriva del campo del enemigo y que es usada para alertarnos, para prepararnos o para impedir que el evento se haga realidad.

• **Tenga cuidado con su curiosidad.** Es el Espíritu Santo el que lo guía en esta búsqueda, o la pasión por Jesús, o podría ser un espíritu de tentación el que influencia su curiosidad. El fruto es totalmente diferente. Si es un espíritu seductor, usted quedará derrotado; pero si es el Espíritu de Dios el que lo invita, quedará lleno de luz y poder.

• **Entregue su revelación con gentileza.** Humíllese. La confrontación fuerte es la excepción, no la regla. Use esta escala básica: Primero, hablar; luego, exhortar; y solo entonces reprobar con autoridad. Esto es de acuerdo al patrón de Tito 2:15 (vea, además, Gálatas 6:1; 2 Timoteo 2:23-26).

• **Diferencie las palabras condicionales.** Algunas palabras proféticas son dadas sin articular las condiciones. Recuerde el mensaje de Jonás a Nínive, la cual finalmente no fue destruida a los cuarenta días. Detrás de cada palabra de juicio hay un Dios misericordioso que está pronto a perdonar. Considere también el ejemplo de Amós. Cinco visiones de juicios le fueron dadas, las cuales eran verdaderas. Pero aún así la intercesión de Amós impidió que dos de las cinco palabras se cumplieran, ¡el cuarenta por ciento! Nuevamente un ejemplo de la misericordia de Dios.

• **La sabiduría viene del temor de Dios.** *"El temor de Jehová es el principio de la sabiduría, y el conocimiento del Santísimo es la inteligencia"* (Proverbios 9:10). No use la revelación como un instrumento de castigo. El Espíritu Santo me dijo una vez: "Ten cuidado de no usar la vara de tu boca contra la casa que el Señor edifica".

• **No tome revelaciones prestadas.** Evite usar las revelaciones de otros como si fueran suyas, como una forma de ganar credibilidad. Si es necesario, pregúntele al otro si le da permiso para citar sus palabras. Cuando los demás le pregunten acerca de una palabra de otro, párese firme y diga simplemente: "Lo siento, no lo sé. Tendrá que consultar con esa persona".

• **Puede ser contaminado por un reporte negativo.** Puede corromperse por un informe maligno dado por una persona acerca de otra persona, con el pretexto de ser una revelación. Números 13-14 son capítulos importantes para que leamos y aprendamos hoy. Lávese en la sangre de Jesús de la suciedad del chusmerío y la murmuración.

• **Esté alerta a las actividades del acusador de los hermanos.** Él trata de infiltrarse en los creyentes (Apocalipsis 12:10; Proverbios 10:18). *"Sed sobrios, y velad; porque vuestro adversario el diablo, como león rugiente, anda alrededor buscando a quien devorar"* (1 Pedro 5:8).

• **No deje de lado su propia relación con Dios.** Aún en el medio de una fuerte actividad profética a través de otros, usted debe oír de Dios por sí mismo. Mire las lecciones de 1 Reyes 13. No deje que otro oiga por usted; debe oír a Dios por sí mismo primero.

Cinco grandes "no"

Unos pocos asuntos son grises, sombreados intermedios; pero la mayoría son blancos o negros. Aquí tenemos cinco grandes "no" que tienen que ver con cosas demasiado calientes para agarrarlas.

1. **Nunca reemplace el oír a través de otros por el oír por usted mismo.** Usted debe oír la voz del Espíritu Santo. Nunca permita que el oír a través de otros desplace su comunión con Dios y su devoción por las Escrituras, disciplinas espirituales personales. Cultive su relación con su Padre celestial (Éxodo 20:5; 1 Reyes 13). Dios es un Dios celoso. Él quiere pasar tiempo con usted. Hay cosas básicas que tienen que ser guardadas.

2. **Nunca levante la vasija que trae la palabra.** ¡Levante a Jesús! Recuerde, el testimonio de Jesús es el espíritu de la profecía (vea Apocalipsis 19:10). Que Jesús sea el Jefe de los profetas en medio de nosotros.

3. **No sea ingenuo** (Proverbios 14:15). *"Amados, no creáis a todo espíritu, sino probad los espíritus si son de Dios"* (1 Juan 4:1). Pida el don de discernimiento de espíritus y pruebe la fuente de absolutamente toda palabra.

4. **No tuerza el significado de una palabra.** No lo tuerza para complacer sus deseos, sus actividades, sus motivaciones duales, sus tiempos o aspiraciones. Tome las palabras con expectativa, busque a

un Dios sobrenatural que cumple sus palabras de una manera inesperada. Pida su sabiduría (Salmo 2:4; Santiago 1:5).

5. **No apague al Espíritu Santo.** 1 Tesalonicenses 5:19-21 nos advierte que no despreciemos la profecía. Es cierto que podrán haber tropiezos y fallas, pero no se deje desilusionar. Créale a Dios por su restauración del ministerio profético. Vale la pena.

Cinco grandes "sí"

Necesitamos ser positivos, no problemáticos, en nuestra relación con lo profético. Terminemos esta sección demarcando cinco maneras claras en las que debemos responder siempre a la unción de Dios y la actividad profética.

1. **Procure los dones del Espíritu Santo, "especialmente que profetice"** (1 Corintios 14:1). No solo que Dios desea hablarle, sino que Él quiere hablar a través de usted. ¡Busque el don de profecía!

2. **Crea a los profetas y será prosperado.** 2 Crónicas 20:20 nos da una visión 20/20. Gócese en el privilegio que le ha sido dado. Mézclele fe a la palabra de Dios y espere grandes resultados. Pero ponga su fe en el "Dios de la Palabra" y no en el "hombre de la palabra".

3. **Ore con las promesas de Dios.** Siga el ejemplo de Daniel y recuérdele a Dios sus palabras en intercesión (Daniel 9:1-19; Jeremías 29:10). (Para un estudio más profundo vea mi libro, *Arrodillándose sobre las promesas*).

4. **Pelee la buena batalla** usando la palabra *rhema* de profecía, como un equipamiento para la batalla espiritual (1 Timoteo 1:18). Haga guerra espiritual contra el desánimo, la duda, la incredulidad y el temor, declarando y repitiendo profecías que se han hecho acerca de usted.

5. **Busque confirmación siempre.** Recuerde que cada hecho será confirmado y establecido por la boca de dos o tres testigos (Deuteronomio 19:15; Mateo 18:16; 2 Corintios 13:1).

Aprecie la unción

Podemos confiar en el Espíritu Santo. Él es el que nos unge y hace que Jesús sea para nosotros una realidad. El Espíritu es el regalo del Padre enviado para darnos poder para vencer sobre el reino de las tinieblas.

Algunos usan su necesidad de más sabiduría –el tema de esta sección– como una excusa para no moverse por fe. Esta gente le advertirá: "¿Sabe, hermano, que otros han caído antes por la misma razón?" Pero yo quiero animarlo y motivarlo al amor y las buenas obras. El enemigo trata de magnificar los errores del pasado como así también las debilidades de los demás y las nuestras propias, y convertirlas en herramientas de temor. Pero *"Dios no nos ha dado un espíritu de temor, sino de poder, de amor y de dominio propio"* (2 Timoteo 1:7). ¡Adquiramos sabiduría, pero también levantémonos y hagamos algo de daño al enemigo en el nombre de Jesús!

El evangelista sudafricano Rodney Howard Browne trajo la siguiente profecía: "Los grandes hombres y mujeres de Dios que Yo uso en esta tierra hoy, no son usados porque sean algo especial. Los uso por una razón y solo una razón nomás. Es porque ellos me han tocado y Yo los he tocado a ellos".[4] ¡Yo digo un fuerte "amén" a esto! Somos el canal de Dios en la Tierra para que fluya su grandiosa presencia. Cuando andamos en las leyes y en la sabiduría del Reino de Dios, sus cosas no son demasiado calientes para agarrar. Es nuestro derecho, nuestro privilegio y nuestro mandato. Así que yo levanto ahora un clamor y digo junto a miles alrededor del mundo: "¡Más, Señor!"

Claves para crecer en la unción

Yo quiero crecer en la unción de Dios, ¿usted no? Quiero que más enfermos sean sanados, más muertos se levanten, más perdidos sean salvos y tener más fruto que ofrecer a Dios en alabanza. Aquí hay un ABC para ayudarnos a incrementar la unción.

Cuélguese de los que aman la unción. Mírelos, obsérvelos y aprenda de los que conocen los caminos del Señor. Construya relaciones de mentoreo y amistad con los que son más experimentados que usted. ¡Llévele la maleta a alguien!

Métase en el ambiente adecuado. Si quiere ser profeta, métase en los lugares en donde lo profético fluye. Si quiere moverse en sanidades, vaya a lugares donde sea expuesto a la unción de sanidades.

Algunas cosas son más fáciles de captar que de aprender. **Practique alimentarse usted mismo.** Usted es lo que come. Lea libros y testimonios de grandes hombres y mujeres de Dios. Haga estudios en la Palabra acerca de la unción, los dones del Espíritu Santo y el poder de Dios. Estudie los avivamientos en la historia de la Iglesia.

Métase en la presencia de Dios por una hora y beba de su amor. Tenga hambre y sed por su presencia más que por nada en este mundo. Sumérjase en la presencia manifiesta de Dios.

Sea un adorador en todo tiempo. Por todo dé gracias. Recuerde, la dirección de Dios es a-d-o-r-a-c-i-ó-n. ¡Alabe a Jesús!

Dé lo poco que tiene y le será dado más. Dé y le será dado. Retenga lo poco que tiene en sus bolsillos y siempre los tendrá vacíos. Entregue lo que tiene y le volverá multiplicado en revelación, presencia y poder.

Nunca se rinda. Sea persistente. Sea fiel. Los únicos perdedores aquí son los que abandonan el juego. La fidelidad trae bendición. Es una ley del Reino.

Cuando se trata de reuniones, he hallado tres principios elementales:

1. Busque al Señor de antemano.
2. Esté atento a Dios durante la reunión.
3. Arriésguese. Avance mientras Dios le da lo suficiente como para continuar avanzando, pero continúe buscándolo.

Estos principios se aplican no solo a reuniones o cultos, por supuesto. Recuerde moverse en libertad y hacer cosas originales a medida que el Espíritu lo guía.

Hónrelo, pídale y déle libertad

Aquí hay tres consejos finales para sostener esta gran fuente caliente de la inmensa unción que está cocinándose en el horno de Dios, así podremos servirla a un mundo hambriento.

1. **Honre al Espíritu Santo y hágalo sentir cómodo.** El Espíritu Santo es Dios. Déle la bienvenida y hágalo sentir más que un

invitado especial. Él es el dueño de casa. Reconózcalo como la tercer Persona de la Trinidad, con su personalidad distintiva (Juan
16:13). Desee su presencia. Él no se manifiesta donde no es llamado. Tenga hambre de Él y pídale al Padre que envíe más de esa presencia. ¡La presencia del Espíritu Santo hace la diferencia en el
mundo!

2. **Pida la unción del Espíritu Santo y sea equipado en ella** (Lucas 7:7-10). Él es el distribuidor de los dones, quien nos convence
de pecado, la Paloma del cielo. Honre a la Paloma. Pídale al Padre
más de Él.

3. **Cuando el Espíritu aparece en su presencia manifiesta, déle libertad de acción.** Deje que el Espíritu Santo cambie sus pro-
gramas. Lo que sea que haga, ríndase a Él. Cuando el Espíritu se
mueve, habrá liberación en el pueblo (2 Corintios 3:17). Déjelo a
Él en el control.

¿Es el Espíritu Santo demasiado caliente para agarrar? ¡No! Solo necesitamos ponernos las agarraderas de sabiduría, y luego tomar lo que se cocina en el horno de Dios, y servirlo a la gente.
Aprendamos a honrar la Paloma de Dios, pedirle al Padre la unción y darle libertad. Él es Dios y quiere ser el que manda en su
propia casa.

Nuestro clamor e intercesión

Padre, clamamos en el nombre de Jesús que nos perdones por
haber tratado tus herramientas como juguetes en los tiempos pasados y en los movimientos históricos de tu Espíritu. Revélanos a cada uno nuestro talón de Aquiles, y líbranos de todo espíritu de engaño. Ayúdanos a no ser ignorantes de los planes del diablo.
Enséñanos sabiduría para que podamos ser buenos administradores de tu presencia y poder.

Danos más de tu Espíritu Santo. Concédenos encuentros celestiales. Guíanos a toda verdad y a los caminos de tu Reino. Danos mentores que sean ojos para nosotros. Enséñanos cómo manejar los pre-
ciosos dones para que otros puedan ver a un Jesús real. En su
precioso Nombre oramos. Amén.

Mini cuestionario: ¡manténgalo despierto!

Si consideramos la vida de Sansón, ¿dónde cree usted que él se desvió?
¿Cuáles son algunas de las concepciones falsas que llevan a la gente al engaño en cuanto a cómo manejar la unción?
¿Cuáles son algunas claves para caminar en la unción aún por mucho tiempo?

¡Quiero más, Señor!

Manesh Chavda, *Solo el amor puede obrar un milagro* (Ann Harbor, Mich.: Vine, 1990)
R.T. Kendall, *La unción* (London: Hodder and Stoughton, 1998)
Don Nori Sr., *El poder del quebrantamiento* (Shippensburg, Pa.: Destiny Image, 1997)

9 ¿Camaradas o competidores?

La "escuela del Espíritu" y la "escuela de la Palabra" han estado enfrentadas con frecuencia. Esta guerra dentro de las filas de la Iglesia ha sido causa de numerosas divisiones en el cuerpo de Cristo a través de la historia. Hoy suena la trompeta de Dios que anuncia un nuevo tiempo en el que profetas y maestros trabajarán juntos. Cuando los opuestos se atraen ocurren nuevos nacimientos. Que un clamor de arrepentimiento y reconciliación sea levantado de parte de nosotros.

En este capítulo examinaremos algunas de las razones de los malos entendidos que han generado rencor y aversión dentro de las filas del ejército de Dios. Todavía hay tiempo para corregir algunas cosas en ambas escuelas, y el Espíritu Santo está dispuesto a dar este nuevo entrenamiento a cada soldado que tenga un corazón dispuesto. ¡Jehová de los ejércitos no llevará a ningún ejército disfuncional a la batalla!

Hace aproximadamente unos cinco años recibí un sueño que desde entonces he estado rumiando como una vaca a su bocado. De hecho, cuando me desperté del sueño me encontré diciendo: "¡Qué pena que era solo un sueño!" Era un sueño que quisiera ver hecho realidad con mis propios ojos.

En el sueño yo apuntaba a un líder y le profetizaba. Las palabras eran muy claras: "Es tiempo del T.M.A. Es tiempo de que los auténticos Trabajadores de Ministerio Apostólico comiencen a funcionar. Será Telescópico –los profetas mirando a través de los lentes del tiempo y los evangelistas dando las buenas nuevas. Será Microscópico –los pastores y líderes cuidando el rebaño de Dios. Será Apostólico –un cristianismo auténtico".

Cuando me desperté del sueño –el cual enfatizaba una relación genuina más que una autoridad estructural– fui catapultado a una visión abierta en la que tomaba una tarjeta y la introducía en el cajero automático del banco del T.M.A. El dinero comenzó a salir a borbotones. Recursos financieros más allá de los que pudiéramos imaginarnos estaban ahora disponibles.

Al meditar en la visión entendí que cuando dos o tres se ponen de acuerdo (ver Mateo 18:19), podrán usar la tarjeta del cajero del T.M.A. del Reino de Dios, pidiendo en oración extracciones celestiales de la cuenta bancaria de Dios, para estar holgados y así poder ejecutar todos los planes de Dios. Los Trabajadores de Ministerios Apostólicos tendrían así recursos abundantes para equipar la iglesia con libertad, y para hacer la obra del ministerio (Efesios 4:11-13). Ahora bien, ¡eso sería un sueño!

Cuando entendamos las diferencias entre el rol de los dones de revelación y el de los de gobierno o liderazgo dentro de la iglesia local, aprenderemos a apreciar cada rol como igualmente vital y necesario para la salud y solidez del Cuerpo de Cristo. Hay solo una Cabeza y solo un Cuerpo –con muchas partes– que sirve a la Cabeza. Nos necesitamos unos a otros para poder funcionar y contribuir plenamente como parte del gran ejército de Dios.

Permítame aclarar, también, que cuando hablo de "gobierno" en este capítulo, me refiero al liderazgo dentro de la iglesia local, incluyendo los ministerios pastorales y apostólicos. No señalo la función profética con relación al gobierno secular. Hay una gran necesidad de que lo profético funcione en esa área también; sin embargo, en el tiempo presente hay muy pocas voces realmente capacitadas y listas para ejercer ese ministerio con los líderes de gobierno. Pero se están levantando. Quizás tengamos que formarlo y corregirlo primero dentro del ámbito de la Iglesia.

Algunos principios básicos

Algunos principios básicos nos ayudarán a hacer las correcciones necesarias, desde una variedad de ángulos, y a prepararnos para tomar nuestro lugar en las filas del ejército revolucionario de Dios, para poder llevar su plan de reconciliación dentro del Cuerpo de Cristo. Primero, algunas definiciones a modo de recordatorio:

El rol de lo profético es entrar primero en el consejo de Dios y luego ser su vocero. La parte profética del Cuerpo señala el camino, como un cartel en la ruta, hacia el plan de Dios o hacia Dios mismo. *El rol del liderazgo gubernamental dentro de la Iglesia (pastores, ministros y ancianos) es administrar los recursos y responsabilidades para Dios.* Ellos ponen la aplicación en marcha.

Estos dones y ministerios difieren en su definición, pero no en su propósito. Ambos sirven a los planes y propósitos de Dios. A veces los ministerios proféticos y de gobierno parecen estar en polos opuestos. Parece a los ojos del mundo, de la iglesia y aún de Dios, que ellos no quieren tener nada que ver unos con otros. Pero esta es una relación peligrosa para dos miembros tan importantes del Cuerpo, ¡especialmente cuando salen a la guerra en el mismo ejército, como si nada ocurriese! Necesitamos una revolución de sabiduría para honrarnos unos a otros, para cooperar con el otro, y para mostrarnos mutua estima.

Honrarse uno al otro

Jesús vive en cada uno de nosotros, como creyentes. Aún así, no se casa con nadie. Es por eso que la Iglesia está compuesta de *miembros* del Cuerpo.

Un individuo puede servir en un don –o gracia– más eficientemente que otro, pero nunca al punto de la exclusión de esa otra persona. La generalización o el uso de estereotipos simplistas pueden impedirnos entrar en el consejo de Dios. Debemos aprender a honrarnos unos a otros y a discernir el Cuerpo de Cristo, para recibir la plenitud de Él.

Uno de los puntos más estratégicos es honrar a los padres y madres espirituales en medio nuestro, y abuelos y abuelas también. La unión de las generaciones ocurre. Los más viejos deben, a su tiempo, bendecir a los más jóvenes, convertirse en sus entrenadores y mejores admiradores. El bendecir y honrar son claves para que un movimiento sea continuo y progresivo, en vez de inmóvil.

Cooperar

Todos los ministerios, dones y oficios, que son dados para la edificación del Cuerpo, deben funcionar en cooperación, no en oposición. *"A cada uno se le da una manifestación especial del Espíritu para el bien de los demás"* (1 Corintios 12:7. NVI, énfasis añadido). (Ver también 1 Corintios 14:12; Efesios 4:11-16; 2 Timoteo 3:16-17; 2 Pedro 1:19-21). Examine estos versículos para obtener una mejor comprensión del funcionamiento cooperativo del Cuerpo.

Dios tiene la idea de que nos necesitamos unos a otros. Pero los profetas y apóstoles también se necesitan el uno al otro.

El Dr. Jack Deere, un teólogo prominente, fue inmerso en las cosas del Espíritu Santo durante la llamada "tercera ola" del Espíritu, en los años ˋ80. El Dr. Deere dice: "Si es que los dones se perdieron en el tiempo, la pregunta más importante que queda por hacer no es si se perdieron, sino por qué se perdieron (...) es posible que Dios nunca haya tenido la intención de que esos dones cesaran, sino que fue la Iglesia quien los ha rechazado. La pérdida de esos dones puede haber sido debido al surgimiento de líderes burocráticos que expulsaron a la gente con dones." [1]

Un profeta veterano de Gran Bretaña, Bryn Jones, nos da un enfoque sabio acerca de la cooperación entre profetas y apóstoles:

> El apóstol es primordialmente un arquitecto, interesado en el diseño general de la iglesia local. Por otro lado, el profeta es antes que nada un vidente, quien ve más allá de la situación presente y se enfoca en los propósitos de Dios. Él tiene revelación de la mente de Dios (...) El profeta está primordialmente interesado en que las cosas se hagan, mientras que el apóstol tiende a concentrarse más en qué es lo que se hace y cómo se hace (...) La gente siente que el apóstol tiene una unción que abraza los propósitos generales de Dios en una escala mucho más amplia que los asuntos urgentes o inmediatos. Pueden responder a la inspiración de un profeta para lo urgente, pero hallan más seguridad en una relación progresiva con un apóstol.[2]

Estimarse unos a otros

Los individuos con dones deben hallarse y operar en un contexto de mutuo respeto y estima. Trabajar en equipo no solo es bíblico, ¡sino que, además, puede evitarnos un naufragio espiritual! En los últimos años he experimentado gran poder en unirme con concilios locales, nacionales e internacionales, en los cuales el respeto y la honra son el sello distintivo.

Hay un dicho de que los opuestos se atraen. Pero en la Iglesia no siempre es verdad. Con frecuencia los opuestos se repelen y se ponen en guardia contra el otro. Considere el ejemplo del imán. Cada imán tiene un polo negativo y uno positivo. Cuando ponemos cara a cara los dos polos opuestos de dos imanes, uno negativo con uno positivo, se atraen y forman un campo magnético. Puede resultar difícil separarlos. Por el contrario, si ponemos dos polos positivos juntos o dos polos negativos juntos, se repelerán, hacen que los imanes salten uno sobre otro hasta darse vuelta. No solo no hay campo de atracción sino que, además, hay un acto de oposición. Desdichadamente, esta es la manera en la que frecuentemente han actuado los profetas y líderes de gobierno en la Iglesia. Han empujado unos contra otros y se han rechazado, han disminuido así la efectividad de ambos miembros vitales del Cuerpo de Cristo.

Dios quiere que aprendamos a apreciar las sensibilidades de los dones en cada persona, dejar que su gracia nos lleve al campo de atracción del amor. Con su sabiduría y paciencia, podemos aprender cómo avanzar hacia el otro en respeto y honra mutuos, y formar así un fuerte lazo.

Lo profético en el contexto de liderazgo de gobierno

A veces las personas proféticas se ponen una máscara y salen montando su caballo por las ciudades y aldeas, gritan: "¡El llanero solitario ha llegado!" Dios tiene otra idea.

¿Cómo debe verse la relación de lo profético con la comunidad de creyentes? ¿Dónde encajan los dones proféticos dentro de la vida cotidiana de la iglesia? Para tener una idea, consideremos la siguiente Escritura.

> *"Así que ya no sois extranjeros ni advenedizos, sino conciudadanos de los santos, y miembros de la familia de Dios, edificados sobre el fundamento de los apóstoles y profetas, siendo la principal piedra del ángulo Jesucristo mismo, en quien todo el edificio, bien coordinado, va creciendo para ser un templo santo en el Señor; en quien vosotros también sois juntamente edificados para morada de Dios en el Espíritu"* (Efesios 2:19-22).

La Iglesia en una casa bajo una Cabeza: Jesús, con responsabilidades delegadas y esferas de autoridad. ¿Lo cree? Jesús es el que delega y pone al que Él quiere y donde quiere.

Desde afuera del cuartel...

La siguiente profecía ejemplifica cómo el ministerio profético y su relación con la comunidad de creyentes es estereotipada:

> *"Oíd esta palabra que ha hablado Jehová contra vosotros, hijos de Israel, contra toda la familia que hice subir de la tierra de Egipto (...) Oíd esta palabra, vacas de Basán, que estáis en el monte de Samaria, que oprimís a los pobres y quebrantáis a los menesterosos, que decís a vuestros señores: Traed, y beberemos"* (Amós 3:1; 4:1).

Muchas veces en el Antiguo Testamento lo profético opera desde una posición de soledad e aislamiento. Cuando Israel persistía en su rebeldía, el Señor levantaba voces proféticas desde afuera del cuartel para hablarles palabras duras que debían punzar los corazones y conciencias del liderazgo y la comunidad, y llevarlos al arrepentimiento y la obediencia. Este es el caso con Amós.

A causa de la separación que existe entre la gente dotada proféticamente y la comunidad de creyentes como un todo, muchos todavía ven el ministerio profético como un ministerio duro y crítico.

... hasta adentro del cuartel

Otras veces en el Antiguo Testamento, y especialmente en el Nuevo, Dios trajo voces desde adentro del campamento de creyentes para hablarles palabras que traerían ánimo y corrección.

> *"Y extendió Jehová su mano y tocó mi boca, y me dijo Jehová: He aquí he puesto mis palabras en tu boca. Mira que te he puesto en este día sobre naciones y sobre reinos, para arrancar y para destruir, para arruinar y para derribar, para edificar y para plantar"* (Jeremías 1:9-10).

Jeremías fue llamado cuando estaba en el vientre de su madre. Cuando creció la Palabra lo instó a no temer aunque fuera joven, sino a ir donde Dios le dijera. Jeremías muchas veces funcionó desde afuera del cuartel, pero Dios quería que tratara con el liderazgo gubernamental al mismo tiempo.

También tenemos a Isaías:

"Visión de Isaías hijo de Amoz, la cual vio acerca de Judá y Jerusalén en días de Uzías, Jotam, Acaz y Ezequías, reyes de Judá" (Isaías 1:1).

Mayormente pensamos en Isaías como alguien que tenía profundas revelaciones acerca de los sufrimientos del Mesías. Recuerde, por ejemplo, Isaías 53. Pero en este pasaje vemos que el profeta tuvo que luchar con los potenciales dolores de cabeza que le dieron estos cuatro reyes. Isaías no podía soltar las palabras que Dios le había dado como si fueran bombas y luego huir, para no regresar jamás. Cuando pronunció la sentencia de muerte sobre Ezequías, (2 Reyes 20), tan pronto pasó el umbral de la puerta de salida cuando Dios lo hizo volver, revocarla y profetizarle vida. ¡Qué divertido! (¿Alguna vez tuvo que comerse sus propias palabras como almuerzo? ¡Yo sí!)

Aún si una persona profética habla desde afuera de la comunidad de creyentes, él o ella tendrán que tratar con los líderes de gobierno de esa iglesia para aclarar cualquier malentendido y confusión relacionada a las palabras proféticas. Eso le suena glorioso. La cuestión es que debe establecerse una relación para que el ministerio profético y la comunidad de creyentes puedan beneficiarse mutuamente.

Pero definitivamente el profeta solitario y duro no es la norma en la cual ese don debe funcionar. Necesitamos nuevos lentes para mirar a través de ellos con una nueva óptica. Los profetas no son anarquistas que fomentan una revolución en rebeldía, sino que son voces que claman al corazón de Dios.

La boda de lo profético y lo gubernamental

Lo profético debe fluir en una relación responsable con los líderes y la comunidad de creyentes toda. Este debe ser el funcionamiento normal de la profecía en el Cuerpo de Cristo. Pero considere las voces proféticas de David, José, Daniel y Nehemías. Todos ellos funcionaron también como líderes de gobierno.

Muchas veces hemos visto los diferentes dones del profeta y el apóstol, y los hemos considerado monedas de una sola cara. Los pastores y ancianos a menudo piensan que las personas proféticas solo usan el hemisferio derecho de su cerebro y no poseen la capacidad de pensar lógicamente, mientras que las personas con revelación ven a aquellos con dones de gobierno como los que viven en el hemisferio izquierdo y no tienen más remedio. En cierto modo, cada uno ve al otro como si el otro solo tuviera la mitad de cerebro. Necesito decir que Dios no crea individuos incompletos, sino solo opuestos, que se necesitan y tienen que aprender a habitar juntos en armonía.

Sí, hay una gran diversidad de dones y funciones. Efesios 4:11-12 describe lo que se conoce como ministerios quíntuples: apóstoles, profetas, evangelistas, pastores y maestros. Según el Dr. Bill Hamon, están para "ministrar a los santos para su equipamiento y madurez; así pueden funcionar en la obra del ministerio en el Cuerpo de Cristo." El Dr. Hamon nos insta a tener en mente cinco puntos importantes, los que se relacionan con nuestra consideración de la relación entre profetas y líderes de gobierno:

1. Todos y cada uno de los cinco ministerios son cabeza, más bien son una extensión de Jesucristo, la Cabeza de la Iglesia.

2. Los cinco son llamados a gobernar, guiar, reunir, afirmar y guardar al pueblo de Dios; pero a cada uno le ha sido una gracia para funcionar en una de esas áreas con mayor habilidad.

3. Es antibíblico poner a alguno de ellos en una caja con un rótulo de cierta cantidad de unción o de actividades limitadas.

4. Es perjudicial para el funcionamiento de los dones, categorizarlos con detalles concernientes a las personalidades, desempeño y posiciones.

5. Cada uno de los ministros sabe mejor cuál es su llamado y ministerio.[3]

El Señor quiere que lo profético y lo gubernamental se casen en el propósito. Cuando ambos se unen en el Espíritu, el consejo de Dios es revelado, y ambos grupos hacen contribuciones muy significativas al pueblo de Dios como un todo.

A veces estos dos dones únicos vienen dentro de un mismo paquete, en la vida de una persona. Aquí hay algunos ejemplos bíblicos.

Abraham: El peregrino de fe

En el pasaje siguiente, Abraham –por ese entonces Abram– tuvo un poderoso encuentro profético:

> *"Pero Jehová había dicho a Abram: Vete de tu tierra y de tu parentela, y de la casa de tu padre, a la tierra que te mostraré. Y haré de ti una nación grande, y te bendeciré, y engrandeceré tu nombre, y serás bendición. Bendeciré a los que te bendijeren, y a los que te maldijeren maldeciré; y serán benditas en ti todas las familias de la tierra"* (Génesis 12:1-3).

A través de esta revelación profética, Abraham supo que iba a convertirse en el líder de un pueblo entero. Se dio cuenta que Abraham era también un líder militar.

> *"Oyó Abram que su pariente estaba prisionero, y armó a sus criados, los nacidos en su casa, trescientos dieciocho, y los siguió hasta Dan. Y cayó sobre ellos de noche, él y sus siervos, y les atacó, y les fue siguiendo hasta Hoba al norte de Damasco. Y recobró todos los bienes, y también a Lot su pariente y sus bienes, y a las mujeres y demás gente"* (Génesis 14:14-16).

Entonces Abraham tuvo una revelación profética, tenía un don de liderazgo y, además, era un líder militar. Y podemos ver en la increíble y poderosa experiencia de Abraham que él era definitivamente una persona profética:

> *"Mas a la caída del sol sobrecogió el sueño a Abram, y he aquí que el temor de una grande oscuridad cayó sobre él. Entonces Jehová dijo a Abram: Ten por cierto que tu descendencia morará en tierra ajena, y será esclava allí, y será oprimida cuatrocientos años. Y sucedió que puesto el sol, y ya oscurecido, se veía un horno humeando, y una antorcha de fuego que pasaba por entre los animales divididos. En aquel día hizo Jehová un pacto con Abram, diciendo: A*

tu descendencia daré esta tierra, desde el río de Egipto hasta el río
grande, el río Éufrates" (Génesis 15:12-13, 17-18).

Como profeta, líder de una nación y exitoso líder militar, Abraham
es un precioso ejemplo de la unión de lo profético con los dones de
gobierno, que resultan en el total consejo de Dios.

Moisés: La ley y el profeta

*"Profeta de en medio de ti, de tus hermanos, como yo, te levan-
tará Jehová tu Dios; a él oiréis"* (Deuteronomio 18:15).

En este versículo Moisés hablaba al pueblo bajo la unción profética del Espíritu de Dios, que lo llamaba profeta. Pero Moisés era un
líder gubernamental. Veamos:

*"Aconteció que al día siguiente se sentó Moisés a juzgar al pue-
blo; y el pueblo estuvo delante de Moisés desde la mañana hasta
la tarde. Viendo el suegro de Moisés todo lo que él hacía con el
pueblo, dijo: ¿Qué es esto que haces tú con el pueblo? ¿Por qué
te sientas tú solo, y todo el pueblo está delante de ti desde la mañana hasta la tarde? Y Moisés respondió a su suegro: Porque el
pueblo viene a mí para consultar a Dios. Cuando tienen asuntos,
vienen a mí; y yo juzgo entre el uno y el otro, y declaro las ordenanzas de Dios y sus leyes. Entonces el suegro de Moisés le dijo:
No está bien lo que haces"* (Éxodo 18:13-17).

Moisés era un líder de gobierno. Absolutamente. Actuaba como
juez e intérprete de las leyes de Dios. Para hacerlo, tenía que haber
estudiado la Ley que Dios le había dado. Pero tenía la tendencia profética a hacer el trabajo solo. Se desgastaba hasta que su suegro vino
al rescate y le sugirió un plan para que usara los dones de otros que
le ayudaran a hacer el trabajo.

Dios le envió ayuda, porque no era bueno que fuera un llanero solitario. Necesitaba ayuda y más tiempo para poder oír la voz de Dios,
para que pudiera señalar el camino a los hijos errantes de Israel. Tenía que aprender a entrar y salir de la presencia del Señor y delante
del pueblo.

Podemos ver de este episodio que Moisés, lejos de tener una fijación en su oficio de profeta o pastor, era también un ejemplo del matrimonio entre lo profético y lo gubernamental.

David: El profeta rey

"Jehová dijo a mi Señor: Siéntate a mi diestra, hasta que ponga a tus enemigos por estrado de tus pies" (Salmo 110:1).

A David le fue dada esta gran revelación –y muchas otras más– de la autoridad y el reinado del rey que habría de venir. Nosotros sabemos que David era un rey, así que él era definitivamente gubernamental. Era, además, un poco "artista", porque componía y cantaba sus canciones. Pero era profeta. Si tiene alguna duda vea esta perspectiva del Nuevo Testamento:

"En aquellos días Pedro se levantó en medio de los hermanos (y los reunidos eran como ciento veinte en número), y dijo: Varones hermanos, era necesario que se cumpliese la Escritura en que <u>el Espíritu Santo habló antes por boca de David</u> acerca de Judas, que fue guía de los que prendieron a Jesús" (Hechos 1:15-16, énfasis mío).

¿Lo ve? El Espíritu Santo habló antes por la boca de David. Este rey tenía un don profético también. Pedro continúa diciendo:

"Porque David dice de él: Veía al Señor siempre delante de mí; porque está a mi diestra, no seré conmovido. Por lo cual mi corazón se alegró, y se gozó mi lengua, y aun mi carne descansará en esperanza; porque no dejarás mi alma en el Hades, ni permitirás que tu Santo vea corrupción. Me hiciste conocer los caminos de la vida; me llenarás de gozo con tu presencia. Varones hermanos, se os puede decir libremente del patriarca David, que murió y fue sepultado, y su sepulcro está con nosotros hasta el día de hoy. Pero siendo profeta, y sabiendo que con juramento Dios le había jurado que de su descendencia, en cuanto a la carne, levantaría al Cristo para que se sentase en su trono, viéndolo antes, habló de la resurrección de Cristo, que

su alma no fue dejada en el Hades, ni su carne vio corrupción"
(Hechos 2:25-31).

¡¡¡Guauu!!! Todo este segundo capítulo de Hechos está lleno de revelación profética. Otra persona de gobierno –un rey– era, además, un profeta y recibía revelación profética. Pedro declaró este fenómeno en alta voz a todo Jerusalén en el glorioso día de Pentecostés, bajo la unción y el poder del Espíritu Santo. Este pasaje es un martillo que golpea contra nuestros estereotipos y concepciones erróneas acerca de estos dos grandes dones que Dios ha creado.

Pablo: Maestro de revelación y apóstol

"Había entonces en la iglesia que estaba en Antioquía, profetas y maestros: Bernabé, Simón el que se llamaba Niger, Lucio de Cirene, Manaén el que se había criado junto con Herodes el tetrarca, y Saulo. Ministrando estos al Señor, y ayunando, dijo el Espíritu Santo: Apartadme a Bernabé y a Saulo para la obra a que los he llamado. Entonces, habiendo ayunado y orado, les impusieron las manos y los despidieron" (Hechos 13:1-3).

En este ejemplo neotestamentario de la boda entre los dones proféticos y gubernamentales, leemos acerca de una reunión de profetas y maestros, un puñado de "gente del hemisferio izquierdo" y "gente del hemisferio derecho", todos en el mismo salón. Estaban, de hecho, ayunando y orando juntos. ¡Me encanta! Impusieron sus manos sobre Bernabé y Pablo, y los enviaron.

Sabemos que Pablo estaba inclinado hacia el don de la enseñanza, ya que era un estudiante de la Ley. Sin embargo, se juntaba con los profetas. Luego de este culto de ordenación, sus dones fueron extendidos incluso hasta recibir el don apostólico.

Así que esos dones pueden ser extendidos dentro de una sola persona. Pablo adquirió una comprensión de lo profético, porque se relacionaba con gente profética. Y, del mismo modo, los profetas pueden aprender teología sistemática de los maestros con quienes se relacionan. Esta es la maravillosa economía de Dios, unir los dones para aprender y ayudarse unos a otros.

"Ciertamente no me conviene gloriarme; pero vendré a las visiones y a las revelaciones del Señor. Conozco a un hombre en Cristo, que hace catorce años (si en el cuerpo, no lo sé; si fuera del cuerpo, no lo sé; Dios lo sabe) fue arrebatado hasta el tercer cielo. Y conozco al tal hombre (si en el cuerpo, o fuera del cuerpo, no lo sé; Dios lo sabe), que fue arrebatado al paraíso, donde oyó palabras inefables que no le es dado al hombre expresar!" (2 Corintios 12:1-4).

Probablemente Pablo hablaba de sí mismo aquí, pero como no deseaba atraer la atención hacia él, encubrió su nombre. Pero había experimentado una revelación profética de gran magnitud. Unos versículos más adelante declara:

"Me he hecho un necio al gloriarme; vosotros me obligasteis a ello, pues yo debía ser alabado por vosotros; porque en nada he sido menos que aquellos grandes apóstoles, aunque nada soy. Con todo, las señales de apóstol han sido hechas entre vosotros en toda paciencia, por señales, prodigios y milagros" (vv. 11-12).

Pablo estaba consciente de los dones apostólicos y gubernamentales que moraban en él, pero también había experimentado grandiosas revelaciones proféticas. Nuevamente Dios unió lo profético con lo gubernamental.

Pedro: El apóstol profético

Podemos ver claramente el don apostólico y de gobierno en la vida de Pedro:

"Simón Pedro, siervo y apóstol de Jesucristo, a los que habéis alcanzado, por la justicia de nuestro Dios y Salvador Jesucristo, una fe igualmente preciosa que la nuestra" (2 Pedro 1:1).

Pedro se identificaba claramente a sí mismo como un apóstol, el que es un don de gobierno. Era un plantador de iglesias y trabajaba con líderes. Pero, ¿poseía un don de revelación?

"Tenemos también la palabra profética más segura, a la cual hacéis bien en estar atentos como a una antorcha que alumbra en lugar oscuro, hasta que el día esclarezca y el lucero de la mañana salga en vuestros corazones; entendiendo primero esto, que ninguna profecía de la Escritura es de interpretación privada, porque nunca la profecía fue traída por voluntad humana, sino que los santos hombres de Dios hablaron siendo inspirados por el Espíritu Santo" (2 Pedro 1:19-21).

Diría que Pedro tenía un profundo entendimiento de lo profético y de cómo funcionaba. En el versículo 21 da una de las mejores descripciones disponibles en la Biblia, de cómo lo profético funciona dentro de la persona. Entonces, ¿era profeta o no? Muy posiblemente, porque tenía una profunda apreciación por la comprensión del protocolo profético y su correcta aplicación.

Juan: El vidente amado

"La revelación de Jesucristo, que Dios le dio, para manifestar a sus siervos las cosas que deben suceder pronto; y la declaró enviándola por medio de su ángel a su siervo Juan, que ha dado testimonio de la palabra de Dios, y del testimonio de Jesucristo, y de todas las cosas que ha visto. Bienaventurado el que lee, y los que oyen las palabras de esta profecía, y guardan las cosas en ella escritas; porque el tiempo está cerca" (Apocalipsis 1:1-3).

La gran revelación de Jesús fue dada a Juan, el discípulo amado, quien se recostaba sobre el pecho de Jesús y que tenía una relación más íntima con Él que todos los demás discípulos. Juan era un apóstol, ¡pero estaba dotado de un don de revelación increíble! No solo era profeta, sino que tenía el don de ver hacia el futuro. Dios le dio todo el libro de Apocalipsis a través de un ángel.

Entonces Juan era una persona apostólica a quien se le había concedido la entrada a la naturaleza celestial. No solo escuchaba palabras y las repetía, sino que este hombre apostólico y de gobierno fue dotado con el don de la visión del futuro.

En todos estos ejemplos del Antiguo y Nuevo Testamento podemos ver el diseño de Dios de reconciliar lo profético con lo de gobierno dentro de su Iglesia. Su Palabra nos ha dado una maravillosa visión para que la pongamos en práctica en esta revolución profética.

Contrastemos lo profético y lo gubernamental

Antes de que se canse, veamos el contraste entre estos dos dones. Recuerde que el propósito de ambos, lo profético y lo de gobierno, es recargar las baterías espirituales del creyente. Miremos los puntos fuertes de cada don como si fueran herramientas que podemos usar en una construcción. Las herramientas son muy diferentes en función, pero se usan juntas para facilitar la construcción de la obra. Los diferentes dones también son usados en diferentes momentos o etapas del proceso de construcción. (Los contrastes aquí presentados son generalizaciones y no tienen por que ser verdad en todos los casos.)

Profético	Gubernamental
Subjetivo	Objetivo
Emocional	Estructural
Más itinerante	Más residente
Funcional	Relacional
Intuitivo	Lógico
Idealista	Práctico
Espontáneo	Premeditado
Personal	Corporativo
Inspiracional	Informativo
Creativo	Directivo

Aquí hay ciertas Escrituras que pude explorar, las que arrojarán más luz acerca de estos contrastes: Mateo 16:3-19; Hechos 20:17-38; 21:8-11; 2 Pedro 1:19-21.

Tenemos más contrastes:

• El rol de lo profético es oír las instrucciones de Dios.
• El rol de lo gubernamental es dar cuentas de las instrucciones de Dios.
• Sin lo profético, la gente se torna institucional, pero sin vida.
• Sin lo gubernamental, "cada uno hace lo que bien le parece" (Jueces 21:25).

La revelación sin la aplicación significa que no hubo un recipiente disponible para guardar el contenido de revelación. Sin un odre nuevo, el vino nuevo se derrama en el piso (Mateo 9:17).

Entender los contrates entre los dones proféticos y de gobierno, puede darnos una nueva apreciación de la necesidad de ser camaradas y no competidores en esta revolución profética. Ayúdanos, Señor, ¡nos necesitamos tanto!

Las vasijas rotas de Antioquía

Al mirar este tema tan complejo de camaradas o competidores, echemos un vistazo más de cerca al conocido pasaje de la reunión de los líderes de Antioquía en el primer siglo. Mientras contemplamos, masticamos y digerimos estos versículos, hallaremos una mina de oro que esperaa ser excavada.

> *"Había entonces en la iglesia que estaba en Antioquía, profetas y maestros: Bernabé, Simón el que se llamaba Niger, Lucio de Cirene, Manaén el que se había criado junto con Herodes el tetrarca, y Saulo. Ministrando estos al Señor, y ayunando, dijo el Espíritu Santo: Apartadme a Bernabé y a Saulo para la obra a que los he llamado. Entonces, habiendo ayunado y orado, les impusieron las manos y los despidieron"* (Hechos 13:1-3).

¿Quiénes eran estos muchachos?

Por un momento quisiera espiar detrás de escena a estos muchachos que estaban juntos en el liderazgo de Antioquía, en una reunión cumbre de ayuno y oración. Se sorprenderá al ver lo que hallaremos.

Bernabé, un judío mesiánico profeta, de Chipre

Usted dirá: "¿Qué?" Sí, ¡es correcto! Según Hechos 4:36, el nombre original de Bernabé era José. Era un levita –eso significa que era un hombre en preparación para el sacerdocio– que venía de la isla de Chipre y encontró a Jesús como su Mesías. Los apóstoles lo llamaban Bernabé, que significa "hijo de consolación". Así que aquí tenemos un judío isleño que estudiaba para el sacerdocio, que se convirtió en un profeta mesiánico.

Simeón, un hombre de color

Luego encontramos a un convertido llamado Niger (Hechos 13:1). Este término significa "hombre negro". Ahora imagine, tenemos a un profeta judío y un hombre negro cuya nacionalidad no está claramente revelada. Pero probablemente era africano, quizás etíope. ¡Interesante mezcla!

Lucio, un árabe libio

Lucio vino a esta cumbre desde Cirene, la cual es probablemente la Libia de hoy. No lo sabemos con seguridad, pero Lucio puede haber sido de descendencia árabe, proveniente de la parte norte de África. ¡Esto comienza a ponerse bueno! Un judío, un negro, y uno posiblemente árabe. Había seguramente un montón de hierro aguzando hierro (Proverbios 27:17) detrás de la escena.

Manaén, el aristócrata griego

El nombre Manaén es de origen griego. El texto también dice que Manaen creció con Herodes el tetrarca, el rey que puso en prisión a Juan el Bautista y luego lo decapitó (Mateo 14:1-12). Entonces Manaén, como aristócrata griego, había crecido con una visión cultural y filosófica completamente diferente. ¡Hablando de opuestos que deben trabajar juntos!

Saulo, el perseguidor de Tarso, convertido

Todo lo que el pasaje de Hechos dice es que este hombre era Saulo. Pero los lectores de Lucas sabían lo que este hombre había hecho: había perseguido a la Iglesia, arrastrado a hombres y mujeres a la prisión y ejecutado amenazas de muerte. Todo su celo estaba mal enfocado. También sabemos que Saulo venía de Tarso, en la actual Turquía. Bernabé estaba en la misión de descubrir a este revolucionario convertido y traerlo a Antioquía para convenir con los otros líderes (Hechos 11:19-26).

¿Cómo harían para llevarse bien?

¡Hablando de una bolsa de gatos, deben haberse sacado los ojos! Después de todo, ellos eran barro, vasijas rotas como usted y yo.

Deben haber cargado el equipaje extra de toda su herencia étnica, cultural, religiosa, política, filosófica, educacional, preconcebida, orgullosa y prejuiciosa. De hecho, estoy seguro de ello. Pienso que estarían ansiosos por esta cumbre histórica, y probablemente un poco aprehensivos al mismo tiempo. ¿Cómo harían para llevarse bien? ¿Serían camaradas o competidores?

Note también que las escrituras indican que tenían dones diferentes. Dos o tres de ellos eran maestros, y los otros dos o tres eran profetas notables. Por mi experiencia, eso solo ya era un milagro, ya que es extraordinario para los profetas y maestros bendecirse, honrarse y estimarse unos a otros. ¡Dios sí que tuvo que trabajar aquí!

Medítelo un poco más. ¿Qué comerían? Cuando tocaran instrumentos, ¿qué estilo étnico prevalecería? Cuando bailaran, ¿harían danzas hebreas? Debe haber sido complicado. Pero soy positivo acerca del encuentro y el ministerio de reconciliación que ocurrió en esa reunión cumbre. Pero, ¿cuál era el factor unificador?

El lazo que nos une

El Señor mismo fue el factor unificador en la reunión de liderazgo de Antioquía. Sígame en estos ocho puntos que cambiaron el caos potencial en un tiempo de cooperación.

1. Celebraron su *diversidad en unidad,* en vez de su *conformidad con la uniformidad.*
2. Ministraron al Señor. Eso fue el factor unificador. Todo lo demás se desvanece cuando nos centramos en Él.
3. Los opuestos se atrajeron –escuela del Espíritu y escuela de la Palabra– y un nuevo nacimiento tuvo lugar: ¡el TMA se cumplió!
4. Enfatizaron el ayuno como estilo de vida, no como un recurso en tiempos de crisis. Sabían que el sacrificio libera poder.
5. El Espíritu Santo se movió con tanta libertad que las Escrituras no registran los nombres de aquellos que profetizaron. ¡Increíble!
6. El celo de Dios estaba en medio de ellos y Dios les dijo que separaran a Pablo y a Bernabé. Tenían sus prioridades en orden y le dieron a Él el primer lugar.
7. Después de la consagración al Señor en primer término, Bernabé y Pablo se entregaron a la obra a la que habían sido llamados.

8. Sin competencia, envidias ni contiendas, impusieron sus manos sobre ellos con oración y ayuno, y los enviaron en su viaje misionero. De aquí en más, Saulo es llamado Pablo (Hechos 13:9) y ellos fueron llamados el equipo apostólico.

¡Vale la pena morir por esto!

Esta es la clase de revolución profética que necesitamos que ocurra en el Cuerpo de Cristo. ¿No es interesante que, según Hechos 11:26, fue en Antioquía que los discípulos fueron llamados cristianos por primera vez? Vale la pena orar, luchar y vivir por una unidad tan preciosa. Y aún más importante, vale la pena morir por ella.

Un cristianismo auténtico y apostólico nuevamente nace en las entrañas de la Iglesia. Un llamado por guerreros apasionados y consagrados. ¿Responderá a ese llamado?

Nuestro clamor e intercesión

Padre, en el nombre de Jesús, elevamos a ti el clamor de que cambies el entendimiento y la expresión del cristianismo en toda la Tierra en esta generación. Queremos que Jesús reciba la recompensa de sus sufrimientos. Queremos ser ministros ante el Señor y Cristo.

Perdónanos por nuestra competencia y ayúdanos a vernos unos a otros como tú nos ves. Enséñanos que la unidad es la celebración de la diversidad bajo tu señorío. Enséñanos nuevas formas. Libéranos de nuestros miedos unos de otros. Que seamos camaradas en amor, prefiriéndonos unos a otros, y que el mundo pueda mirarnos y decir: "¡Ahora hay un cristianismo real!" Oramos por la honra y gloria del nombre de Jesús en toda la Tierra. Amén.

Mini cuestionario: ¡manténgalo despierto!

En su entendimiento, ¿qué sucedió de acuerdo a Hechos 13:1-3?
¿Qué ocurre cuando los opuestos se atraen?
En su vida y ministerio, ¿cómo uniría la "escuela del Espíritu" y la "escuela de la Palabra"?

¡Quiero más, Señor!

Jack Deere, *Sorprendidos por el poder del Espíritu* (Grand Rapids: Zondervan, 1993)

Ernest. B. Gentile, *Tus hijos e hijas profetizarán* (Grand Rapids: Chosen, 1999)

Eddie y Alice Smith, *Intercesores y pastores* (Houston: Spiritruth, 2000)

La visión revolucionaria

Parte cuatro

El testimonio que Juan dio acerca de Jesús

"Yo me postré a sus pies para adorarle. Y él me dijo: Mira, no lo hagas; yo soy consiervo tuyo, y de tus hermanos que retienen el testimonio de Jesús. Adora a Dios; porque el testimonio de Jesús es el espíritu de la profecía" (Apocalipsis 19:10).

R eflexione conmigo por un momento acerca del sendero profético que hemos recorrido juntos. Hallamos a este hombre llamado Juan el cual, como un "hijo del trueno", fervientemente quiere pedir que el fuego descienda del cielo y consuma a los incrédulos. Luego es trasformado cuando aprende a recostar su cabeza sobre el pecho de su Amado. Este hijo de Zebedeo se convierte en un mensajero, un avezado tirador, no un pistolero listo a tirar tiros al aire. Este mismo Juan, el amado, viene a ser el amigo de Dios. Es el único discípulo de los doce mencionados a los pies de la cruz de nuestro Señor.

Más adelante, cuando ya es un hombre mayor y exiliado en la isla de Patmos, parece no tener más nada que esperar de esta vida. Es abandonado por los hombres, pero no por Dios. ¡De ningún modo es abandonado por Dios ni por su brillante presencia! Dios es ahora su único y constante compañero.

1 Juan 1:1 declara maravillosamente: *"Lo que era desde el principio, lo que hemos oído, lo que hemos visto con nuestros ojos, lo que hemos contemplado, y palparon nuestras manos tocante al Verbo de vida"*. Habla el mismo hombre. ¿Cómo tuvo lugar esta transformación?. La motivación parece diferente, el enfoque del mensaje es claramente

distinto. Este hombre no habla de pedir juicio ni que descienda fuego. Tampoco simplemente habla de dones y ministerios. Habla de una vida consumida por la misma Persona de Dios.

En medio de todo esto, nos ofrece un concepto revolucionario acerca del punto principal de que trata el ministerio profético: ¡Adora a Dios! Adora a Dios y caminarás en el espíritu opuesto al de este mundo. Y cuando adores a Dios, alguien –no, el gran Alguien– llenará tus oraciones, y la presencia de revelación del Espíritu Santo será derramada. Sí, el verdadero espíritu de lo profético es el testimonio, no de cuán grande es usted, ¡sino de cuán increíble es Él! El testimonio de Jesús es el espíritu de la profecía.

Quiere convertirse en un poderoso mensajero de Dios, con fuego ardiendo dentro de sus entrañas. Entonces tenga al Hombre de fuego habitando en su corazón. Deje cualquier intento de edificar su propio reino o ministerio. Olvídese de su propio imperio, construya el de Dios. Adore a Dios apasionadamente. Conságrese a Él para ser su morada santa.

Esta última Parte 4 es un llamado apasionado por "La visión revolucionaria". Qué puede incluir este tipo de visión. En vez de ser competidores, caminaremos junto a otros. En vez de tener una visión cerrada de los que nuestros llamados solos pueden alcanzar, querremos ayudar a nuestros hermanos y hermanas a alcanzar sus destinos proféticos. Y entonces –recién entonces– nuestras vidas estarán capacitadas para profetizar vida a lugares, vidas y naciones en sequedad.

Juan, el "hijo del trueno", fue cambiado. Juan el pescador se convirtió en un caudal de sabiduría para los propósitos de Dios. Le enseñó a la gente cómo amar, cómo perdonar, cómo cubrir a los demás. De hecho, sus últimos escritos no son tanto un relato de las terribles pesadillas del tiempo final, sino una profunda epístola que trata de la revelación de Jesucristo mismo.

Quiere ver una auténtica revolución profética. Entonces, adore a Dios. Como Juan en la isla de Patmos, hable de este maravillosos hombre, Jesús. ¡Que la revolución santa comience ya!

10 *Hagámoslo juntos*

"En estos días no había rey en Israel; cada uno hacía lo que bien le parecía" (Jueces 21:25).

Al comenzar la cuarta y última parte de nuestro viaje juntos, "La visión revolucionaria", miramos al futuro con fe, esperanza y amor, confiamos de que un nuevo orden emergerá. Veremos la visión de una Iglesia apostólica y profética que se levanta en este nuevo milenio. La visión está formada por diversos ministerios en cooperación unos con otros.

Como vimos en el versículo anterior de Jueces, cuando no hay rey o gobierno la gente se separa entre sí por su propio criterio de lo bueno o malo. No hay indicadores para una vida santa. Durante esos días en la historia de Israel, Dios levantó hombres y mujeres de entre el pueblo para servir como líderes, "jueces" en esos tiempos de caos.

Fue en ese tiempo que inigualables líderes como Gedeón y Débora se levantaron para hablar al pueblo en nombre de Dios, y poner orden en medio del desorden reinante. Del mismo modo, en los días que vendrán, Dios va a usar gente preparada tanto en lo profético como en lo apostólico, para facilitar una revolución en la Iglesia que resultará en un poderoso mover del Espíritu sobre la Tierra. ¡Que su gloria descienda!

Mi amigo Tommy Tenney tiene algunas palabras de sabiduría muy vigentes, que nos darán en el clavo:

"Nada me descorazona más que la falta de unidad y la división reinante en la iglesia. Es suficiente para romperme el corazón, y yo soy solo un hermano. Ya ha roto el corazón de Dios primero.

El 'juego' que se juega hoy en el mundo, tiene altas implicancias para la iglesia, las almas perdidas de hombres y mujeres, y nuestro 'Entrenador' nos llama a actuar en unidad para ganar esas almas para Él. Solo cuando somos 'uno' y actuamos en unidad como Jesús oró, seremos probadamente eficaces, imparables e invencibles en derribar las puertas del infierno.

"Es el tiempo de que la oración no respondida de Jesús –cuando oró que fuéramos uno– sea contestada por la iglesia, el equipo soñado por Dios."[1]

Nosotros como pueblo de Dios debemos cooperar; por tanto, para poder movernos velozmente en respuesta a su llamado, debemos activar la maquinaria, como un motor bien coordinado, para invadir el reino de oscuridad con la luz de su amor.

Vimos en los capítulos anteriores que los roles de gobierno y proféticos, a pesar de ser bastante diferentes, se complementan uno al otro. El rol profético es *oír* la instrucción de Dios, y el de gobierno es *implementar* esa instrucción. Ellos representan una variedad de dones y operaciones de ministerios. Como un diamante que tiene diferentes caras y produce varios destellos, pero es la misma piedra. Bien, en esta parte de la visión revolucionaria –partiendo de la base de lo que consideramos en el capítulo anterior– veamos cómo lo profético y lo gubernamental pueden cooperar en esta gran revolución.

La cooperación trae implementación

Estos dos roles son diseñados para actuar en armonía. *"Si dos de vosotros se pusieren de acuerdo en la tierra acerca de cualquiera cosa que pidieren, les será hecho por mi Padre que está en los cielos"* (Mateo 18:19). La armonía entre lo profético y lo de gobierno traerá la bendición de Dios a la Tierra. ¡Qué maravilla sería tener a los pastores, maestros, administradores, ancianos, evangelistas, líderes visionarios y profetas, todos trabajando juntos y creando acuerdos en la voluntad de Dios a través de toda la Tierra! Entonces un verdadero equipamiento tendría lugar y los hombres y mujeres ungidos por Dios harían un profundo impacto para el Reino.

Lo profético y lo de gobierno sirven principalmente a los efectos del propósito de Dios. Estos dones deben funcionar al unísono, tocar la misma melodía, y pueden habitar y operar dentro de la misma persona. Pero en realidad la manera en que se ponen de acuerdo es a través del conflicto. Nuevamente, hierro con hierro se aguza (ver Proverbios 27:17). Esta sincronización de roles lleva tiempo, paciencia y numerosas experiencias de desacuerdo inicial, antes de que las dos armonicen.

Por el momento, la Iglesia parece una orquesta calentando las cuerdas antes de una presentación. Cada instrumento practica sus habilidades separado de los demás. Espero que pronto seamos reunidos bajo el gran Director y toquemos una increíble sinfonía que asombrará al mundo y glorificará a nuestro Rey.

El pueblo de Dios debe avanzar en dos caminos que corren de manera paralela para asegurar el éxito y la seguridad:

• *La voluntad revelada de Dios* –guía y revelación– es el camino profético. Aquellos que están en este camino oyen la voz de Dios y la presentan con gracia y humildad, para que el Cuerpo entero se beneficie con la revelación.

• *La respuesta cooperativa a la voluntad revelada de Dios* es la senda del gobierno. Aquellos que están en esta vía, reciben la palabra con gracia y humildad y, con oración y una administración eficaz, traen la aplicación de esa palabra a todo el Cuerpo.

Debe existir cooperación entre estos dones, para que pueda haber implementación de la guía y revelación de Dios. Primero viene la revelación, luego el procesar esa revelación, y finalmente la aplicación de la misma. Toda la variedad de dones deben trabajar juntos en cooperación para producir un avance en la vida de la Iglesia.

Unidad y progreso

Ni la unidad ni el progreso pueden ser alcanzados sin el verdadero conocimiento de la voluntad de Dios. Si alguna palabra inflada o fantasiosa viene y la dejamos correr, podemos terminar en un desastre, porque esa palabra no puede producir la voluntad de Dios. Sin un correcto conocimiento de su voluntad, no podremos unirnos en acuerdo y, por ende, no haremos ningún progreso o mejora notable.

Veamos algunos pasajes bíblicos para aprender cómo funciona este principio.

"En el año segundo del rey Darío, en el mes sexto, en el primer
día del mes, vino palabra de Jehová por medio del profeta Hageo
a Zorobabel hijo de Salatiel, gobernador de Judá, y a Josué hijo
de Josadac, Sumo Sacerdote, diciendo..." (Hageo 1:1).

Tome en cuenta la acción entre lo profético y lo gubernamental en
este pasaje. Este es un ejemplo del Antiguo Testamento de la cooperación entre los tres oficio de profeta –Hageo– sacerdote –Josué– y
rey –Zorobabel–.

"Así ha hablado Jehová de los ejércitos, diciendo: Este pueblo dice: No ha llegado aún el tiempo, el tiempo de que la casa de Jehová sea reedificada. Entonces vino palabra de Jehová por medio
del profeta Hageo, diciendo: ¿Es para vosotros tiempo, para vosotros, de habitar en vuestras casas artesonadas, y esta casa está desierta? Pues así ha dicho Jehová de los ejércitos: Meditad
bien sobre vuestros caminos. Sembráis mucho, y recogéis poco;
coméis, y no os saciáis; bebéis, y no quedáis satisfechos; os ves-
tís, y no os calentáis; y el que trabaja a jornal recibe su jornal en
saco roto.
Así ha dicho Jehová de los ejércitos: Meditad sobre vuestros caminos. Subid al monte, y traed madera, y reedificad la casa; y
pondré en ella mi voluntad, y seré glorificado, ha dicho Jehová"
(vv. 2-8).

Este es el caso del pueblo que dice una cosa y el Señor, juzgando
sus corazones, dice algo completamente diferente. Dios los amones-
taba a "mirar la condición de su casa". Era tiempo de levantarse, dijo Él, aún cuando ellos no consideraran que este era el tiempo correcto. La verdadera voluntad del Señor vino a disipar la voluntad de
Dios percibida en sus mentes. Y cuando la palabra verdadera vino,
indicó una acción apropiada:

"Y despertó Jehová el espíritu de Zorobabel hijo de Salatiel, gobernador de Judá, y el espíritu de Josué hijo de Josadac, Sumo
Sacerdote, y el espíritu de todo el resto del pueblo; y vinieron y
trabajaron en la casa de Jehová de los ejércitos, su Dios" (v. 14).

El Espíritu Santo movió a cada uno, desde los líderes hasta el pueblo. Se unieron e hicieron progresos notables.

Ahora quiero dar una palabra de apelación a favor de este tema de los tipos proféticos. En el pasado he sido pastor, también predicador y profeta itinerante. He estado en ambos lados, profético y gubernamental. He sufrido heridas causadas por ambos lados. La gente profética no debe apuntar sus municiones y luego dejar al pastor con un montón de gente herida y sangrando. Los que tienen dones proféticos deben ser sensibles a los pastores y a los problemas que enfrentan con sus miembros. Las palabras proféticas deben salir en forma de aliento al grupo o congregación, para poner atención a la voluntad de Dios, y hacer cambios si fuera necesario. Las personas con dones proféticos no deberían irse de un lugar sin asegurarse que la palabra profética fue presentada con gracia y humildad, y que fue recibida de la misma manera.

En esta palabra de Hageo, vino corrección pero también instrucción, que alentó al pueblo a cambiar sus esquemas de pensamiento previos y adquirir la visión de edificar. Cada uno, desde el gobernador y el Sumo Sacerdote hasta el último habitante de Jerusalén, fue motivado y animado. Cada uno se aferró a la visión, porque era profetizada vida y no solo el conocimiento de su error.

Una palabra profética real tiene el potencial de soltar una impartición de aliento y motivar al pueblo entero. *"Porque no hará nada Jehová el Señor, sin que revele su secreto a sus siervos los profetas"* (Amós 3:7).

Unidad fuera de la voluntad de Dios

Es posible que la unidad ocurra fuera de la voluntad revelada de Dios, aún cuando esta ha sido declarada, y no es bueno. El capítulo de 1 Reyes 22 es complicado y no termino de entenderlo, pero quiero comentarle algunas cosas que valen nuestra atención.

> *"Tres años pasaron sin guerra entre los sirios e Israel. Y aconteció al tercer año, que Josafat rey de Judá descendió al rey de Israel. Y el rey de Israel dijo a sus siervos: ¿No sabéis que Ramot de Galaad es nuestra, y nosotros no hemos hecho nada para tomarla de mano del rey de Siria? Y dijo a Josafat: ¿Quieres venir conmigo a pelear contra Ramot de Galaad? Y Josafat respondió*

> *al rey de Israel: Yo soy como tú, y mi pueblo como tu pueblo, y mis caballos como tus caballos.*
> *Dijo luego Josafat al rey de Israel: Yo te ruego que consultes hoy la palabra de Jehová. Entonces el rey de Israel reunió a los profetas, como cuatrocientos hombres, a los cuales dijo: ¿Iré a la guerra contra Ramot de Galaad, o la dejaré? Y ellos dijeron: Sube, porque Jehová la entregará en mano del rey. Y dijo Josafat: ¿Hay aún aquí algún profeta de Jehová, por el cual consultemos?"* (1 Reyes 22:1-7).

Aquí se dan algunas dinámicas muy interesantes. Los reyes de Judá e Israel se reunieron para buscar al Señor, para saber si hacer o no la guerra contra Siria, para recuperar el territorio de Ramot de Galaad. Pero el rey Josafat quiere que el rey de Israel consulte la palabra de Jehová. Pero esto significaba que ellos debían orar y ayunar, o que obtuvieran alguna directiva de un profeta. No está expresado claramente, pero en cualquier caso no vemos que nadie orara aquí. Entonces el rey de Israel convoca a cuatrocientos profetas –¡eso es un montón de profetas!– y adivine qué. Todos ellos coinciden en que Israel y Judá debían ir a la batalla, y que el Señor "la entregará en la mano del rey".

Pero Josafat no estaba seguro de esta palabra. Quizás piensa que los cuatrocientos profetas son del tipo "sí, señor" al rey de Israel. Preguntó si no hay otro profeta disponible.

Ahora, déjeme insertar una recomendación al liderazgo pastoral y apostólico: No se deje intimidar por lo profético. Si una palabra profética en particular "no le cierra", preste atención. Siempre es bueno consultar a Dios y confirmar. Una palabra de advertencia o de instrucción le tiene que sonar a verdadera antes de implementarla. La unidad puede ser lograda fuera de la voluntad de Dios, pero no logrará la clase de progreso esperado. A veces creemos que sabemos cuál es la voluntad de Dios, pero el celo sin la voluntad de Dios puede hacernos avanzar en la dirección equivocada.

Entonces vemos que el rey Josafat busca más confirmación de Dios acerca del acuerdo para ir a la guerra.

> *"El rey de Israel respondió a Josafat: Aún hay un varón por el cual podríamos consultar a Jehová, Micaías hijo de Imla; mas yo*

le aborrezco, porque nunca me profetiza bien, sino solamente mal. Y Josafat dijo: No hable el rey así. Entonces el rey de Israel llamó a un oficial, y le dijo: Trae pronto a Micaías hijo de Imla. Y el rey de Israel y Josafat rey de Judá estaban sentados cada uno en su silla, vestidos de sus ropas reales, en la plaza junto a la entrada de la puerta de Samaria; y todos los profetas profetizaban delante de ellos.

Vino, pues, al rey, y el rey le dijo: Micaías, ¿iremos a pelear contra Ramot de Galaad, o la dejaremos? Él le respondió: Sube, y serás prosperado, y Jehová la entregará en mano del rey" (vv. 8-10, 15).

Hasta aquí las cosas van maravillosamente bien, ya que los cuatrocientos profetas declaran estas palabras ante el trono de estos dos reyes, ornamentados con los más finos materiales. Las palabras siguen confirmando que Israel y Judá deben salir a esa guerra.

Cuál es la verdadera palabra de Dios

Entonces Micaías aparece en escena, el profeta que generalmente dice cosas que al rey de Israel no le gustan. Al principio confirma lo que los otros dicen. Tal vez Micaías está cansado de ser el único que siempre le dice cosas desagradables, y ha decidido ir a favor de la corriente. Micaías quiere ser aceptado y actúa de acuerdo a este patrón. Esta es una trampa común para los profetas. Los buenos líderes de gobierno entienden lo que sucede y hacen alguna corrección. El rey de Israel hace justo esto, cuando se dirige a Micaías:

"Y el rey le dijo: ¿Hasta cuántas veces he de exigirte que no me digas sino la verdad en el nombre de Jehová? Entonces él dijo: Yo vi a todo Israel esparcido por los montes, como ovejas que no tienen pastor; y Jehová dijo: Estos no tienen señor; vuélvase cada uno a su casa en paz. Y el rey de Israel dijo a Josafat: ¿No te lo había yo dicho? Ninguna cosa buena profetizará él acerca de mí, sino solamente el mal. Entonces él dijo: Oye, pues, palabra de Jehová: Yo vi a Jehová sentado en su trono, y todo el ejército de los cielos estaba junto a él, a su derecha y a su izquierda. Y Jehová dijo: ¿Quién inducirá a Acab, para que suba y caiga en Ramot de Galaad? Y uno decía de una manera, y otro decía de otra. Y salió un espíritu y se

puso delante de Jehová, y dijo: Yo le induciré. Y Jehová le dijo: ¿De qué manera? El dijo: Yo saldré, y seré espíritu de mentira en boca de todos sus profetas. Y él dijo: Le inducirás, y aun lo conseguirás; ve, pues, y hazlo así. Y ahora, he aquí Jehová ha puesto espíritu de mentira en la boca de todos tus profetas, y Jehová ha decretado el mal acerca de ti" (vv. 16-23).

Aquí hay varios puntos importantes. Lo gubernamental trae corrección a lo profético, y lo profético habla la verdadera palabra de Dios. La palabra verdadera es correctiva hacia los líderes de gobierno, una seria palabra de advertencia.

Si lo profético ha de soltar palabra correctiva y de advertencia a la Iglesia, debemos tener corazones que se preocupen genuinamente por la salud y el estado de las personas a quienes nos dirigimos. El corazón de Dios es traer al Cuerpo de Cristo una corrección basada en la misericordia, y la palabra profética que Él use deberá aplicar esa corrección con amor genuino hacia las personas en profundo temor del Señor.

También vemos las posibilidades de engaño en lo profético, aún cuando parece haber acuerdo. Esta lección primeramente refleja el estado de una comunidad de creyentes, apartada, sin temor de Dios y sin pasión por su obra. Estos reyes tenían varios aspectos en sus corazones que necesitaban ser corregidos. Se precisa del trabajo en conjunto de los profetas con la supervisión de los líderes de gobierno, para hallar la verdadera palabra del Señor, aún para aquellos que apasionadamente buscan hacer su voluntad.

Uno de los líderes apostólicos de trabajo en red que el Espíritu Santo ha levantado para esta hora, el Dr. Peter Wagner, nos brinda el siguiente enfoque: "El profeta puede equivocarse. Por esta causa debe estar abierto a la corrección por parte del resto del Cuerpo. Los verdaderos profetas están dispuestos a ello. Quieren que sus palabras sean probadas, y si hay algo mal o equivocado, lo admiten. Quieren que sus profecías sean confirmadas por la Palabra de Dios y por el Cuerpo como un todo".[2]

A través de quién es revelada la voluntad de Dios

Hay ocasiones en que la voluntad de Dios puede venir primero a través de voces proféticas, en vez de gubernamentales:

"En aquellos días unos profetas descendieron de Jerusalén a An-
tioquía. Y levantándose uno de ellos, llamado Agabo, daba a en-
tender por el Espíritu, que vendría una gran hambre en toda la
tierra habitada; la cual sucedió en tiempo de Claudio. Entonces
los discípulos, cada uno conforme a lo que tenía, determinaron
enviar socorro a los hermanos que habitaban en Judea; lo cual en
efecto hicieron, enviándolo a los ancianos por mano de Bernabé
y de Saulo" (Hechos 11:27-30).

Un profeta trajo una palabra de revelación acerca de que vendría
una gran hambruna. En respuesta a esa palabra, los líderes –discípulos– interpretaron la palabra y determinaron su correcta aplicación,
dieron a luz la obra misionera en Judea. Por el ministerio de ayudas
y compasión, comenzaron a alcanzar esta área, aún antes de que el
hambre se manifestase. Además, note que Agabo no trabajaba solo.
Viajaba en una compañía de profetas, y quizás le ponía voz al consenso de ellos –o ellos al suyo–.

Esta clase de cooperación requiere carácter, dones y sabiduría por
parte de ambos, lo profético y gubernamental. Agabo obviamente tenía una autoridad y credibilidad en su expresión y elocución, que
eran reconocidas por los líderes apostólicos o locales. Ellos a su vez
evaluaron sabiamente la palabra, y respondieron de una manera que
ejemplifica el carácter de Jesús. Por tanto, lo profético dio testimonio de Jesús, y ello funcionó en coordinación con los otros dones.

También hay veces en que la voluntad de Dios puede venir primero a través de los dones de gobierno o apostólicos. Tal fue el caso en
Hechos 15-16, en donde había una gran controversia entre los creyentes judíos acerca de llevar el evangelio a los gentiles. En el contexto de este problema, la expresión de la voluntad de Dios vino por
los líderes de gobierno de la iglesia judía, y la voz profética vino como una confirmación a esa expresión:

"Entonces toda la multitud calló, y oyeron a Bernabé y a Pablo,
que contaban cuán grandes señales y maravillas había hecho
Dios por medio de ellos entre los gentiles. Y cuando ellos calla-
ron, Jacobo respondió diciendo: Varones hermanos, oídme. Simón
ha contado cómo Dios visitó por primera vez a los gentiles, para
tomar de ellos pueblo para su nombre. Y con esto concuerdan las

> *palabras de los profetas, como está escrito: Después de esto volveré y reedificaré el tabernáculo de David, que está caído; y repararé sus ruinas, y lo volveré a levantar, para que el resto de los hombres busque al Señor, y todos los gentiles, sobre los cuales es invocado mi nombre, dice el Señor, que hace conocer todo esto desde tiempos antiguos. Por lo cual yo juzgo que no se inquiete a los gentiles que se convierten a Dios, sino que se les escriba que se aparten de las contaminaciones de los ídolos, de fornicación, de ahogado y de sangre.*
>
> *Entonces pareció bien a los apóstoles y a los ancianos, con toda la iglesia, elegir de entre ellos varones y enviarlos a Antioquía con Pablo y Bernabé: a Judas que tenía por sobrenombre Barsabás, y a Silas, varones principales entre los hermanos; y escribir por conducto de ellos"* (Hechos 15:12-10, 22-23).

Santiago, una voz de gobierno, exponía una directiva del Señor respecto de los gentiles, y la confirmó con la palabra escrita del profeta Amós. Los otros ancianos y líderes de la iglesia dieron su apoyo a la palabra, y la aplicaron al apartar hombres que entregaran una carta de aliento a los creyentes gentiles de Antioquía. Entonces, otra obra misionera fue levantada y fueron comisionados para llevar a cabo la voluntad de Dios.

Los resultados: los mensajeros fueron a Antioquía, reunieron a la congregación y entregaron la carta. *"Y Judas y Silas, como ellos también eran profetas, consolaron y confirmaron a los hermanos con abundancia de palabras"* (v. 32). Y la voluntad de Dios –recibida por el gobierno primero y confirmada por lo profético luego– continuó desparramándose en otros lugares por el ministerio de Pablo y Timoteo. *"Y al pasar por las ciudades, les entregaban las ordenanzas que habían acordado los apóstoles y los ancianos que estaban en Jerusalén, para que las guardasen"* (Hechos 16:4).

Es claro en estas Escrituras que el liderazgo de gobierno no avanzó sin el *Sí* y el *Amén* del Espíritu Santo a través de los ancianos, profetas y comunidad de creyentes. Este es un precioso ejemplo de la cooperación entre lo gubernamental y lo profético, de cómo recibieron la voluntad de Dios, la asimilaron y la aplicaron en una forma que trajo claridad a un tema controversial. ¡La cooperación trae una gloriosa implementación!

Primero lo profético

En esta sección quiero darle algunos ejemplos más de la voluntad de Dios viniendo primero al ministerio profético. Estos ejemplos pueden ser considerados típicos y pueden ser aplicados en forma general al ministerio profético. Pero no son leyes; son solo actividades que pueden ayudarnos a identificar el ministerio de lo profético:

- *Predecir eventos* (Hechos 11:27-30).
- *Confirmar ministerios personales* (Juan 1:29; Hechos 10:9-13; Hechos 13:2). Lo profético es comúnmente usado en el área de confirmar llamados y ministerios personales.
- *Dar el mensaje de Dios* (Isaías 40:1-8).
- *Edificar a las iglesias* (Hechos 11:27; Hechos 13:1).
- *Recibir revelación y dar consejo apostólico* (Hechos 15:32; Hechos 16:4). En este caso lo profético puede no tener la iniciativa, sino actuar como respuesta al consejo apostólico.
- *Juzgar y discernir mensajes* (1 Corintios 14:29-33, 37). Lo profético no deber ser solamente recibir y declarar, sino también juzgar y discernir las palabras unos de otros. En algunos lugares se forman concilios proféticos para actuar como guardianes de las voces proféticas que quieren participar.
- *Advertir* (Hechos 21:8-12).

Primero lo gubernamental

Estas porciones bíblicas son ejemplos de palabras de revelación que vinieron primero a los ministerios de gobierno. Nuevamente, recuerde que estas no son leyes, sino ejemplos típicos de revelación que pueden venir primero a las voces de gobierno.

- *Revelación teológica* (Hechos 2:42; Hechos 15). Generalmente la revelación concerniente a asuntos doctrinales viene primero a los pastores y maestros. Trae claridad al Cuerpo en esos temas.
- *Revelación que requiere acción* (Hechos 4:32-37). Los líderes gubernamentales son con frecuencia los primeros en recibir revelación acerca del manejo de los asuntos internos del cuerpo local.
- *Revelación que requiere cambios estructurales* (Hechos 6:1-7).

Cuando hay necesidad de un cambio administrativo en las funciones de la iglesia, los líderes de gobierno son los primeros que reciben esa revelación.

Revelación que requiere cambios drásticos en la condición de la congregación local (Apocalipsis 1-3). Juan, un apóstol –gubernamental– recibió palabras increíbles para las siete iglesias, acerca de los cambios que Dios pedía de ellas.

Áreas en donde actúa lo profético

Las siguientes áreas no son con frecuencia tratadas en público. Tampoco son dadas a algún novato en lo profético. Personas con revelación que han probado su autoridad y carácter en muchas ocasiones, traerán esta clase de palabras de corrección a la Iglesia. Su trabajo no es traer corrección a todo el mundo, sino declarar vida. Pero los profetas maduros y experimentados sí pueden traer esta clase de revelación a la Iglesia, para que los líderes puedan moverse en la perfecta voluntad de Dios.

• Juzgar y corregir a líderes de gobierno.
• Confirmar lo que el liderazgo ya ha oído de Dios.
• Corregir cualquier mal manejo o intrusión por parte de una persona profética que se haya metido en un área o esfera de ministerio que no sea la suya.

Más allá de cuál sea el ministerio que oiga al Señor primero, si el gubernamental o el profético, no puede hacerse ningún avance si los dones complementarios no dicen *Sí* y *Amén* en unidad y cooperación. No habrá armonía real entre los dos ministerios sin humildad de parte de ambos.

Daniel es un ejemplo excelente de una voz profética humilde. Fue preparado por Dios para dar palabras duras y de demanda a la autoridad gubernamental de Babilonia. Pero no dio esas palabras de una manera arrogante ni desafiante. Se dirigió a Nabucodonosor con respeto y honestidad (Daniel 5). El rey Nabucodonosor, a su vez, se humilló delante del Señor y su vida fue eventualmente cambiada.

Hacemos bien al ejercitar la paciencia y gracia unos hacia otros, mientras aprendemos a cooperar en la obra del Reino.

Piezas para la caja de herramientas

¿Cuáles son los prerrequisitos para la participación en la Iglesia de la última generación? Volvamos a la voz experimentada del Dr. Bill Hamon, para comprender mejor:

> "Aquellos que participarán en las grandes compañías apostólicas y proféticas de vencedores, no estarán allí simplemente por su fe, revelación y predicación. Tendrán que ser absolutamente a imagen de Cristo y poderosos en ministración. Los participantes y líderes de los pasados movimientos de restauración fueron poderosamente usados, aunque eran inmaduros y carnales en algunas áreas de su vida. Pero esos días han terminado y ya no es igual para la última generación que será parte de los moveres de Dios del tiempo final. Los únicos cristianos que participarán en estas actividades de la Iglesia mortal, serán aquellos que han muerto completamente al pecado y a la carne. La declaración de Gálatas 2:20 se habrá convertido en un estilo de vida para ellos. Cada actitud y acción contraria a los principios divinos tendrá que ser purgada. Nada menos que ser conforme a la imagen de Cristo será aceptado."[3]

Ningún oficio por si mismo puede edificar la Iglesia. Hay más que solo una pieza en la caja de herramientas. La más importante es la que se necesita en ese momento.

Comprensión

Cada persona con dones debe anhelar entender a la otra. Los requisitos para edificar la Iglesia y el Reino incluyen el entender en qué parte del equipo ayudar. Esto lleva humildad, disponibilidad, comprensión y cooperación. Deshonrar a otro siervo de Dios, don o posición de servicio, es deshonrar a Dios mismo. Para hacer que la revolución sea posible, debemos restaurar los códigos de honor.

Recientemente tuve la oportunidad de ser parte del lanzamiento de un nuevo movimiento juvenil de oración llamado "La causa", que reúnen a Cindy Jacobs, Lou Engle, Chuck Pierce, Dutch Sheets y otros, para formar el consejo profético de adultos para este nuevo empuje. Una maravillosa hombre joven de Connecticut, Billy Ostan, fue elegido para ser el director nacional. En la Conferencia de Oración Estratégica de Estados Unidos, realizada en Boston en noviembre de 2000, le impusimos las manos a Billy y lo apartamos "para el Señor y para la obra que Dios lo ha escogido".

La primera cosa que este joven hizo fue llamar a sus padres a la plataforma, arrodillarse ante ellos y pedirles que lo perdonaran por cualquier rebelión que hubiera tenido, ya sea en su corazón o en sus actos. El lugar se convirtió en un mar de lágrimas, porque todos lloraban delante del Señor. Luego declaró públicamente que quería honrarlos en todo lo que hiciera. ¡Qué ejemplo!

Sí, hay "Danieles y Josés" vivos hoy. Esta clase de carácter es necesaria para unir las generaciones en cooperación.

Honrar

Una de las claves para poder armonizar es el arte de honrar a la autoridad. Cindy Jacobs, cofundadora de Generales de Intercesión, se refiere a esta área tan necesaria del protocolo espiritual:

> "Un concepto poco entendido en la iglesia de hoy es el de honrar a aquellos que están en autoridad sobre nosotros. Esto es así, probablemente porque la falta de respeto por la autoridad se propaga desfachatadamente en nuestra juventud en muchas culturas (...) Por supuesto, no vamos a venerar a los líderes que tenemos por encima, pero sí debemos entender que hay que estimarlos y respetarlos. Los honramos no solo porque son personas, pero también por la posición que ocupan y en las cuales los ha puesto Dios."[4]

Rendir cuentas

Tanto los vasos proféticos como gubernamentales deben rendir cuentas a alguna clase de supervisión espiritual, como ser una denominación, fraternidad, persona, consejo, red de iglesias o ministerio. Aún si tiene un ministerio itinerante, necesita ser parte de una iglesia local. Quizás usted es un profeta maduro y experimentado, y se siente llamado a vivir en un lugar tranquilo y aislado para poder escuchar la voz de Dios más claramente. Usted también necesita rendir cuentas y trabajar en cooperación y supervisión con otros líderes del Cuerpo de Cristo. Cada persona en cada nivel de ministerio precisa comunión y amistad. Todos necesitamos que nos den consejos y confirmación para operar en la plenitud de los dones que Dios nos ha dado. Nuestra salud y seguridad están en riesgo. Préstele atención al plan de Dios y ríndale cuentas de su vida a un grupo probado de líderes maduros.

Dialogar

El objetivo es lograr un diálogo regular entre el ministerio profético y el de gobierno, para facilitar así la cooperación. La comunicación es la base del entendimiento mutuo.

Hace tiempo el Señor me dio esta palabra de sabiduría respecto de la importancia de la comunicación: "La falta de comunicación fomenta los malos entendidos. Los malos entendidos traen acusación. La acusación siempre lleva a alguna forma de alienación".

La mayoría de las divisiones en la Iglesia no son doctrinales en sus fundamentos. Generalmente tienen que ver con heridas personales. Puede haber ocurrido una situación que haya dejado heridas y que nunca fue comunicada a través de un diálogo sincero. La mayoría de los divorcios no se producen porque la gente no se lleve bien; vienen por las sucesivas heridas y la falta de hablar acerca de ellas para sanarlas. Debemos experimental el sacrificio de la comunicación. El diálogo y la comunicación son claves para andar juntos, aprender juntos y edificar juntos.

Planificación y espontaneidad

En la reconciliación de lo profético con lo gubernamental, debemos aprender a amar ambas cualidades. Los pastores y líderes deben aprender a apreciar la combustión espontánea en la que el profeta se mueve tan libremente. La gente profética debe, a su vez, abrazar la importancia de la metodología de una planificación cuidadosa en la que la gente administrativa se mueve. Estos elementos combinados traerán equilibrio a la Iglesia y la harán levantarse como una novia gloriosa y llena de vida.

Cerrar la brecha de los géneros

Si hemos de andar en forma realista con respecto a restaurar los equipos de ministerios apostólicos – mi sueño del TMA– entonces, tarde o temprano deberemos tratar la cuestión de la mujer en el ministerio.

Las mujeres han estado y están en el ministerio. Ese, en realidad, no es el asunto. El asunto es la mujer en el liderazgo. Tengo la firme convicción de que ha sido hecho gran daño a los propósitos del Reino, porque nos hemos disparado entre nosotros y hemos relegado a la mujer a una especie de categoría de segunda clase.

La Dra. Fuchsia Pickett, una notable predicadora, maestra y autora, lo dice de esta forma:

> "Es difícil calcular el daño que se ha hecho al Cuerpo de Cristo por los prejuicios contra los géneros. ¡Qué dones, ministerios, consolaciones y virtudes, han sido robados inadvertidamente de la Iglesia por causa de la fuerte discriminación y prejuicios contra el género femenino! ¡Y qué daño ha sido perpetrado abiertamente a la Iglesia por las duras reacciones de las mujeres contra las limitaciones impuestas sobre ellas, que han frustrado la expresión de los dones de Dios en sus vidas!"[5]

En los primitivos días del pentecostalismo, el tema principal no era el sexo, sino la unción. Edith Blumhofer, en *Mujeres pentecostales en el ministerio*, observa que "tener la unción era más importante que el sexo. Mientras los grupos evangelísticos recorrían el país llevando las buenas nuevas, las mujeres que eran reconocidas por tener la unción del Espíritu Santo compartían con los hombres el ministerio de la predicación (...) El llamado de una persona –y cómo los otros creyentes lo veían– era mucho más importante que eso –las credenciales ministeriales–".[6]

¿A dónde quiero llegar? Cuando hablamos de equipos apostólicos que emergen, recordemos la palabra *equipos*. Los equipos tienen muchos jugadores que funcionan en diferentes roles. Para que una verdadera revolución tenga lugar en la Iglesia, debe haber un fin a las actitudes y acciones de "el club de los chicos listos".

"Y en los postreros días, dice Dios, derramaré de mi Espíritu sobre toda carne, y vuestros hijos y vuestras hijas profetizarán; vuestros jóvenes verán visiones, y vuestros ancianos soñarán sueños; y de cierto sobre mis siervos y sobre mis siervas en aquellos días derramaré de mi Espíritu, y profetizarán" (Hechos 2:17-18).

No podíamos terminar este tema de la cooperación, sin reconocer la porción más grande de este ejército revolucionario. ¿Sabía usted que las estadísticas muestran que el sesenta por ciento de los miembros de nuestras iglesias son mujeres? Esto demuestra el efecto de las mujeres en la vida de la Iglesia. Aún así en muchos lugares todavía no se le da lugar a la mujer para que pase al frente y hable del ministerio profético que Dios le ha dado. ¿Qué general de un ejército iría a la guerra con menos de la mitad de sus tropas? Necesitamos líderes seguros, que con gracia extiendan una invitación bíblica a las mujeres de su tierra a que vengan y se sitúen a su lado para caminar en la maravillosa unción profética. La meta no es hacer de la excepción una regla, sino producir libertad e igualdad.

Entonces, que empiece la revolución. ¡Y mire quién avanza primero! Habrá mujeres en las líneas del frente de batalla!

Mujeres proféticas en la Biblia

A través de toda la historia bíblica, las mujeres han tenido un rol profético clave, y han llevado a cabo tareas muy importantes en el ejército de Dios. Veamos el impacto que ciertas mujeres han hecho en aquellos lugares de servicio que Dios les había encomendado.

María. *"Y María la profetisa, hermana de Aarón, tomó un pandero en su mano, y todas las mujeres salieron en pos de ella con panderos y danzas"* (Éxodo 15:20). María, la profetisa, estuvo al lado de Moisés y Aarón como uno de los líderes principales de la nación israelita cuando ellos salieron de Egipto.

Débora. *"Gobernaba en aquel tiempo a Israel una mujer, Débora, profetisa, mujer de Lapidot"* (Jueces 4:4). Débora se levantó como una jueza ante Dios, a favor de Israel durante este tiempo, y se unió a Barac, una autoridad militar, para guiar al ejército israelita a la victoria contra los cananeos.

Hulda. *"Entonces fueron el sacerdote Hilcías, y Ahicam, Acbor, Safán y Asaías, a la profetisa Hulda, (...) y hablaron con ella"* (2 Reyes 22:14). Hulda fue visitada por el Sumo Sacerdote, el escriba y un siervo del rey, quienes querían obtener la palabra del Señor para el joven rey Josías. Ella debe haber tenido alta consideración a los ojos de estos hombres.

La esposa de Isaías. *"Y me llegué a la profetisa, la cual concibió, y dio a luz un hijo. Y me dijo Jehová: Ponle por nombre Maher-salal-has-baz"* (Isaías 8:3). No se nos da su nombre, pero se nos dice que la esposa de Isaías era una profetisa. ¡Qué equipo deben de haber hecho juntos!

Elisabet y María. *"Y aconteció que cuando oyó Elisabet la salutación de María, la criatura saltó en su vientre; y Elisabet fue llena del Espíritu Santo, y exclamó a gran voz, y dijo: Bendita tú entre las mujeres, y bendito el fruto de tu vientre (...) Entonces María dijo: Engrandece mi alma al Señor; y mi espíritu se regocija en Dios mi Salvador"* (Lucas 1:41-42, 46-47). Este intercambio entre Elisabet, la madre de Juan el Bautista, y María, la madre de Jesús, terminó en una alabanza y profecía desbordante acerca del destino del Bebé que estaba dentro del vientre de María.

Ana. *"Estaba también allí Ana, profetisa, hija de Fanuel, de la tribu de Aser, de edad muy avanzada, pues había vivido con su marido siete años desde su virginidad, y era viuda hacía ochenta y cuatro años; y no se apartaba del templo, sirviendo de noche y de día con ayunos y oraciones. Esta, presentándose en la misma hora, daba gracias a Dios, y hablaba del niño a todos los que esperaban la redención en Jerusalén"* (Lucas 2:36-38). Ana era la profetisa que estaba presente junto a Simeón el vidente, en la dedicación de Jesús en el templo en su octavo día de vida.

Un hombre, una mujer; un vidente, una profetisa: igual distribución con expresiones únicas de la misma presencia profética. Como fue en la primera venida de Cristo, así será en la segunda venida también.

Las hijas de Felipe. *"Al otro día, saliendo Pablo y los que con él estábamos, fuimos a Cesarea; y entrando en casa de Felipe el evangelista, que era uno de los siete, posamos con él. Este tenía cuatro hijas donce-*

llas que profetizaban" (Hechos 21:8-9). Felipe, el evangelista, tenía cuatro hijas que profetizaban. ¡Cuatro en una sola familia!

Otras mujeres líderes en la Biblia

Jael (Jueces 4). Clavó una estaca en la sien de Sísara y lo dejó en las manos de Barac. Débora había profetizado que el Señor le entregaría Sísara a Barac. Dios lo hizo con las manos de una mujer.

Abigail (1 Samuel 25). Como una defensora, ella le suplicó misericordia a David –que huía de Saúl– hacia su malvado marido.

Ester. La reina que salvó a la raza judía del exterminio, a través de su intercesión.

La mujer de Proverbios 31. Era habilidosa en su casa y sus negocios, compraba y vendía propiedades, ministraba a los pobres y mucho más.

La mujer del pozo (Juan 4). Es considerada por muchos la primera evangelista de la Biblia, porque salió por todos lados proclamado las buenas nuevas de Cristo.

María Magdalena (Mateo 28:1-10). Era una de las mujeres que estuvieron primero en la tumba de Jesús, una de las primeras en oír el *"Ha resucitado"*, y una de las primeras en anunciar su resurrección.

Lidia (Hechos 16:14-15). Es tenida como la primera convertida en Europa.

Priscila y Aquila (Romanos 16:3-5). Eran probablemente marido y mujer, y enseñaban explicando la Palabra de Dios con exactitud.

Febe (Romanos 16:1). Era la diaconisa que lavó los pies de los santos.

Puede ver a través de estos muchos ejemplos –si necesitaba alguna persuasión– que las mujeres siempre han sido usadas por Dios como dinamita en la obra de su Reino. Las mujeres llevan el don de lo profético con sinceridad y excelencia, al igual que los hombres. Necesitamos mujeres en el ministerio profético, tanto como en las otras áreas, para traer equilibrio y fuerzas a la revolución profética que viene.

"Mujeres de la Iglesia, ¡ustedes han sido esposadas y encadenadas por mucho tiempo! Como hombre en la Iglesia, quiero confesarles que nosotros, los hombres del Cuerpo de Cristo, les hemos temido y nos hemos aferrado a nuestros derechos, nuestras posiciones y nuestras funciones por el miedo que hemos tenido de perderlas por ustedes. En nuestra propia inseguridad y pecado no hemos estado dispuestos a reconocer sus dones, llamados y unción del Espíritu Santo, ni las hemos aceptado como completamente iguales en el ministerio de la Iglesia. Esto puede sonarles un poco insolente, pero en mi opinión, el tiempo de "el club de los chicos listos" ha llegado a su fin.

Por tanto, les pido a ustedes, las mujeres, que nos perdonen por haberlas retenido y privado, por no haber sido sus propulsores, por no ayudarlas a equiparse, y por no liberarlas para cumplir el llamado de Dios en sus vidas. Perdónennos por haber alabado sus valores, sus dones, su llamado y su unción con falta de sinceridad. Perdónennos por haberlas tratado como ciudadanas de segunda clase en el Reino, y por no reconocer su estatus como igual que el nuestro."[7]

Hagámoslo juntos

Llegamos a un tiempo en donde apreciamos y entendemos más claramente los diversos ministerios de Cristo. Que ninguno de nosotros se engañe creyendo que el entendimiento en sí mismo es igual a haberlo alcanzado. El entendimiento debe motivarnos a la humildad y la oración, para que Dios establezca modelos maduros entre nosotros.

Permítame contarle una anécdota reciente para animar su corazón de que un cambio rápido y repentino se asoma en el horizonte. Al final del Congreso de Avivamiento Mundial en la ciudad de Guatemala, en octubre de 2000, había una cruzada en un estadio en la cual el pastor Claudio Freidzon, de la Argentina, ministró poderosamente. Esto fue seguido del reconocimiento público de catorce líderes apostólicos de la nación de Guatemala.

Antes de este evento había habido mucha oración, ayuno e intercesión. Juan Kelly, de la Coalición Internacional de Apóstoles, estaba presente para la consagración especial. Era un evento histórico. Al cierre de la ordenación me pidieron que pasara y les ministrara proféticamente a cada uno de estos siervos de Dios. ¡Qué gran honor fue para mí estar presente y ver con mis ojos lo profético sirviendo a lo apostólico! El Señor confirmó sus llamados y dones en una atmósfera gloriosa, en donde todos estaban felicitándose y animándose unos a otros. ¡Gracias, Señor! Puede funcionar y, de hecho, está funcionando.

Así que seamos agradecidos con los demás. Nos necesitamos unos a otros. Aprendamos a someternos a los dones y ministerios necesarios y aprobados para el servicio activo en el tiempo apropiado. Busquemos y oremos por una cooperación divina, para que pueda producirse un sonido claro y no confuso. Recibamos y honremos los dones del precioso Espíritu Santo en y a través de otros, para que la Iglesia sea victoriosa y Jesucristo sea glorificado. ¡Hagámoslo juntos!

Nuestro clamor e intercesión

Padre, te agradecemos por el glorioso y multifacético Espíritu Santo en medio de nosotros. Te agradecemos por los dones únicos que has puesto en cada miembro del Cuerpo de Cristo. Celebramos la diversidad de los muchos miembros del Cuerpo bajo la única y singular autoridad de nuestra Cabeza, Jesucristo. ¡Qué maravilla es esto, Señor!

Ahora, Padre, te pedimos que vengas y nos concedas el entendimiento de la cooperación, que nos llevará a una acción inmediata, y que nos hará avanzar con nuevas fuerzas y vitalidad. Saca las escamas de nuestros ojos y los tapones de nuestros oídos, ablanda nuestro corazón para que podamos ver, oír y recibirnos unos a otros en un verdadero espíritu de unidad. Sánanos en donde hemos sido heridos, restaura nuestra confianza en tus dones, y ayúdanos a crear una sinfonía que resuene con el testimonio de Jesús. Te alabamos por estas cosas, en su poderoso nombre. Amén.

Mini cuestionario: ¡manténgalo despierto!

Cuando lo apostólico se hace personal, ¿cuál será el resultado?

¿Hay algún precedente bíblico para las mujeres en el ministerio profético? Dé tres ejemplos.

Dé algunos ejemplos de cómo lo apostólico y pastoral pueden beneficiarse con lo profético. También dé algunos ejemplos de cómo lo profético puede beneficiarse con el aporte de lo pastoral y apostólico.

¡Quiero más, Señor!

Bill Hamon, *Apóstoles, profetas y los próximos moveres de Dios* (Shippensburg, Pa.: Destiny Image, 1997).

Tommy Tenney, *El equipo soñado por Dios* (Ventura, Cal.: Regal, 1999).

C. Peter Wagner, *Apóstoles y profetas* (Ventura, Cal.: Regal, 2000).

11 *Tomar tu destino profético*

Dios tiene un sueño en su corazón, y nuestro Dios es un gran soñador. Su visión revolucionaria es lo suficientemente grande como para rodear el universo. Y quiere volcar este sueño infinito en los corazones y mentes de cada creyente, cada familia y cada congregación en cada ciudad de cada nación. Pero, ¿cómo podemos nosotros, finitos y limitados como somos, contener un sueño así?

Se precisa un corazón "corporativo" para contener una visión del Dios del universo. Se precisa que cada creyente trabaje en una forma unificada para captar la totalidad del sueño que viene del corazón de Dios. Y la única manera en que podemos formarnos juntos como uno solo, es tomar la visión que Dios tiene para nuestras vidas en forma individual.

Nuestro destino profético individual es atrapar, asir y vivir la vida única que Dios ha preparado para nosotros, si nos animamos a entrar en su increíblemente gran sueño. Solo Él sabe cómo mezclar millones de personas diferentes, y formar una gloriosa Novia para el Hijo amado. Cada persona, familia, congregación, ciudad y nación que se atreva a buscar y hallar su destino individual dentro del corazón de Dios, se convertirá en miembro floreciente del amado cuerpo de la Iglesia glorificada.

Así que mientras nos aferramos a nuestro deseo de tener un corazón corporativo con otros creyentes, atrevámonos a alcanzar nuestro destino profético individual. Busquemos, alcancemos y animémonos a soñar grandes sueños con nuestro gran Dios. Su plan para usted es único y hecho especialmente a la medida de su destino individual.

El plan de Dios para usted

Comencemos la búsqueda de nuestro destino profético repasando qué contiene ese plan para cada uno de nosotros.

Visión. *"Sin profecía [visión] el pueblo se desenfrena; mas el que guarda la ley es bienaventurado"* (Proverbios 29:18). En esa Escritura vemos que sin visión no hay control, no hay dirección personal, solo gente que vaga sin un fin y sin un propósito. Por el contrario, donde hay visión la gente es canalizada a una dirección específica. El resultado: ¡gente feliz! Más adelante hablaremos un poco de la relación entre el control y la visión.

Conocimiento de la ley de Dios. *"Mi pueblo fue destruido, porque le faltó conocimiento. Por cuanto desechaste el conocimiento, yo te echaré del sacerdocio; y porque olvidaste la ley de tu Dios, también yo me olvidaré de tus hijos"* (Oseas 4:6). Dios dijo que el pueblo no tenía conocimiento de la revelación, porque había rechazado las normas de Dios, y que la oscuridad pasaría a la próxima generación.

Conocimiento de la voluntad de Dios. *"Por lo cual también nosotros, desde el día que lo oímos, no cesamos de orar por vosotros, y de pedir que seáis llenos del conocimiento de su voluntad en toda sabiduría e inteligencia espiritual, para que andéis como es digno del Señor, agradándole en todo, llevando fruto en toda buena obra, y creciendo en el conocimiento de Dios; fortalecidos con todo poder, conforme a la potencia de su gloria, para toda paciencia y longanimidad; con gozo dando gracias al Padre que nos hizo aptos para participar de la herencia de los santos en luz"* (Colosenses 1:9-12). Pablo oró esto apostólicamente, como un padre por la iglesia de Colosas, y nosotros podemos hacer lo mismo: tomar esta Escritura junto con otras y hacerlas un devocional de oración para nuestras vidas y las vidas de nuestras familias, congregaciones, ciudades y naciones. ¡En estas palabras hay poder!

Una vez, cuando me hallaba viajando, mi esposa clamaba al Señor por el agotamiento que ella sentía. Sencillamente se sentía débil físicamente, y rogó a Dios por fuerzas. Entonces tuvo un sueño. Al despertarse no recordaba bien de qué se trataba, pero supo que había sido significativo. Miró el reloj; eran las 01:11. Supo que el Señor trataba de decirle algo, así que buscó en su Biblia el Salmo capítulo 1 y versículo 11, e hizo lo mismo en el libro de Proverbios. Trataba de encontrar un pasaje que pudiera tener algún significado, pero no hallaba ninguna conexión. Entonces se durmió nuevamente.

Luego, en otro sueño, el Señor vino a ella. Ann vio a Mike Bickle, el pastor fundador de Metro Christian Fellowship, en la ciudad de Kansas, con su Biblia abierta y él decía: "Es Colosenses 1:11".

Ella se despertó de este sueño y abrió su Biblia Amplificada en Colosenses 1:11: "[Sean] fortalecidos con todo poder, conforme a la potencia de su gloria...". Entonces la presencia fortalecedora de Dios comenzó a caer sobre ella como grandes olas de fuerza, y supo que Dios había respondido a su clamor. ¡Gloria a Dios!

Sabiduría y revelación. *"No ceso de dar gracias por vosotros, haciendo memoria de vosotros en mis oraciones, para que el Dios de nuestro Señor Jesucristo, el Padre de gloria, os dé espíritu de sabiduría y de revelación en el conocimiento de él, alumbrando los ojos de vuestro entendimiento, para que sepáis cuál es la esperanza a que él os ha llamado, y cuáles las riquezas de la gloria de su herencia en los santos, y cuál la supereminente grandeza de su poder para con nosotros los que creemos, según la operación del poder de su fuerza"* (Efesios 1:16-19). He orado con este pasaje más que con cualquier otro de los que conozco. Por un período de diez años en mi vida, he orado casi diariamente con él, y por otra década más, lo he hecho casi semanalmente.

Pablo oró esto para la iglesia de Éfeso, la que en ese tiempo era vista como la iglesia modelo. Pero Pablo sabía que ellos necesitaban que sus corazones estuviesen abiertos para que pudiesen recibir tres cosas importantes: conocimiento de la esperanza del llamado de Dios en sus vidas; entendimiento revelatorio de la grandiosa herencia que es en los santos; y entendimiento revelatorio de la supereminente grandeza del poder de Dios hacia aquellos que creen. Si la iglesia de Éfeso necesitaba estas tres cosas, seguramente nosotros también debemos tener nuestros ojos iluminados para que podamos alcanzarlas de igual modo.

Le pido al Padre que abra el lente de la cámara de mi corazón, para que pueda ser inundado de los rayos de luz de su revelación. ¿Cómo es que se produce la visión? Así como la luz entra en el lente de la cámara, la visión entra en los lentes de nuestro corazón. Se toma una ilustración y la visión del plan de Dios para nuestro destino empieza a desplegarse en nuestros espíritus. ¡Que la luz del Señor le traiga la visión!

Futuro y esperanza. *"Porque yo sé los pensamientos que tengo acerca de vosotros, dice Jehová, pensamientos de paz, y no de mal, para daros el fin que esperáis. Entonces me invocaréis, y vendréis y oraréis a mí, y yo os oiré; y me buscaréis y me hallaréis, porque me buscaréis de todo vuestro corazón"* (Jeremías 29:1-13). Somos un pueblo escogido, y Dios tiene planes, propósitos y destinos escogidos para cada uno de nosotros. El pasaje de arriba es una promesa dada a Jeremías, a una ciudad y a una generación entera. Está con nosotros hoy como estaba en aquel entonces con ellos. Dios quiere darnos a nosotros también un futuro lleno de esperanza.

La palabra "visión" puede traducirse como "revelación", "vista mental", o "palabra revelada de Dios". Sin visión el pueblo andará descarrilado. Esto indica la ausencia de guía o dirección. Pero no fuimos diseñados para andar a tientas y a ciegas. Un freno es como un cabestro en la boca de un caballo. El cabestro no se usa para atar al caballo, sino para darle dirección. Si usted no tiene visión –una revelación del destino de Dios para su vida– vagará sin dirección, sin sentido de la guía divina. Se morirá. Por otro lado, si tiene visión, Dios lo guiará a su propósito y destino.

Un escritor anónimo escribió estas palabras acerca de la necesidad de tener una visión:

Una visión sin una tarea es un sueño.
Una tarea sin una visión es fatiga.
Una visión con una tarea es la esperanza para el mundo.

Diez "D" que nos ayudarán a soñar

¿La gente orientada proféticamente puede hacer algún bien? Seguramente. Pero mientras mucha gente, profetas, líderes, congregaciones y ciudades le apuntan a la nada y le pegan, nosotros debemos ser gente que se anime a soñar los sueños de Dios. Dios quiere que nos deleitemos en Él, y Él pondrá sus deseos, sueños y determinación de destino dentro de nosotros.

Las siguientes palabras son inspiradas –aunque no citadas textualmente– de mi amigo William Greenman, de Propósito Internacional, vistas en su primer libro, *Cómo hallar su propósito en la vida*.[1]

1. **Deleite.** *"Deléitate asimismo en el Señor..."* (Salmo 37:4a). Abrir su corazón y su alma para recibir el conocimiento de la voluntad de Dios es un prerrequisito. No hay nada mejor que la voluntad del Señor. ¡Es maravillosa, majestuosa, poderosa! Y mientras nos deleitamos en Él, algo sucede: Él nos cambia.

2. **Deseo.** *"... y él te concederá las peticiones de tu corazón"* (Salmo 37:4b). Desear significa "anhelar, implorar, ansiar, ambicionar". Debemos ser gente apasionada y motivada por perseguir los propósitos de Dios para nuestra generación. Mientras nos deleitamos en Él, Él pone sus ansias apasionadas en nuestro corazón, *"porque Dios es el que en vosotros produce así el querer como el hacer, por su buena voluntad"* (Filipenses 2:13). Dios nos da el deseo y la habilidad de hacer su buena voluntad. La clave aquí es el deleite. Una de las cosas que no puedo tolerar desde ningún punto de vista es el cristianismo desapasionado. Puede llamarlo religión, pero no lo llame cristianismo. Si queremos ser personas que tomen su destino profético, debemos ser apasionados, gente encendida, ardiente con el amor de Dios.

3. **Dirección.** *"Sin profecía el pueblo se desenfrena; mas el que guarda la ley es bienaventurado"* (Proverbios 29:18). La gente que no tiene sueños y visiones anda sin dirección. El Diccionario Webster dice que un sueño es "una anhelada esperanza o una visión".[2]

4. **Destino.** Su sueño lo llevará a su destino. Webster define destino como "Una inevitable serie de eventos o lo que determina esos eventos, que es algo sobrenatural".[3] Debemos tener un sueño para convertirlo en un destino.

5. **Decisión.** Deuteronomio 30:19 explica que Dios nos ha dado a elegir entre *"la vida y la muerte, la bendición y la maldición"*. Cuando elegimos seguir el sueño que Dios pone en nuestro corazón, elegimos vida. Cuando hace esta gran decisión en su corazón, comienza el proceso de santificación. Esto es parte de deleitarse en Dios y hacer lo que a Él le deleita, y eso lo saca a usted de la automotivación y del egoísmo. Dios lo santificará –lo apartará– si elige hacer su voluntad y se mueve hacia ella.

6. **Determinación.** Una vez que ha decidido correr con la visión que Dios ha puesto en su corazón, entonces será forzado a ejercitar la determinación. Resuelva que nada ha de detenerlo. *"...corramos con paciencia la carrera que tenemos por delante"* (Hebreos 12:1). Eso no significa que el camino no tendrá obstáculos. De hecho, las fuerzas de maldad tratarán de frenarlo y derrotarlo. Pero debe mantenerse corriendo y no mirar atrás.

7. **Dedicación.** Después de que haya determinado en su corazón que se moverá en la visión de Dios, debe dedicarse a ella. Mientras

se dedica a ella con devoción, se está entregando al Señor. Su consagración será recibida por Él como un acto de adoración.

8. **Disciplina.** *"Ejercítate para la piedad"* (1 Timoteo 4:7). Una vez que se ha consagrado, debe disciplinarse. Se necesita disciplina –el entrenamiento que desarrolla el dominio propio, el carácter, el orden y la eficiencia– para dedicarse a su sueño. No deseche las disciplinas espirituales pensando que son "demasiado religiosas". No nos disciplinamos para anotarnos puntos con Dios. Necesitamos orar, leer la Palabra, ayunar y ser parte de un pueblo comprometido, que caminemos juntos hacia los sueños que Dios ha puesto en nuestros corazones. A veces puede parecer aburrido, tonto o sin sentido, pero siga intentándolo. Esta disciplina formará su carácter para hacer de usted una vasija que pueda llevar la gloria de Dios. (Lea Mateo 25:23 y Lucas 19:17, que hablan acerca de la fidelidad).

9. **Diligencia.** *"Porque siete veces cae el justo, y vuelve a levantarse; mas los impíos caerán en el mal"* (Proverbios 24:16). ¡Eso es diligencia! No abandonar. Los que abandonan nunca ganan y los que ganan nunca abandonan. Diligencia significa "ser constante, hacer esfuerzos constantes y cuidadosos". Romanos 12:11 nos anima a no *"ser perezosos"* sino *"fervientes en espíritu, sirviendo al Señor"*.

10. **Dejar morir.** *"De cierto, de cierto os digo, que si el grano de trigo no cae en la tierra y muere, queda solo; pero si muere, lleva mucho fruto"* (Juan 12:24). En un cierto punto el Señor puede pedirle que le entregue la visión que Él le ha dado. Es como Abraham cuando entregó a Isaac. Es muy doloroso, y usted se pregunta qué diablos ocurre. Pero el propósito de Dios es ver cuán pegoteado y pegajosamente posesivo se ha vuelto con la visión, y asegurarse que sabe que la visión es de Dios.

Una vez tuve un sueño en que yo era presentado en una plataforma, en el contexto de una conferencia, por el Dr. Don Finto, de Nashville, a quien considero un padre apostólico. En el sueño, la gente a la que me dirigía estaba un poco inquieta. Las cosas no parecían andar bien. Así que me levanté para hablar y decir: "Quiero enseñarles acerca de los tiempos de transición". Todos los oídos estuvieron atentos ahora. Y aunque yo estaba dormido, ¡también presté atención y paré mis oídos espirituales para oír lo que tenía para decir!

En el sueño decía: "Hay tres puntos que deben recordar siempre que estén pasando por un tiempo de transición. Primero, deben recordar que es Dios el que obra en sus vidas por su buena voluntad. Segundo, deben confiar en la Palabra de Dios que les ha sido dada, porque ella no volverá vacía, sino que cumplirá el propósito por el que fue enviada. Y tercero, siempre recuerden que Dios quiere que hagan su voluntad más de lo que ustedes mismos quieren hacerla. Dios les ayudará a hacerlo."

¡Qué sueño tan inusual y lleno de guía y enseñanza de parte de Dios!

La meta es Dios mismo

Kennet W. Osbeck nos recuerda el caso de los dos vendedores de zapatos que fueron enviados a una isla primitiva. El primer vendedor enseguida mandó un telegrama: "Nos volvemos a casa. Nadie usa zapatos aquí". El segundo hombre escribió también: "Envíen un cargamento de zapatos. Las posibilidades de venta aquí son ilimitadas". Osbeck comenta: "Que nosotros, como creyentes, seamos caracterizados por ser gente de visión: *"Puestos los ojos en Jesús, el autor y consumador de la fe..."* (Hebreos 12:2).[4]

En el último de los casos, ni la visión, ni el plan ni el propósito son la meta de Dios.

La meta es ser el deleite de Dios. Cuando anteponemos todo lo demás a Dios, le damos mayor preeminencia que a Él mismo y corremos el riesgo de ser gente que usa a Dios en vez de ser siervos de Dios. Jesús nunca fue dirigido a cumplir un ministerio o visión; fue impulsado por amor a hacer la voluntad del Padre, sin importar el costo. No era dirigido por un propósito, sino por amor a las personas.

Pablo tenía la misma meta: *"Hermanos, yo mismo no pretendo haberlo ya alcanzado; pero una cosa hago: olvidando ciertamente lo que queda atrás, y extendiéndome a lo que está delante, prosigo a la meta, al premio del supremo llamamiento de Dios en Cristo Jesús"* (Filipenses 3:13-14). El supremo llamamiento no es ser pastor, o profeta o tener un ministerio de sanidad. El supremo llamado es ser formado a la imagen de Jesucristo.

Puedo decirle por experiencia que, en ciertos momentos, usted debe dejar morir la visión, así el Señor puede ayudarlo a morir a sí mismo. Dios es bien capaz de resucitar cualquier sueño o visión que Él escoge. ¡Sé de una cabeza de hacha que flotaba! (2 Reyes 6:5-7). Dios enviará su gracia para ayudarnos a hacer lo que más desea: convertirnos en amantes de Dios, gente de carácter y portadores de su gloria.

Lecciones de la vida de José

Podemos aprender lecciones muy valiosas de la vida de José y de cómo él caminó en el destino que Dios le había diseñado. Lleva algo de tiempo repasar su vida. Pero aquí haremos algunas observaciones que, espero, le ayudarán a alcanzar su destino en Dios.

Sueños y falta de sabiduría

A los diecisiete años el favorito de Jacob tuvo un sueño del Señor. José respondió a la revelación ferviente, e ignorantemente la narró a sus hermanos y pensaba que ellos estarían tan emocionados como él lo estaba. *"Y él les dijo: Oíd ahora este sueño que he soñado: He aquí que atábamos manojos en medio del campo, y he aquí que mi manojo se levantaba y estaba derecho, y que vuestros manojos estaban alrededor y se inclinaban al mío"* (Génesis 37:6-7). Los hermanos de José ya estaban celosos de él por el trato diferencial de su padre y por la túnica de colores que le había hecho. Entonces, cuando José les declaró lo que le había sido dicho en privado por Dios, sus hermanos lo odiaron aún más.

A esta altura de su vida José no había desarrollado mucha sabiduría. La sabiduría no es un don –aunque sí lo es la "palabra de sabiduría"–. Debe ser desarrollada y adquirida por medio de la enseñanza y la experiencia. Aparentemente José carecía de ambas.

Entonces José contó otro sueño que indicaba que aún su padre y su madre se inclinarían ante él. La familia entera estaba horrorizada de este sueño audaz, y José empezó a sufrir una severa persecución. Adivine qué. La persecución a veces anda tras los que tienen visión. Los malos entendidos y la envidia vienen frecuentemente con el territorio asignado, tanto si es sabio como si no lo es.

José se convirtió en el objetivo de un plan maligno desarrollado por sus hermanos. Usted conoce la historia después de eso: que ellos lo arrojaron en un pozo, que intentaron matarlo, pero en vez de eso lo vendieron a los mercaderes madianitas y fue llevado a Egipto. A esta altura no parecía que nadie iba a inclinarse jamás ante José. Parecía como que él mismo era quien se inclinaba ante todo el mundo.

Más sueños y adquisición de sabiduría

Luego que José llegó a Egipto, fue vendido como esclavo y puesto al servicio de Potifar, un oficial egipcio de Faraón. Pero el Señor estaba con José y él hallaba favor con su señor. *"Y dejó todo lo que tenía en mano de José, y con él no se preocupaba de cosa alguna sino del pan que comía"* (Génesis 39:6).

Esta tranquilidad no duró mucho. La manipuladora esposa de Potifar acusó a José de querer abusar de ella luego de que él rechazara sus provocaciones. Esta vez, aunque José caminaba en sabiduría, fue perseguido nuevamente. Fue enviado a prisión. Pero aún allí estaba el Señor y José halló gracia con el jefe carcelero. *"No necesitaba atender el jefe de la cárcel cosa alguna de las que estaban al cuidado de José, porque Jehová estaba con José, y lo que él hacía, Jehová lo prosperaba"* (Génesis 39:23).

Piense en el desánimo que José debe haber sentido en la oscuridad de la prisión. Había logrado un lugar significativo y honroso en su vida y ¡¡¡zas!!!, más injusticia, y él preso en una cárcel con algunos rudos personajes.

Pero Dios hizo algo asombroso con José en medio de esas circunstancias desesperantes. Mientras que el hebreo estaba aparentemente olvidado en una sombría prisión egipcia, Dios comenzó a intensificar el don de revelación en la vida de José y pudo interpretar los sueños de otros dos prisioneros. Mientras practicaba su don con sus compañeros, su reputación en la prisión crecía. Eventualmente Faraón oyó del joven prisionero que podía interpretar sueños con asombrosa exactitud. Faraón llamó a José fuera de la prisión para que lo ayudara con un par de sueños extraños que había tenido. Ninguno de los sabios o magos de Faraón había podido interpretarlos, y por la desesperación buscaron al hebreo.

Luego de hacerlo con admirable habilidad y darle la gloria al Señor, José le dio a Faraón un plan de acción para que preparase a Egipto para la gran hambre predicha en los sueños. La acción debe seguir a la visión.

José había aprendido bien en el lugar de la prueba. Soñó, interpretó y luego implementó los sueños de Dios, y fue nuevamente promovido a un lugar de autoridad. Faraón declaró: *"He aquí yo te he puesto sobre toda la tierra de Egipto"* (Génesis 41:41). ¡Dios usó lo que parecía una pesadilla para José a fin de prepararlo para la manifestación del sueño divino!

De soñador a proveedor

José fue uno de esos hombres que fueron literalmente sacados del pozo para ser llevados a un lugar de prominencia, respeto y autoridad. El favor de Dios estaba con él y lo hizo prosperar no solo a él sino a toda una nación, aún en tiempos de hambre. Dios hizo cosas maravillosas en y a través de su vida, y llevó a cabo todos los sueños que había puesto originalmente en su corazón.

A causa de la intensa hambruna que azotó los confines de Egipto y penetró en Canaán, los hermanos de José vinieron a Egipto en busca de los alimentos que estaban disponibles gracias a la obra de Dios. Eventualmente él se reveló a sus hermanos, quienes lo habían maltratado cruelmente. José declaró con un corazón perdonador: *"Y Dios me envió delante de vosotros, para preservaros posteridad sobre la tierra, y para daros vida por medio de gran liberación"* (Génesis 45:7). Esta sabiduría suya se resume en Génesis 50:20: *"Vosotros pensasteis mal contra mí, mas Dios lo encaminó a bien, para hacer lo que vemos hoy, para mantener en vida a mucho pueblo"*.

Dios tomó a un joven soñador orgulloso y altanero, y lo convirtió en un hombre que portaba la humildad, sabiduría y habilidades de su Dios. Se atrevió a soñar los sueños de Dios, y Dios lo hizo un proveedor de recursos.

Lecciones que aprender de la vida de José

Mire lo que podemos aprender de José:

1. José no conocía la manera adecuada de responder a la revelación. Proverbios 14:33 sugiere que primero deberíamos pedir permiso antes de contar nuestra revelación: *"En el corazón del*

prudente reposa la sabiduría; pero no es conocida en medio de los necios". Otros pueden no tener suficiente madurez y sabiduría para ser capaces de manejar las palabras que les contamos.

2. José aprendió sabiduría a través de sus errores. Génesis 40:8 nos revela que aprendió a inquirir sabiduría de Dios para interpretar correctamente sus revelaciones: *"¿No son de Dios las interpretaciones?"*

3. Una actitud correcta nos mantendrá en la dirección justa aún a pesar de nuestros errores. José tenía una postura respetuosa hacia Faraón, aunque este era un capataz exigente. Su actitud era visible a todos, y eso le dio favor con todos los que estaban en autoridad.

4. Principalmente José no dejó escapar sus sueños y los vio hacerse realidad. No se endurezca contra sus dones y llamado. No se queje de su sensibilidad; en vez de eso, acéptelo y deje que, como José, Dios lo transforme en uno que bendiga a sus hermanos.

5. El carácter de José fue moldeado para poder llevar el don. Hoy Dios busca también a aquellos que abracen la cruz como su estilo de vida profético y sean vasijas que lleven el mensaje, en vez de ser aplastados por él.

Lecciones de la vida de Amós

Francamente, aunque José aprendió gran sabiduría y creció en carácter como para llevar el don, me pregunto qué podría haber ocurrido si hubiera orado antes de contarle los sueños a sus hermanos. Sin dudas, el resultado sería humildad, quebrantamiento y temor de Dios. Pero en la vida de Amós vemos los resultados de la oración como *principal* respuesta a la revelación. El juicio fue desviado y triunfó la misericordia para el pueblo. Dios tomó a ambos hombres y los usó para su gloria. ¡Pero ellos usaron diferentes caminos para llegar al mismo lugar!

Amós 1:1 y 7:14-15 nos dan el trasfondo del profeta Amós. Él no era de la escuela de los profetas, sino uno que pastoreaba rebaños y recogía higos silvestres. Dios puso una unción de visión en un hombre común, y lo comisionó para profetizarle a su propio pueblo antes de que el juicio fuera soltado.

La respuesta correcta a la revelación

Hay un pasaje clave que nos muestra un principio que gobierna lo profético: *"Porque no hará nada Jehová el Señor, sin que revele su secreto a sus siervos los profetas"* (Amós 3:7).

Aquí se nos da el antídoto para tiempos de crisis. *"Buscadme, y viviréis"* (Amós 5:4). Vino una revelación concerniente a un juicio venidero, pero aún así Dios concedió una oportunidad para cambiar: *"Quizá Jehová Dios de los ejércitos tendrá piedad del remanente de José"* (v. 15). *"Si tu pueblo..."*

Dios le mostró a Amós que la devastación en la Tierra era inminente. En una visión que recibió, vió que un ejército de langostas vendría a devorar y destruir toda la vegetación. Amós clamó a Dios en respuesta a esta palabra profética de juicio: *"Señor Jehová, perdona ahora"* (Amós 7:2). Y la ira del Señor se aplacó.

Esto siguió con una serie de visiones de fuego que destruía la Tierra, y cosas por el estilo. Una vez más Amós respondió a la revelación con oración. No se cruzó de brazos y dijo: "Que sea lo que deba ser". En vez de eso clamó: *"Señor Jehová, cesa ahora; ¿quién levantará a Jacob? Porque es pequeño"* (v. 5). Una vez más, Dios se arrepintió.

Lecciones que aprender de la vida de Amós

1. Dios puede depositar dones proféticos sobre gente común, no solo sobre los entrenados especialmente para ello.

2. El Señor pone estratégicamente a su gente antes de que un evento importante suceda. Él busca colaboradores, no marionetas.

3. Las soluciones a los problemas son generalmente simples, pero con frecuencia no tenidas en cuenta. ¡Buscad a Jehová y viviréis!

4. Amós revela el secreto de una respuesta bíblicamente correcta a la revelación: ¡orar antes de actuar! La oración es el primer acto en respuesta a la revelación.

5. Sus oraciones pueden hacer retroceder tanto el juicio de Dios como la maldad planeada por el enemigo, y pueden liberar promesas proféticas.

Descubriendo su destino profético

Las influencias negativas deben ser removidas por la confesión de los pecados, arrepentimiento, actos de guerra espiritual y actos de retribución. Cuando los obstáculos son removidos, las promesas proféticas son liberadas.

Los siguientes principios llevan al desarrollo de los destinos de individuos, familias, congregaciones, denominaciones, ciudades y naciones. Aunque la aplicación pueda variar, estos principios son comunes a todos.

El valor de la investigación

Pueden hacerse muchas preguntas como: ¿quiénes fueron los fundadores de su ciudad, nación o iglesia? ¿Cuáles eran sus metas, visiones, propósitos y orígenes? ¿Cuál es el trasfondo étnico, la historia familiar, la herencia religiosa, etc.? Pueden investigarse las bases para edificar sobre ellas correctamente. Estudie para presentarse como obrero aprobado.[5]

El significado de un nombre

¿Qué significa su nombre? ¿Contiene alguna promesa? ¿Qué hay del nombre de su ciudad, iglesia o denominación? ¿Le pusieron ese nombre a causa de alguien? ¿Cuál es la característica sobresaliente de su tocayo? De manera interpretativa, convierta los nombres en promesas como una herramienta para descubrir su destino profético. Reclame la herencia generacional y pida la bendición. Recuerde: el poder de la bendición es mayor que el de la maldición.

Tome el cetro

No todas las promesas tienen que ser recibidas directamente por usted o su generación. Reciba la herencia de los que han estado antes que usted. Daniel 9:2 nos muestra un ejemplo de recibir el cetro de la promesa hecha a una generación previa, la promesa dada en Jeremías 29:10: *"Cuando en Babilonia se cumplan los setenta años, yo os visitaré, y despertaré sobre vosotros mi buena palabra, para haceros vol-*

ver a este lugar". ¿Cuáles son las promesas dadas con anterioridad y que no se han cumplido todavía? Búsquelas, investíguelas y aplíquelas a su vida y a su generación.

La importancia de la revelación

Ciertos dones del Espíritu como el discernimiento de espíritus, la palabra de conocimiento y el don de profecía, son de importancia aquí. Ellos lo asistirán en la determinación de algunos puntos que el Señor quiere que usted sepa. También considere las siguientes preguntas: ¿Qué disciernen los intercesores? ¿Cuáles son los poderes de oscuridad que frenan la obra? ¿Cuáles son las promesas dadas para esta situación? ¿Qué dicen los profetas? ¿Qué le dice la voz del Espíritu Santo a usted personalmente?[6]

Camine en unidad y consejo

Cada persona precisa caminar en una relación de compromiso con la expresión del consejo local del Cuerpo de Cristo. Ellos lo asistirán mientras usted busca su destino específico. ¿Qué dicen sus autoridades? ¿Qué tiene para decir su equipo de liderazgo? ¿Oran juntos los líderes de la ciudad? ¿Camina usted en consejo y unidad con otros? Cada uno de nosotros necesita de la confirmación, sabiduría y consejo que vienen de caminar respetuosamente con otros.

Arrodíllese sobre las promesas

Entonces tome aquellas promesas auténticas, confirmadas, y recuérdeselas a Dios: *"Sobre tus muros, oh Jerusalén, he puesto guardas; todo el día y toda la noche no callarán jamás. Los que os acordáis de Jehová, no reposéis, ni le deis tregua, hasta que restablezca a Jerusalén, y la ponga por alabanza en la tierra"* (Isaías 62:6-7). Ore con esas preciosas promesas hasta que se hagan realidad. Humilde pero valientemente, préndase de Dios y no lo deje ir hasta que no vea que su reino viene, y que su voluntad es hecha en la Tierra –y en su propia vida– como lo es en el cielo. Siga el ejemplo de los pioneros en la fe, pero no solo se pare sobre las promesas, ¡arrodíllese también en ellas! ¡Délas a luz, ¡por amor de Cristo!

Proclame las promesas

No somos llamados tan solo a discernir la oscuridad; somos llamados a traer luz. Una de las maneras más poderosas de hacerlo es a través del poder de la proclamación. Podemos unir la alabanza a la oración y declarar *"a los principados y potestades en los lugares celestiales"* (Efesios 3:10), que el poder de la bendición es mayor que el de la maldición. Al anunciar la Palabra de Dios, soltamos declaraciones individuales y corporativas. Observe cómo se enciende la fe y cómo se despliegan los destinos de una generación.[7]

Actúe en el espíritu opuesto

Otra herramienta importante para alcanzar su destino es aquella de "actuar en el espíritu opuesto". ¿Qué significa esto? Si discierne una maldición o una presencia diabólica, comience a buscar, enseñar y poner en práctica las enseñanzas bíblicas acordes. Por ejemplo, si un poder demoníaco es la codicia y el materialismo, entonces busque oportunidades para ser generoso o dar a los pobres. Si la resistencia dice "odio", entonces siembre semillas de amor, perdón y bondad. ¡Patéele el tablero al diablo haciendo las obras que Cristo hizo!

Escríbalo

Habacuc 2:2 nos da los detalles y las razones para esto: *"Escribe la visión, y declárala en tablas, para que corra el que leyere en ella"*. Escribir las promesas de Dios nos asegura que estarán delante de nuestros ojos y que serán pasadas a la próxima generación.[8]

Dé un paso de obediencia

Nada reemplaza el salir de su zona de confort hacia la nada. Recuerde siempre que fe se deletrea r-i-e-s-g-o. Debemos formularnos planes prácticos de implementación, esperar en Dios, saber qué piensa Él al respecto y cuáles son sus tiempos, y entonces dar un paso de obediencia y salir a la acción.

Algunas personas necesitan oír palabras tales como "espera, escucha, ora, descansa". Otros necesitan palabras como "levántate, ponte en marcha, haz algo". Eventualmente debemos añadirle palabras o acciones a nuestra fe (ver Santiago 2:14-26). Así que si quiere cumplir su destino profético, dé un paso de obediencia. Dios es bueno y lo levantará si se cae en el camino, y luego lo ayudará a ponerse en marcha nuevamente.

Hasta aquí hemos explorado bastante Escritura y maneras prácticas de alcanzar nuestros destinos proféticos. Este proceso lleva tiempo y paciencia. En nuestra cultura estamos acostumbrados a esperar resultados instantáneos, así que debemos programar nuestras mentes y corazones para aprender la paciencia y la perseverancia. Nuestro destino profético yace en las manos de Dios, quien lo ha diseñado. Entréguese devotamente a la búsqueda del conocimiento de Él y de su plenitud; luego, en el medio de esa búsqueda, Él le revelará para qué lo ha creado. Nuestra meta no es el plan, sino Jesucristo mismo.

Permítame cerrar el capítulo recordando las letras de un antiguo himno irlandés del siglo VIII: "Sé tú mi visión": [9]

Sé tú mi visión, oh Señor de mi corazón;
....
Tú mi mejor pensamiento, de noche o de día,
al despertar o al acostarme, tu presencia mi luz.

Sé tú mi sabiduría, tú mi palabra cierta;
siempre contigo y tú conmigo, Señor;
tú mi gran Padre y yo tu hijo seré,
tú mi morada y yo uno contigo.

No tengo riquezas, ni nada digno de alabar;
tú eres mi herencia ahora y siempre;
tú y solo tú, primero en mi vida;
Altísimo Rey de los cielos, mi tesoro eres tú.

Sé tú mi coraza, mi espada en la batalla;
sé mi escudo, mi fuerza sé tú;
tú mi refugio, mi torre fuerte;
llévame al cielo, poder de mi poder.

> Altísimo Rey de los cielos, mi batalla ganada,
> que alcance el gozo en tu presencia, oh, sol brillante,
> corazón de mi corazón, lo que sea que suceda,
> aún sé mi visión, oh, Rey de todo.

Nuestro clamor e intercesión

Padre Dios, estamos continuamente asombrados y maravillados de la gracia y la misericordia que derramas sobre nuestras vidas cada vez que tropezamos y caemos en medio del camino. Has diseñado un plan increíble para cada uno de nosotros, y deseamos con todo nuestro corazón vivir la clase de vida por la que Jesús murió para que la obtengamos.

Padre, pedimos que el poder del Espíritu Santo venga y nos ayude en la búsqueda de nuestro destino profético. Habla de nuevo el deseo de tu corazón hacia nosotros, y cambia nuestros deseos egoístas por tu perfecta voluntad. Te pedimos que nos des sueños, visiones, palabras de conocimiento y declaraciones proféticas que nos dirijan a tu propósito. Ven con tu gracia redentora y devuélvenos los sueños que nos has dado, pero que han sido olvidados, atrapados o perdidos por el camino.

¡Clamamos por nuestros destinos, oh Dios! Y que podamos conocerte más íntimamente para ser transformados a la imagen de tu Hijo amado, nuestro Salvador, en cuyo poderoso nombre oramos. Amén.

Mini cuestionario: ¡mantégalo despierto!

¿Cuáles son algunas de las lecciones que José aprendió para que su visión pudiera ser cumplida?

Explique los pasos que debemos seguir según Habacuc 2:1-3.

¿Cuáles son algunos pasos prácticos que usted puede dar para tomar su destino profético?

¡Quiero más, Señor!

Terry Crist, *Batallando según la profecía* (Springdale, Pa.: Whitaker, 1989).

William D. Greenman, *Propósito, destino, cumplimiento* (Shippensburg, Pa.: Destiny Image, 1998).

Chuck D. Pierce y Rebecca Wagner-Sytsema, *Poseyendo tu herencia* (Ventura, Calif.: Renew, 1999).

12 ¡Profetice vida!

En este último capítulo vamos a estudiar un pasaje muy familiar del libro de Ezequiel, que demuestra el tema de este capítulo. Si ha sido cristiano por un buen tiempo, probablemente ha oído veinte predicaciones sobre este texto; pero en esta oportunidad miraremos Ezequiel 37 con los lentes del Nuevo Testamento. Quiero romper, quebrar, destruir y aniquilar algunos conceptos erróneos del Antiguo Testamento que hemos tenido en nuestra mente con respecto a la manera en la que vemos a los profetas hoy, la manera en que hacen las cosas y los líos que pueden causar.

Nuestra concepción debe cambiar si hemos de asumir la responsabilidad del llamado de Dios para unirnos a este ejército revolucionario del tiempo final. No podemos operar con interpretaciones anticuadas y falsas del Antiguo Pacto concernientes a los profetas y la revelación. Debemos ver con la visión del Nuevo Pacto para poder operar efectivamente en la revolución que traerá un cambio global al Cuerpo de Cristo.

Entréguele al Señor su mentalidad actual, mientras que ahondamos en este maravilloso pasaje de la Palabra de Dios.[1]

El valle visto con los lentes del Nuevo Testamento

Primero léalo todo de corrido. Luego lo dividiremos y analizaremos por parte, para hallar algunos principios que lo sorprenderán.

"La mano de Jehová vino sobre mí, y me llevó en el Espíritu de Jehová, y me puso en medio de un valle que estaba lleno de huesos. Y me hizo pasar cerca de ellos por todo en derredor; y he aquí que eran muchísimos sobre la faz del campo, y por cierto secos en gran manera. Y me dijo: Hijo de hombre, ¿vivirán estos huesos? Y dije: Señor Jehová, tú lo sabes. Me dijo entonces: Profetiza sobre estos huesos, y diles: Huesos secos, oíd palabra de Je-

hová. *Así ha dicho Jehová el Señor a estos huesos: He aquí, yo hago entrar espíritu en vosotros, y viviréis. Y pondré tendones sobre vosotros, y haré subir sobre vosotros carne, y os cubriré de piel, y pondré en vosotros espíritu, y viviréis; y sabréis que yo soy Jehová. Profeticé, pues, como me fue mandado; y hubo un ruido mientras yo profetizaba, y he aquí un temblor; y los huesos se juntaron cada hueso con su hueso. Y miré, y he aquí tendones sobre ellos, y la carne subió, y la piel cubrió por encima de ellos; pero no había en ellos espíritu. Y me dijo: Profetiza al espíritu, profetiza, hijo de hombre, y di al espíritu: Así ha dicho Jehová el Señor: Espíritu, ven de los cuatro vientos, y sopla sobre estos muertos, y vivirán. Y profeticé como me había mandado, y entró espíritu en ellos, y vivieron, y estuvieron sobre sus pies; un ejército grande en extremo"* (Ezequiel 37:1-10).

El escenario histórico del libro de Ezequiel es Babilonia durante los primeros tiempos del exilio israelita (593-571 a.C.). El ministerio profético de Ezequiel ocurrió durante la época más oscura de la historia del Antiguo Testamento: los siete años que precedieron la destrucción de Jerusalén en el 586 a.C. y los quince años siguientes.

El ministerio profético de Ezequiel tenía un triple propósito:

1. Dar el mensaje de juicio de parte de Dios a la apóstata Judá y Jerusalén, y a las siete naciones de alrededor.
2. Mantener la fe del remanente del pueblo de Dios concerniente a la restauración y la gloria final de su Reino.
3. Concienciar a cada uno de su responsabilidad para con Dios. El juicio del exilio no era simplemente el resultado de los pecados de sus ancestros.

Debemos mirar estos versículos de Ezequiel 37 con los lentes descritos por Pablo en 1 Corintios 14:3: *"Pero el que profetiza habla a los hombres para edificación, exhortación y consolación"*. Esta es también la forma en que nosotros como cristianos, que vivimos con el Dios Todopoderoso en la realidad del Nuevo Pacto, tenemos que ver lo profético.

Sí, el oficio del profeta, además, se mueve en las esferas de dar dirección y corrección, aunque el simple don de profecía no incluye estas dimensiones. Pero por el momento dejemos aparte esto con la perspectiva redentora de que aún el dejarlo a un lado es para el propósito de la edificación.

Tenemos que encender los motores, porque vamos a cubrir mucho territorio en poco tiempo. ¡Así que abróchese el cinturón de seguridad, agárrese el sombrero, y prepárese para ser parte de esta carrera excitante!

La condición temporal: ¿están secos estos huesos?

"La mano de Jehová vino sobre mí" (v. 1).

Demasiada gente tiene la idea de que Dios tiene un puño apretado y está listo a pegarnos con palabras de juicio cada vez que tiene oportunidad. Por tanto, ven el ministerio profético como uno a través del cual Dios continuamente derrama su ira contra aquellos lo suficientemente desafortunados como para recibir sus palabras vengativas.

No, no, ¡mil veces no! Esa no es la connotación de la frase *la mano de Dios* en este pasaje. La palabra "mano" aquí, en el hebreo *yad,* significa "la mano abierta de Dios". Era la mano abierta de Dios la que estaba sobre Ezequiel, abierta para soltar una bendición, para "edificar, exhortar y consolar".

"Y me llevó en el Espíritu de Jehová, y me puso en medio de un valle que estaba lleno de huesos" (v. 1).

El Dr. David Cho, de Corea del Sur, ha dicho algo así como que "la Iglesia de los Estados Unidos tiene mucha teoría, pero poco de ponerla en práctica". A veces espiritualizamos demasiado lo que significa estar "en el Espíritu". Si hemos de estar en el Espíritu, ¡debemos tener nuestras mentes tan calibradas con el cielo que podamos definitivamente hacer algo terrenalmente bueno! Debemos vivir llevando a cabo las aplicaciones prácticas del Reino de Dios todo el tiempo. Aquí a Ezequiel, guiado por el Espíritu de Dios, le fue dada una perspectiva "del mas allá". Caminemos en el Espíritu para poder vivir y experimentar las cosas prácticas del Espíritu en nuestra vida cotidiana.

"Y me hizo pasar cerca de ellos por todo en derredor; y he aquí que eran muchísimos sobre la faz del campo, y por cierto secos en gran manera" (v. 2).

Ezequiel estaba haciendo una observación en cuanto a la condición de estos huesos: estaban muy secos, fragmentados y en gran desorden. Muchas veces recibimos palabras de conocimiento acerca del presente o aún del pasado de una iglesia, ciudad, nación o una vida, y puede parecer no muy favorable. Puede parecer sombría y no con muchas esperanzas. Pero no es la intención de Dios que quedemos en esa condición.

¿Cómo se sentiría si fuera llamado frente a un montón de gente que dijeran todos sus problemas y luego le dirían que vuelva a sentarse? Sin ninguna palabra de aliento, ninguna solución, solo la exposición de su alma lisa y llana. Eso es lo que *no es* el ministerio profético. Dios desea darnos el remedio para todas nuestras enfermedades y maldades. Él tiene una solución para toda nuestra contaminación. Él desea darle a la Iglesia palabras de esperanza, para que podamos salir de los lugares secos en los que nos encontramos. Este es el propósito de la revelación profética.

Cuando yo era un pastor joven, un líder reconocido nacionalmente vino a nuestra ciudad a ministrar. Hicimos las reuniones en el *campus* de una universidad para darle un toque más evangelístico. El notable predicador notó que nuestra comunidad pasaba por un tiempo difícil y de sequedad. Habló de lo que veía en el presente y no de nuestro potencial profético. Básicamente, nos dijo que investigáramos en torno a la junta local por un año, que viéramos si quedaba algo de vida, y si no, escribir "Icabod" sobre ella y cerrarla.

Esto me dejó realmente muy desanimado. Tomé la determinación luego de un proceso doloroso, de que si el Señor alguna vez me levantaba para el ministerio profético en público, mi objetivo sería animar a la gente, no pincharla.

Dios siempre tiene una palabra de sabiduría –prescripción– que va junto con cada palabra de conocimiento –diagnóstico–. Jehová Jireh, nuestro Proveedor, es mejor que cualquier otro médico en la Tierra. Aún un médico prosigue con la receta luego de que da un diagnóstico. ¿No deberíamos nosotros hacer lo mismo... o aún mejor?

"Y me dijo: Hijo de hombre, ¿vivirán estos huesos? Y dije: Señor Jehová, tú lo sabes" (v. 3).

La pregunta de Dios a Ezequiel fue en realidad una invitación a la intervención. Ezequiel respondió honestamente admitiendo que él no sabía, pero que estaba seguro que Dios sí. Para Ezequiel ellos estaban secos y sin vida, pero quizás Dios tenía otra perspectiva. Estaba en lo cierto, Dios la tenía. Y las revelaciones proféticas son invitaciones de Dios para traer cambios en las circunstancias presentes y problemas temporales de nuestras vidas. Somos invitados a una cooperación divina. Recuerde, Dios conoce la respuesta, pero ha determinado involucrarnos en la solución.

La palabra hebrea para vivir en este pasaje es la misma palabra usada para Eva, que significa "declarar vida". Dios quiere traernos la medicina y enseñarnos a declarar vida. Ezequiel no sabía qué pasaría con estos huesos, pero Dios quería mostrarle algo increíble. Lo profético es una invitación para ver la mano abierta de Dios soltando su bendición sobre las vidas desesperanzadas.

¿Pueden los huesos secos de tu vida, familia o ciudad, vivir?

Profetiza sobre estos huesos

"Me dijo entonces: Profetiza sobre estos huesos, y diles: Huesos secos, oíd palabra de Jehová" (v. 4).

Este es el propósito de lo profético: hablar la palabra del Señor a los huesos secos. Los líderes de la Iglesia deben hablarles a los huesos secos del Cuerpo de Cristo, para que se levanten y vivan. Los creyentes deben unirse y declarar vida sobre las estructuras secas y fragmentadas de nuestra sociedad. No dejemos nuestras ciudades libradas al azar; busquemos una visión superior. Por amor de Cristo, ¡transformemos los lugares más oscuros en centros de avivamiento y luz!

"Profetizar" es simplemente hablar o cantar, con inspiración, la mente o el corazón de Dios para una situación presente. Debemos buscar a Dios para poder superarnos en edificar el Cuerpo de Cristo. *"Así también vosotros; pues que anheláis dones espirituales, procurad abundar en ellos para edificación de la iglesia"* (1 Corintios

14:12). Soltamos la vida de Dios al declarar vida sobre personas, lugares, iglesias y ciudades secas.

¿Ha notado que en el Nuevo Testamento no hallamos profecías que comiencen con la expresión "Así dice el Señor"? Eso es principalmente un modelo del Antiguo Testamento. Sugiero que usemos una forma más "con los pies sobre la Tierra" para comunicar el mensaje de Dios para la gente. Su mensaje viene no para hacer una demostración grandilocuente de palabras exageradas, sino para ayudar a la gente que lo necesita. Las presentaciones simples, dadas en un estilo sencillo, pueden hacer un profundo impacto en las vidas de otros cuando es una palabra verdaderamente de Dios.

Si vive en una sociedad que usa el castellano moderno como su lenguaje diario, la gente ni siquiera sabe lo que significan algunas palabras del castellano antiguo, por más poético que luzca. El Señor usaba palabras y expresiones familiares a una cultura para comunicar su corazón.

Y cuando visitamos otro país, es probable que se usen diferentes expresiones y formas lingüísticas, según la cultura a la cual nos dirigimos.

En la Cumbre de Oración de Londres, en junio de 2000, me encontraba hablando del tema "Creando una apertura", pero mi atención se dirigía a un caballero que estaba sentado a mi derecha. Cada vez que miraba para su lado, me venían a la mente sílabas como *A-la-ha-bad*. Esto se puso más y más persistente, al punto de hacerme enojar.

Supe en mi espíritu que era el nombre de una ciudad, pero mi mente quería seguir analizado de qué se trataba, al tiempo que seguía predicando: eso queda en Pakistán o en Afganistán. Miré al caballero nuevamente y me vinieron fuertes impresiones, pero mi mente natural peleaba contra ellas: "No seas tonto. ¡En verdad no sabes de qué nación es, y no puedes andar adivinando tampoco!" Mientras tanto estaba predicando de la necesidad de ser un pueblo de la presencia de Dios.

Finalmente me cansé del debate interior y me dirigí hacia él y en un inglés formal le dije: "Conrad, de Allahabad".

Ni siquiera estaba seguro de lo que acababa de decir.

Su reacción fue sorprendente; sus ojos se abrieron de par en par.

Yo continué anunciando que él había venido desde India hasta Londres a recibir el espíritu de la oración, y que regresaría a su ciudad y comenzaría una casa de oración las veinticuatro horas.

El hombre parecía sacudido y a la vez encendido. Era obvio que había sido impartida vida.

Más tarde me dijo: "Usted pronunció mi nombre y mi ciudad, ¿cómo sabía eso?"

Lo miré y le respondí: "No lo sabía".

El hombre reaccionó instantáneamente: "Sí, lo sabía. Yo soy Conrad, de la ciudad de Allahabad, en el río Ganges, en India, en donde cada año entre treinta y cuarenta millones de hindúes vienen a lavarse de sus pecados. Vine aquí para obtener una impartición de oración, porque quiero comenzar una casa de oración en una de las ciudades más tenebrosas de India".

¡Gloria a Dios! La vida había sido soltada y la visión impartida. Conrad regresó a Allahabad, en India, lleno de fe.

Una de las cosas que más me sorprendió fue que yo había hablado en un correcto inglés, con una buena pronunciación y énfasis en las sílabas correctas. Para uno que creció en Cowgill, Missouri, un pueblo de doscientos cincuenta y nueve habitantes, ¡eso es un milagro cultural!

Pero aquí lo importante es que Dios quiere que ahondemos en su corazón y soplemos aliento de vida dentro de y sobre las circunstancias desfavorables, de tal forma que la gente necesitada pueda recibirla. Construya un puente para transportar las bendiciones, no una pared en donde no pueda verse más allá.

> *"Así ha dicho Jehová el Señor a estos huesos: He aquí, yo hago entrar espíritu en vosotros, y viviréis. Y pondré tendones sobre vosotros, y haré subir sobre vosotros carne, y os cubriré de piel, y pondré en vosotros espíritu, y viviréis; y sabréis que yo soy Jehová"* (vv. 5-6).

La profecía trae el aliento de Dios a las circunstancias difíciles. Este "aliento" es el mismo Espíritu Santo que es soltado. Cuando el aliento de Dios sopla sobre las estructuras quebradas de las vidas de la gente, luego de las familias, y de las iglesias, ciudades y naciones, entonces pueden unirse y vivir.

Dios es la fuente de vida, y la profecía actúa como un viento refrescante que trae su oxígeno a un medio ambiente que está seco y desolado.

Sopla tu vida, oh Dios, dentro de nosotros, de tu Iglesia. Sopla sobre las naciones. Despiértanos para que podamos conocerte realmente.

Entonces profeticé

Vayamos al próximo segmento:

> *"Profeticé, pues, como me fue mandado; y hubo un ruido mientras yo profetizaba, y he aquí un temblor; y los huesos se juntaron cada hueso con su hueso. Y miré, y he aquí tendones sobre ellos, y la carne subió, y la piel cubrió por encima de ellos; pero no había en ellos espíritu"* (vv. 7-8).

¿Quién profetiza? Nosotros. ¡Nosotros somos los que lo hacemos! Cualquiera sea la tarea a la que Dios nos ha llamado, nosotros somos los que lo hacemos. El Espíritu Santo no cae sobre nosotros, nos deja inconscientes, derrama cosas y luego nos empuja a la fuerza para que las larguemos. Empezamos por fe a hablar las pequeñas cosas que vamos recibiendo, y luego Dios multiplica esas palabras en nuestra boca. Por supuesto que hay diferentes niveles de revelación. Pero usted debe comenzar por algo.

La mayoría de las veces que profetizo no siento ninguna unción especial ni una presión dentro de mí; solo lo hago porque sé que Dios quiere hablar. Rindo mi voz a Él y hablo sus palabras. En un cierto sentido a veces profetizamos por fe. *"De manera que, teniendo diferentes dones, según la gracia que nos es dada, si el de profecía, úsese conforme a la medida de la fe"* (Romanos 12:6). Pero, por favor, permanezca dentro de la medida de su fe.

En ningún lugar de la Biblia dice que el Espíritu Santo habla según el don de lenguas. Tampoco dice que los ángeles van a predicar el evangelio eterno por nosotros. Adivine qué. En ningún lugar de la Biblia dice que Dios es el que profetiza, tampoco. Él da la inspiración, nosotros hacemos nuestra parte. En otras palabras, todos los dones vocales se sueltan a través de las cuerdas vocales de un ser viviente. Todo lo que Dios busca es un asno sobre el cual sentarse y que lo lleve hasta la ciudad. ¡Y yo creo que puedo hacerlo! ¿Y usted?

Que tu aliento entre en mí, Señor, y que pueda exhalar palabras de vida.

La palabra "mandar" significa "asignar" o "recibir un encargo", no tanto por impulso sino por mandato. El término denota administración. Así como somos mayordomos de nuestro dinero y lo damos porque la Palabra de Dios nos lo dice, también tenemos que ser mayordomos de la palabra del Señor. No debemos ser como niños, a los cuales hay que recordarles continuamente sus tareas cotidianas. La madurez es hacer lo que se nos ha asignado, sin tener que decírnoslo todo el tiempo. La madurez y el amor enfatizan la obediencia. Madurez es obedecer cuando no nos dicen que obedezcamos. *"El que me ama, mi palabra guardará; y mi Padre le amará, y vendremos a él, y haremos morada con él"* (Juan 14:23).

Cuando comenzamos a caminar en esa esfera de fe llamada r-i-e-s-g-o, cosas milagrosas suceden. Cuando Ezequiel le habló a esos huesos secos, escuchó un ruido, porque los huesos comenzaron a moverse para juntarse. Imagínese la palabra del Señor viniendo a través de usted y haciendo que nueva vida florezca en una persona, cuerpo de creyentes o aún en una nación. ¡Esto puede ocurrir!

En la boda de Caná de Galilea, donde Jesús transformó el agua en vino. ¿Sabe cuándo eso ocurrió? No cuando los sirvientes llenaron las tinajas con agua, sino cuando *"el maestresala probó el agua hecha vino (...) y le dijo: Todo hombre sirve primero el buen vino, y cuando ya han bebido mucho, entonces el inferior; mas tú has reservado el buen vino hasta ahora"* (Juan 2:9-10).

El agua no se hizo vino cuando era vertida en las tinajas, sino cuando fue servida para degustar. Es lo mismo con nosotros. Cuando nos movemos en fe, Dios cambia el agua viva que nos ha dado en vino para los sedientos.

Otro milagro vocal

En octubre de 2001 estaba ministrando en la ciudad de Guatemala, al liderazgo de la iglesia El Shaddai. Al final de la reunión me sentí impulsado a orar todos juntos en alta voz por el Congreso Mundial de Avivamiento que comenzaría el día siguiente.

Al entrar en la oración corporativa, comencé a interceder en lenguas de una manera potente y repetitiva. Era obvio que repetía ciertas frases. El pastor Harold Caballeros vino a la plataforma y le explicó a la gente en castellano que yo había estado hablando en dos lenguajes que él había podido reconocer. El dijo, y otros lo confirmaron, que yo había hablado en coreano y dicho: "Señor, Señor, Señor", una y otra vez. Luego hablé en quiche, una lengua nativa guatemalteca, y había declarado: "Es el tiempo de que el pueblo de Dios entre".

Yo abrí mi boca, entré en el río de Dios y fui parte del milagro vocal. ¡Pero tuve que hablar! Esto fue muy motivador para mí y renovó mi fe.

En una plenaria en el Congreso Mundial de Avivamiento en esa semana, con gente proveniente de más de sesenta naciones, yo les conté la historia de cómo había hablado en el dialecto quiche. Luego llamé a que pasaran al frente aquellos que provenían de esa región o que supieran hablar el idioma. Ellos vinieron literalmente corriendo al frente, gente nativa, muchos de ellos ataviados con sus vestimentas tribales. Declaré sobre ellos: "¡Es tiempo de que el pueblo de Dios entre!" La presencia de Dios vino poderosamente sobre esa humilde gente indígena cuando la vida fue declarada sobre sus vidas, corazones y pueblos. Yo estaba sobrecogido por la bondad de Dios que venía sobre ellos. Ya lo ve, no somos nosotros; realmente es Dios en nuestras vidas.

El salmista dijo: *"Abre tu boca, y yo la llenaré"* (Salmo 81:10). Usted debe abrirla y Él la usará para declarar un milagro vocal.

Hubo un ruido

Cuando andamos en fe y hacemos lo que hagamos, algo ocurre. Se oye un ruido proveniente de las vidas de quienes son levantados por el Señor de entre las ruinas. Un temblor tiene lugar entre los huesos secos, mientras ellos se juntan, hueso con hueso, para formar una estructura de vida. La gente se anima y comienza a moverse cuando la profecía toca sus lugares secos y el vino comienza a levantar su espíritu. Empiezan a actuar como el pueblo de Dios que fueron creados para ser. Es el ruido de la celebración. Una cosa que aprendí de los nacimientos de mis cuatro hijos ¡es que la vida trae mucho ruido a la casa!

Cuando estaba en otro país, recientemente, una mañana oí la voz de Dios llamándome a "cambiar el equilibrio de la Iglesia. Lo que ella llama equilibrio, Yo lo llamo desequilibrio". Seguramente eso sorprende a muchos. La voz de Dios se alza y crea un cambio repentino en la historia. Eso hace ruido. ¿No suena como la obra de un revolucionario? (Oiga, esta revolución profética no es idea mía, ¡es de Dios!)

Profetiza al Espíritu

"Y me dijo: Profetiza al espíritu, profetiza, hijo de hombre, y di al espíritu: Así ha dicho Jehová el Señor: Espíritu, ven de los cuatro vientos, y sopla sobre estos muertos, y vivirán" (v. 9).

Aquí vemos a Dios que le enseña a Ezequiel intercesión profética. Dios mismo instruyó a Ezequiel sobre cómo orar oraciones proféticas, invitando al Espíritu de Dios a traer vida sobre la muerte. Ezequiel le profetizaba al aliento, al viento.

Usted puede decir: "Yo no sé profetizar. No creo que escucho la voz de Dios". Bien, escúcheme con los dos oídos: Solo agarre su Biblia y comience a declarar Palabra viva sobre aquellos que usted sabe que están muertos espiritualmente. Todo aquel que sabe leer puede profetizar la Palabra de Dios. Él ya nos ha dicho cuál es su voluntad, así que declárela en oración sobre todos los que conoce. Declárela sobre su familia, sobre su ciudad y nación. ¡Háblele al espíritu! Diríjase a los cielos y proclame un nuevo comienzo. Que la vida fluya, en el nombre de Jesús.

"Para que la multiforme sabiduría de Dios sea ahora dada a conocer por medio de la iglesia a los principados y potestades en los lugares celestiales, conforme al propósito eterno que hizo en Cristo Jesús nuestro Señor, en quien tenemos seguridad y acceso con confianza por medio de la fe en él" (Efesios 3:10-12). ¡Aleluya! Tenemos seguridad a través de la fe de que podemos acceder a los lugares celestiales y declarar vida.

La Iglesia tiene un arma poderosísima en el área de la intercesión profética para destronar al enemigo de sus fortalezas y expandir el territorio del Reino de Dios en la Tierra. Debemos despojar a las fuerzas de oscuridad. Le exhorto a "profetizarle al espíritu" y llamar al Espíritu de Dios allí donde la muerte ha gobernado.

Convocando al ejército

"Y profeticé como me había mandado, y entró espíritu en ellos, y vivieron, y estuvieron sobre sus pies; un ejército grande en extremo" (v. 10).

Debemos profetizar la visión de Dios, que es más grande que la nuestra. Permita que Dios llene su corazón con una visión de sus propósitos. Por la inspiración de las Escrituras y por la revelación presente de la obra del Espíritu Santo en nuestras vidas, podemos declarar lo que no es como si fuera (Romanos 4:17). Podemos declarar el plan de Dios para nuestra generación.

Pero puede decir: "No sé qué es lo que Dios quiere para mi ciudad o para mi país". Entonces profetice de una generación a otra, tal como Daniel hizo. Daniel tomó una profecía de Jeremías 29, más de una generación antes que él, y le profetizó de lo que leyó a su propia generación exiliada en Babilonia.

Estudie su historia familiar o la historia de su ciudad, y encuentre promesas bíblicas para ellas, acerca de que Dios las levantará de muerte a vida. Aplíquese al estudio de la Palabra escrita y la inspiración correrá. Luego podrá salir a las calles y profetizarle a la almacenera, el empleado de la estación de servicio y a su vecino, y hablar la Palabra de Dios viva y eficaz a sus vidas. Usted verá un ejército grande en extremo levantarse de entre la muerte y arremeter con la vida de Dios. ¡No espere la revolución, *sea* la revolución!

Nunca sabemos en quiénes haremos impacto. Ese al que le hemos hablado puede acabar influenciando al mundo. Podemos ver huesos secos, pero miremos más profundo en el corazón de Dios. ¡Profeticemos vida!

Mi amigo Mickey Robinson y yo hicimos una conferencia profética en el este de Texas en marzo de 1995. Mickey trajo un caballero muy bien vestido delante de mí y me pidió que lo ministre.

El hombre se paró allí, poco más que un mástil, derecho, respetuoso, extremadamente cauteloso. Lo miré y pensé: "¡Auxilio!" Luego pasé la esfera natural y me metí en el corazón de Dios. Al hacerlo, comencé a ver imágenes con el ojo del Espíritu –promesas, propósitos y destino– y le describí a este hombre lo que vi.

"Veo una plataforma nacional que será construida para usted muy pronto", le dije. "Pronto se convertirá en un misil con un nuevo fuego dentro de usted." Me acordé de varias Escrituras que podía identificar como misiles y se las dije. Luego, con un poco más de unción, hablé "pronto un nuevo fuego será encendido en su vida, y usted será como un misil lanzado a los aires ¡y la estela de fuego rodeará la Tierra siete veces!"[2]

Él ni pestañeó. Cuando se dio vuelta y se marchó, yo pensé, ¿qué fue eso? Creía que había dado en el blanco, pero el hombre se fue impávido y a mí me dejó confundido. Luego supe que este hombre era un evangelista experimentado y que había vivido en Sudamérica.

Tres meses más tarde, en un Día del Padre, en junio de 1995, fue a predicar al culto matinal de la Iglesia Asamblea de Dios de Brownsville, en Pensacola, Florida. Verdaderamente un fuego se encendió en él esa mañana y se construyó una plataforma nacional. Comenzó el Avivamiento de Brownsville, el cual continúa hasta hoy. Este hombre elegante y reservado era Steve Hill, que está dando vuelta el mundo patas para arriba llamando al ejército revolucionario de Dios.

Cambios de paradigmas para el siglo XXI

Ahora que hemos mirado Ezequiel 37 y hemos aprendido principios para declarar vida sobre las estructuras rotas y fragmentadas, echemos un vistazo al futuro, para ver parte de lo que este ejército revolucionario hará. Recuerde que una revolución consiste en un cambio repentino en la sociedad e historia.

Sí, mientras cruzamos el umbral de un nuevo milenio, un montón de cambios tendrán lugar en la Iglesia y en el mundo. Será un tiempo de limpieza y preparación para un "Iglemoto", mientras marchamos a todo motor hacia delante. Con esta visión en mente, déjeme mostrarle algunos puntos de cambios de paradigmas que ocurrirán en este siglo XXI.

- Una relación apostólica será soltada, que enfatizará el trabajo en red, lo contrario a las estructuras de autoridad vertical. Este énfasis nuevo en una "polinización cruzada" remplazará a la mayoría de asociaciones eclesiásticas "nacidas de padres consanguíneos" que están repletas de espíritu de competencia y control.
- Una vez, mientras estaba en adoración, recibí la siguiente frase: "Cuando lo Apostólico sea la Meta Personal (AMP), habrá una Milagrosa Autoridad en lo Profético (MAP). El Señor AMPlificará su voz en esas relaciones apostólicas, y el Espíritu Santo nos pondrá en Su MAPa".
- Vendrá una confrontación con el espíritu político dentro de la Iglesia, y con ella, la propagación de una era post-sectaria. Tal como el

movimiento profético expuso y confrontó al espíritu religioso en la Iglesia, así el movimiento apostólico de gracia expondrá y pondrá un hacha sobre las raíces históricas del espíritu político.

• La restauración del tabernáculo de David profetizada en Amós 9:11-12 y Hechos 15:16-18 vendrá, resultando en auténticas casas de oración, alabanza, adoración e intercesión las veinticuatro horas, diseminadas por todas las naciones. Nuevas canciones y sonidos creativos emergerán, como ocurrió en el ministerio radical de William y Catherine Both, de las bandas del Ejército de Salvación en el siglo XIX. La alabanza no será más confinada dentro de las cuatro paredes de la iglesia, sino que se desparramará por los aires.

• La Iglesia continuará escapándose de la teoría falsa del "cesacionismo" la que dice que los dones espirituales murieron con la conclusión del canon de las Escrituras o con la segunda generación de apóstoles de la Iglesia primitiva. En otras palabras, el "cesacionismo" va a cesar.

• Un nuevo movimiento de señales y maravillas emerge. Centros de sanidad serán emplazados en muchas ciudades, dedicados a orar por los enfermos y echar fuera los demonios (Lucas 10). Veremos un desfile de gente sanada de varias enfermedades, como en los días de John Lake en 1920.

• Habrá un gran mover del Espíritu Santo entre las mujeres. Muchas mujeres serán llamadas al ministerio quíntuplo y usadas en el avivamiento mundial que viene y ya está con nosotros. El asunto ya no será primariamente doctrinal; será de necesidad, por la gran necesidad de obreros para la cosecha. El período que viene será con facilidad llamado "la década de las mujeres predicadoras".

• Un movimiento de quietud emergerá, porque los creyentes hallarán en Cristo el lugar secreto del Altísimo como su morada (Salmo 91). Vendrá una revelación fresca de la importancia de la intimidad con Dios y la comunión con nuestro Amante, Esposo y Maestro. Una generación de María de Betania se levantará y alegremente rendirán sus vidas al Señor.

• Un nuevo movimiento de santidad emergerá en la Iglesia mundial. Enfatizará la misericordia del Padre, mezclada con un auténtico espíritu de convicción de pecado (Juan 16:8-11), hará que muchos se arrepientan y limpien sus vestiduras por el poder y la sangre del Señor Jesús.

• El Cuerpo de Cristo será despertado a su llamado y responsabilidad de alcanzar y liberar a los pobres y oprimidos, como dice en Isaías 58:6-12. Las finanzas serán soltadas para cuidar a la viuda y a los huérfanos, como se declara en Santiago 1:27. Serán abiertos orfanatos porque la Iglesia se despojará de su estilo de vida egoísta y se restaurará el dar alegremente (2 Corintios 9:7).

• Veremos grandes e importantes transferencias de riquezas dentro del Reino de Dios a través del ministerio de los "Apóstoles y profetas del mercado". Aquellos con unción para los negocios, la administración y la creatividad serán bendecidos, no resistidos, por la Iglesia. Las paredes entre el clérigo y el laicado, entre el ministerio espiritual y el mercado secular, serán derribadas.

• Un movimiento extravagante de jóvenes barrerá el planeta y sacudirá las naciones. Eventos públicos serán liderados por jóvenes que animarán a la juventud a orar y ayunar por un avivamiento, el que se expandirá rápidamente por las naciones. Esto será una unción transgeneracional, en la cual los corazones de los padres se volverán hacia los hijos y el de los hijos se volverá hacia los padres (Malaquías 4:5-6). Eventos como The Call (El llamado), el cual reunió a cientos de miles de jóvenes y adultos en Washington D.C. el 2 de septiembre de 2000, se multiplicarán por las naciones.

• Una ola de arrepentimiento cubrirá el remanente de la Iglesia gentil; la llevará a arrepentirse por los pecados cometidos contra el pueblo judío. En respuesta a esto, vendrá del trono de gracia una revelación del Sabat, que será no legalista y traerá sanidad a muchos.

• Una gran cosecha entre el pueblo judío crecerá en esta década. Afectará en particular a los judíos rusos en todo el mundo. Habrá lo que los misionólogos llaman "un movimiento de gente" entre ellos. Una persecución paralela a los judíos tendrá también lugar en "la tierra del norte", y potencialmente en otras tierras también. Es la estrategia del diablo el precipitar otro holocausto, pero Dios levantará trompetas, como Mardoqueo, que prepararán a la Ester corporativa, la Iglesia, para un tiempo como este. La oración radical abrirá una ventana de escape para aquellos judíos que serán llamados a salir, y un escudo de protección para los que son temporalmente llamados a quedarse (Jeremías 16:14-16).

• Vendrá sobre nosotros una "convergencia de las edades". La caída del fuego pentecostal, cruzadas de sanidad y liberación, la presencia de la lluvia tardía, la carga evangelística por los perdidos, los dones carismáticos, el celo del movimiento de la gente de Jesús, la credibilidad de la tercera ola, la revelación del movimiento profético y la relación de trabajo en red de la reforma apostólica –todos en una ola más grande que el impacto de la Reforma hace quinientos años– crearán lo que se llamará la gran revolución.

• El Señor le dará a la Iglesia una oportunidad de rescribir su manchada y corrupta historia. Actos radicales de arrepentimiento, actos de misericordia hacia los pobres y oprimidos, encuentros de poder con los enfermos y endemoniados, oración y adoración guerrera, se levantarán en las ciudades; todo esto crecerá mientras una revolución viene al Cuerpo de Cristo mundial, que creará un gran despertar en nuestra sociedad. Si se escribiera un libro de la historia de los días por venir, se llamaría *Los días de la gloriosa presencia del Señor*.

Estoy seguro de que mucho más que esto ocurrirá con el correr del tiempo. Porque en parte vemos, en parte conocemos y en parte profetizamos. Pero cuando todos ponemos nuestra parte sobre la mesa, creamos un gran todo. Esto es una pequeña parte de lo que yo percibo que va a suceder. El Espíritu Santo dará otras partes a otras personas, pero todos cooperamos juntos y el TMA –¿recuerda los Trabajadores del Ministerio Apostólico?– entrará en acción.

¿Quiere ser parte?

La revelación profética es una de las claves para convocar un ejército de creyentes del tiempo final, que llevará el evangelio a los cuatro puntos cardinales de la Tierra y el testimonio de Jesús de polo a polo. ¿Oye el llamado? ¿Puede sentir cómo el Espíritu Santo se mueve dentro de su corazón para levantarse y tomar su lugar en el ejército revolucionario que Dios está formando? Que todos unamos nuestras fuerzas bajo el mando del Todopoderoso, y avancemos al encuentro del Novio, mientras que Él viene en el poder de su fuerza para reclamar su heredad.

¿Se acuerda de mi declaración al principio? Si ha de haber una revolución en lo profético, entonces debe haber una revolución profética en la Iglesia. Y si ha de haber una revolución profética en la Iglesia, entonces vendrá el más grande despertar mundial del auténtico cristianismo que el mundo jamás haya visto.

¿Lo cree? Yo sí, y no veo la hora de que eso pase. ¿Quiere unirse a mí y a cientos de miles que se anotarán para que algo radical suceda? Oiga, ¡será una gran revolución! Enrólese como uno de los guerreros consagrados y apasionados de Dios para una invasión al planeta Tierra, ríndase a Jesús para profetizar vida adonde vaya.

Nuestra consagración final

Santo Dios, nos sometemos a ti y te pedimos un bautismo de fuego para consagrar nuestras vidas a ti y a tu voluntad. Libremente nos ofrecemos como voluntarios para que nos uses y te pedimos que nos llenes de tu poder de lo alto.

Enséñanos a declarar vida adonde vayamos. Ayúdanos a distinguir la condición temporal de las cosas, luego mirar hacia arriba para buscar lo espiritual y entonces, poder hablar vida a nuestro valle de los huesos secos. Ven, Espíritu Santo, sopla sobre nuestras vidas. Sopla sobre nuestras familias. Sopla sobre nuestras iglesias y denominaciones. Sopla sobre nuestras ciudades. Sopla sobre nuestras naciones. Que una revolución tenga lugar en la Iglesia, y el mayor derramamiento de tu amor, poder y convicción corra hacia nosotros, en el nombre de Jesús. ¡Que empiece la revolución!

Mini cuestionario: ¡manténgalo despierto!

¿Qué aprendió de Ezequiel 37?
¿De qué formas puede declarar vida sobre su vida, familia, ciudad e iglesia?
¿Cuáles son algunos cambios de paradigmas en el siglo XXI?

¡Quiero más, Señor!

Marc DuPont, *La Iglesia del tercer milenio* (Shippensburg, Pa.: Destiny Image, 1997).

Jim W. Goll, *Arrodillándose sobre las promesas* (Grand Rapids: Chosen, 1999).

Bárbara Wentroble, *Intercesión profética* (Ventura, Calif.: Renew, 1999).

Escrituras que tratan de profecía

La siguiente es una lista de pasajes del Antiguo y Nuevo Testamento que muestran o tratan de profecía. De ningún modo es exhaustiva, porque Dios habla a través de canales humanos en toda la Biblia.

Profecía en el Antiguo Testamento

Gn. 5:29	Jue. 6:8-10	Is. 1:18-20
Gn 28:28-29		Is. 12:1-6
Gn. 27:39-40	1 S. 2:1-10	Is. 25:6-12
Gn. 48:13-20	1 S. 24:8-15	Is. 26:1-21
Gn. 49:1-27		Is. 29:17-24
	2 S. 3:18-19	Is. 35:1-10
Ex. 15:14-18	2 S. 7:8-17	Is. 44:1-8
Ex. 16:6-7	2 S. 23:1-7	Is. 55:1-13
		Is. 56:1-8
Lv. 9:6	2 R. 3:16-19	Is. 60:1-22
Nm. 11:24-35	1 Cr. 17:4-15	Ez. 11:16-20
Nm. 13:30	1 Cr. 22:8-13	Ez. 28:25-26
Nm. 14:6-9	1 Cr. 22:17-19	Ez. 34:24-31
Nm. 23:7-10		
Nm. 23:18-24	2 Cr. 15:2-7	Os. 2:14-20
Nm. 24:1-9	2 Cr. 20:17	Os. 6:1-3
Nm. 24:15-24		Os. 11:8-9
	Esd. 9:6-15	Os. 14:1-9
Dt. 32:1-47		
Dt. 33:1-29	Neh. 2:20	Jl. 2:12-14
	Neh. 9:5-37	Jl. 3:18-21
Jos. 10:25		
Jos. 24:2-14	Sal. 89:19-37	Am. 9:13-15

Abd. 15:18

Mi. 2:12-13
Mi. 4.1-8
Mi. 7:18-20

Nah. 2:2

Hab. 2:14

Sof. 2:7
Sof. 3:14-20

Hag. 2:4-9
Hag. 2:23

Zac. 8:1-23
Zac. 10:1-12

Mal. 1:11
Mal. 3: 16-18
Mal. 4:1-6

Profecía en el Nuevo Testamento

Mr. 10:29-30
Mr. 14:8-9

Lc. 1:41-55
Lc. 1:67-79
Lc. 2:25-38
Lc. 11:9-13
Lc. 22:31-32

Jn. 6:35-40

Hch. 1:4-8
Hch. 2:14-36
Hch. 11:28
Hch. 13:2-3
Hch. 15:30-35
Hch. 20:28-31
Hch. 21:10-11

Ro. 1:11
Ro. 12:4-8

1 Co. 2:9
1 Co. 3:10
1 Co. 12:7-11
1 Co. 12:14-26
1 Co. 12:31
1 Co. 14:1-5

Ef. 1:17-23
Ef. 4:11-16
Ef. 5:18

1 Ts. 5:19-21

1 Ti. 1:18
1 Ti. 4:14-15

Heb. 5:14

1 P. 4:10-11

2 P. 1:19-21

1 Jn. 4:1

Jud. 20-21

Ap. 1:17-19
Ap. 2:1-3:22
Ap. 19:10

Modelos de comunicación profética en las Escrituras

Las Escrituras mencionan varios modelos de comunicación a través de los cuales el espíritu profético es soltado. La siguiente enseñanza identifica siete de ellos.

I. Oráculo profético

A. Forma

El oráculo profético es una declaración que decreta algo que sucederá. Si esta proclamación es auténtica, irá acompañada de un nivel de fe, unción o presencia de Dios.[1]

B. Efectos

Este estilo es muchas veces burlado por el mundo y mal usado por la Iglesia. Esta forma de soltar el mensaje es la excepción, no la regla, y puede ser abusada. El tipo de expresión implica que Dios habla con autoridad.

C. Variedad de estilos

Puede haber una gran variedad de estilos y modos de entregar el mensaje, los cuales son generalmente aprendidos del entorno, aunque a veces nos cueste admitirlo (ej. Versión Reina Valera, gritando, usando cierta entonación, levantando el dedo índice, etc.)

D. Precaución

Use la sabiduría aquí y no le ponga la firma de Dios a algo que Él no ha dicho.

E. Ejemplos bíblicos

Un ejemplo posible se encuentra en Hechos 21:10-11, cuando Ágabo le advierte a Pablo lo que le espera en Jerusalén. Además:

Isaías 1:1-9	Isaías 49:5-7	Jeremías 2:1-3
Isaías 15:1-9	Isaías 50:1-3	Ezequiel 34:1-31
Isaías 45:14-17	Isaías 55:1-13	Hechos 13:1-3
Isaías 48:17-19	Isaías 56:1-8	Hechos 15:30-35

II. Exhortación profética

A. Forma

Su forma es muy similar al oráculo profético. Es más comúnmente usada para animar a la gente en su fe y ponerse en acción hacia una determinada meta.

B. Efectos

La exhortación profética lleva un tono de urgencia hacia aquellos a quienes está dirigida. Estimula a la gente a la acción y aumenta los sentimientos de valentía y coraje para una situación en particular.

C. Variedad de estilos

Esta puede llegar a ser una expresión de lo emocionante que es el don de profecía. Puede haber una variedad de expresiones enérgicas que acompañan cualquiera de las categorías del mensaje profético.

D. Ejemplos bíblicos

Un ejemplo es Judas y Silas en Antioquia, y se halla en Hechos 15:30-25. Además:

Isaías 12:1-6	Isaías 30:18	Isaías 41:1-4
Isaías 19:25	Isaías 35:1-10	Isaías 42:1-9
Isaías 29:22-24	Isaías 40:1-31	Isaías 54:1-3

III. Oración Profética

A. Forma

La oración de revelación es una de las formas más comunes de expresión profética. También se refiere a ella con el término "intercesión profética".[2]

B. Dirigida a Dios

Esto no es predicación dirigida a la gente, sino que son peticiones iluminadas por el Espíritu Santo y dirigidas a Dios.

C. Inspiradas por Dios

Esta forma de oración profética se da más frecuentemente cuando oramos, más que cuando sabemos o entendemos acerca de un tema.

D. Ejemplos bíblicos

Esdras 9:6-15	Isaías 38:9-20	Jeremías 20:7-18
Nehemías 9:6-37	Isaías 64:1-12	Lucas 1:67-69
Isaías 25:1-12	Jeremías 12:1-6	

IV. Canción profética

A. Forma

Este tipo de canción es impartida o inspirada espontáneamente. Frecuentemente viene sobre una persona todo de una vez, completa y no repetida.

B. Expresa la disposición de Dios

El cantante o los instrumentos son usados para expresar el deseo de Dios a través de la canción. Puede ser una canción de intercesión desde el corazón de Dios, o una canción profética, mas dirigida al pueblo por parte de su Señor.

C. Ejemplos bíblicos

Entre muchos de los ejemplos bíblicos hallamos la canción poética de Moisés, en Deuteronomio 32:1-43.[3] Además:

Isaías 5:1-30	Isaías 42:10-13
Isaías 26:1-21	Ezequiel 19:1-14
Isaías 27:1-11	Ezequiel 27:1-36

V. Profecía personal

A. Forma

Este es uno de los modelos más comunes y previstos de la comunicación profética. Se hace mención de él en 1 Timoteo 4:14: *"No descuides el don que hay en ti, que te fue dado mediante profecía con la imposición de las manos del presbiterio"*.

B. Efectos

Edifica, exhorta y consuela (1 Corintios 14:3)

Puede traer convicción (2 Samuel 12:1-12, entre Natán y David)

Puede proveer información conteniendo dirección, propósito o tiempo específicos (Hechos 21:10-11, entre Agabo y Pablo)

C. Precaución

Siempre debemos probar las cosas que se dicen (1 Tesalonicenses 5:19-21; 1 Juan 4:1). Generalmente es bueno esperar y ser paciente cuando las "palabras" vienen a nosotros. Busquemos al Dios de la palabra y la Palabra de Dios, más que una palabra de profecía que viene a través de una persona con el don de profetizar.[4]

D. Ejemplos bíblicos

2 Samuel 12:1-2   Isaías 37:21-35

Isaías 38:1-8	Jeremías 34:1-5
Isaías 45:1-7	Jeremías 45:1-5
Jeremías 20:1-6	Hechos 21:10-11
Jeremías 21:1-14	1 Timoteo 4:14

VI. La visión profética

A. Forma

Muchos de los profetas en la Biblia recibieron la profecía a través de sueños y visiones (ej. Apocalipsis 4:1-2). Esto es particularmente cierto en los ejemplos de ministerios proféticos del Antiguo Testamento.

B. El vidente

La persona visionaria opera como un vidente. No repite frases o palabras en vez de eso describe figuras.[5]

C. Ejemplos bíblicos

Jeremías 1:11-19	Ezequiel 40:1-49
Jeremías 24:1-10	Ezequiel 41:1-48:35
Ezequiel 1:1-28	Daniel 2:19
Ezequiel 8:1-18	Daniel 4:1-18
Ezequiel 9:1-11	Daniel 7:1-28
Ezequiel 10:1-22	Daniel 8:1-27
Ezequiel 11:1-13	Hechos 10:1-33
Ezequiel 31:1-11	Hechos 16:9-10

VII. Acto profético

A. Forma

En ciertos momentos la persona profética que habla con parábolas es movida a demostrar físicamente su palabra, a "vivir la palabra". La forma de comunicación, por tanto, es la de gestos y acciones. Esta forma de profecía no es la norma, ni debería ser promovida como más significativa o superior que las demás.

B. Ejemplos contemporáneos

Hay numerosos ejemplos contemporáneos de este modo de comunicación profética. Pueden ser actos de intercesión o palabras de declaración de la inspiración.[6]

C. Ejemplos bíblicos

Jeremías y el yugo (Jeremías 27:2-3)

Ezequiel rasurando su cabeza con una espada (Ezequiel 5:1-4)
Oseas casándose con una prostituta (Oseas 1:2-3)
Agabo con el cinto (Hechos 21:10-11).
Además:

Isaías 20:1-6	Ezequiel 12:1-16
Jeremías 13:1-11	Ezequiel 12:17-25
Jeremías 19:1-15	Ezequiel 24:1-27
Ezequiel 4:1-17	Ezequiel 37:15-23

Relativo a líderes visionarios

El siguiente material ha sido adaptado de enseñanzas de Michael Sullivant, pastor del área profética en Iglesia Metro Christian Fellowship, en Grandview, Missouri. Michael, además, es autor del conocido libro, *Protocolo profético*. Hemos obtenido el permiso de incluir este material tan perspicaz.

Por favor, tenga en cuenta que en este apéndice un líder visionario es aquel que es la cabeza de un grupo u organización, y quien tiene la visión para ese grupo. Es con frecuencia un "padre mentor" con un rol apostólico.

1. Determine si Dios lo ha llamado a trabajar con ese líder visionario y para apoyar su visión. Esta es la pregunta más básica y a la vez más importante. Gran parte de esta decisión es determinar si ese líder visionario es una persona íntegra y piadosa. Otro factor: discernir si él o ella quieren trabajar con usted y confían en usted como miembro de su equipo.

2. Una de las características de los líderes visionarios de Dios es que tienen una confianza extraordinaria en su juicio, porque Dios les ha dado el don de liderar. Eso significa que pueden ser más susceptibles a la arrogancia, así que necesitan oración en esta área.

3. Los líderes visionarios frecuentemente se inician en muchas áreas con otros que tienen dones y capacidades diferentes. Esto los lleva a no ser capaces de pensar en la totalidad del trabajo, y se incrementa aún con la tendencia que todos tenemos de actuar como si toda la obra es esa pequeña parte que es más importante para nosotros.

4. Estos líderes visionarios con frecuencia experimentan soledad en su trabajo y visión, porque...

a) Su actitud de confianza y seguridad en sí mismos les da la impresión a otros de que no necesitan a nadie.

b) Su visión les permite ver más allá que otros, así que en cuestiones que para ellos son muy importantes, rara vez la visión de alguien más les pueda servir. La brecha entre su visión y la de los demás es el lugar en donde se encuentran solos.

c) Típicamente no son buenos funcionando en equipo. Son cálidos y estimulantes cuando reclutan gente, pero no tan así con aquellos que ya están en las filas. La persona ya reclutada llega a sentirse como si la hubieran bajado de rango, mientras que el líder piensa que solo afirma la madurez y el valor de la persona, que le hace cumplir su rol en el equipo. Para mejor, la confianza y seguridad que los líderes visionarios tienen en su propia opinión, les hace que sea más difícil escuchar la voz de Dios a través de otros. Quieren que otros sean miembros del equipo, pero cuando viene la presión por causa de la visión y hay que tomar decisiones, no quieren invitar a otros a "la fiesta", aunque sea un deseo sincero incluirlos. En algunos casos quieren colaboración del equipo en cuanto a implementar el trabajo, pero no que tomen decisiones respecto de qué debería hacerse.

d) En la naturaleza de su trabajo visionario, se relacionan con una cantidad de gente más que la mayoría de las personas. Es un ejemplo del dicho, "el hombre que tiene muchos amigos vendrá a la ruina". Las relaciones son su fuerte, ellos siempre están en todos lados y se comprometen con todos a la vez.

e) A causa de que la gente quiere estar cerca de ellos por motivos egoístas y personales, y se han sentido engañados, muchas veces mantienen a los demás a una distancia prudencial. (Esto es la cosecha de su propia siembra, en el sentido de que también ellos se acercan a la gente por causa de su visión). Hay una presión de serles útil en la relación.

f) Puede haber una alta tasa de rotación de subordinados que no entienden o toleran estas dinámicas.

5. ¿Cómo relacionarse con estos líderes visionarios?

a) Ore por ellos, especialmente si usted está involucrado en un proyecto.

b) Apoye incondicionalmente y de todo corazón lo que ha pactado con ellos.

c) Cuando tenga preguntas o cosas que lo hagan sentir inseguro, suponga lo mejor y confíe en su don de liderazgo y visión.

d) Cuando piense que pueden equivocarse, la confrontación directa no es la mejor opción. La confianza y seguridad que tienen, que es dada por Dios, hace que sea difícil presentar puntos de vista que difieren del suyo. Pensar en las preguntas correctas acerca de las cuestiones que nos preocupan, es una manera más efectiva de abrir el diálogo.

e) Anímelos a tener contacto con sus pares. Otros ministros y líderes visionarios pueden animar y estimular su pensamiento en formas que tal vez usted no pueda.

f) Anímelos a valorar los dones de otros en vez de ver al Cuerpo de Cristo solo como gente que puede ser empleada en su visión.

g) Camine con el Señor y también sea parte de un equipo, para que no "precise" la aprobación o la bendición del líder visionario. El tener a otros en su vida satisfará su necesidad de tener un grupo de pares.

h) Póngase la meta de afirmar a estos líderes consistentemente, porque ellos también necesitan aliento, aunque no lo demuestren.

i) ¡Sea leal! Guárdese de hacer comentarios desleales a otros, especialmente a aquellos que por razones correctas o incorrectas tienen una herida contra ellos. Sea cuidadoso, ni los "defienda" a ciegas, ni ventile las debilidades que claramente ve, porque así estaría difamando. Una manera de manejar estas situaciones que se presentan es estar de acuerdo en hacer críticas constructivas solamente, y mostrarle a la otra persona cómo tratar con eso, en vez de negar que el líder visionario tiene debilidades.

j) Escriba sus pensamientos, preocupaciones o gratitud brevemente, en vez de iniciar largas conversaciones. Puede ser una manera efectiva de hacer que el fuego de su relación siga ardiendo.

k) Pida una cita o un momento para hablar cuando realmente lo necesite. Ellos probablemente no tomarán la iniciativa de hacerlo.

l) No espere un montón de tiempo libre o para actividades sociales de parte de ellos. Su necesidad de esto no es la normal. Su visión es su recreación.

m) Presiónelos para que se tomen vacaciones. Se lo agradecerán.

n) Protéjalos de ciertas cuestiones administrativas. Anímelos a delegar.

o) ¡No espere agradecimiento de parte de ellos por tener todos estos puntos en cuenta!

Diez emes para madurar y mantener la madurez y el ministerio

El siguiente cuadro fue preparado por el Dr. Bill Hamon para su libro Profetas, Precipicios y Principios, para ayudarnos a determinar las verdades y mentiras del perfil de los ministros proféticos. Nos es grato compartir este material que usamos con permiso.

Modelo humano
Gn. 1:26-27: Dios crea al hombre antes de manifestar su poderoso ministerio.
Ro. 8:29: Hombre, además de su posición, mensaje o ministerio.
Heb. 2:6-10: Personalidad: Evalúe a la persona, no su desempeño.
1 Ti. 2:5: Jesús: humanidad 30 años, ministerio 3? años; 10% proporción.

Ministerio
2 Co. 6:3: No ofender al ministerio; 1 Corintios 2:4-5 poder y demostración.
Mt. 7:15-20: Por sus frutos los conoceréis; unción y resultados.
Dt. 18:22: Predicación o profecías productivas, probadas, puras, positivas.

Mensaje
Ef. 4:15 : Hablar la verdad en amor; presentar la verdad; dar vida.
2 Ti. 4:2: Mensaje equilibrado, bíblico, doctrinal y espiritualmente correcto.
Mr. 16:20: Dios ¬no la persona– confirma su palabra.

Madurez
Stg. 3:17: Actitud correcta, madurez en las relaciones humanas, sabiduría celestial.
Gá. 5:22-23: Fruto del Espíritu; carácter como el de Cristo; constante y confiable.
1 Co. 13: No infantil; no novato; bíblicamente preparado y maduro.

Matrimonio

1 Ti. 3:2-5: Bíblicamente en orden, familia personal vs. familia de Dios.

1 P. 3:1-7 : Prioridades en orden: Dios primero, esposa y familia luego, después ministerio.

Ef. 5:22-23: Matrimonio que ejemplifique la relación de Cristo con la Iglesia.

Métodos

Tit. 1:15-16: Recto, ético, honesto, justo.

Ro. 1:18: No manipulador ni engañador; no habla "evangelísticamente".

Ro. 3:7-8: El fin no justifica los medios y no compromete los principios bíblicos.

Modales

Tit. 1:15-16 : No egoísta, amable, bueno, gentil, discreto.

Ef. 4:29; 5:4: Usar la comunicación con palabras y formas adecuadas.

Materialismo

1 Ti. 3:3: No acumular riquezas; no obtener ganancias de forma deshonesta.

1 Ti. 6:17: No consumido por el amor al dinero y materialismo (Jos. 7; Lc. 12:15).

Moralidad

1 Co. 6:9-20: Relaciones puras y correctas.

Ef. 5:3: Pureza sexual bíblica en actitudes y acciones.

Mt. 5:28: Pensamientos impuros aunque no sean llevados a cabo.

Motivación

Mt. 6:1: ¿Servir o ser visto? ¿Cumplir sus deseos personales o hacer la voluntad de Dios?

1 Co. 16:15: Motivación real -¿ministrar o ser un ministro?

Pr. 16:12: ¿Enseñar la verdad o solo ser oídos por los hombres?

1 Co. 13:1-3: ¿Motivados por el amor de Dios o la codicia de poder, fama y nombre?

Definamos los términos:
Un glosario contemporáneo

Espero que esta sección le ayude a clarificar el significado de algunos términos usados a lo largo de este libro. De ninguna manera es un diccionario completo o profesional, sino que simplemente he definido esos términos en mis propias palabras, para ayudar a construir un puente con mis lectores. Confío en que le será de ayuda

Adoración. Colocar nuestro corazón en la postura de asombro y reverencia santa, postrándonos ante Dios. Adoramos a Dios por quién Él es y lo alabamos por lo que ha hecho.

Ángeles. Estos mensajeros celestiales son seres creados con el principal propósito de adorar a Dios. También actúan en obediencia a la palabra de Dios (Salmo 103:20-21), para declarar el mensaje del Señor y mostrar su poder, juicio o presencia manifestada. Ver Visitación angélica.

Apóstol. Uno que es llamado y enviado por Cristo para tener la autoridad espiritual, el carácter, los dones y las habilidades de alcanzar y establecer al pueblo en la verdad y el orden del Reino, especialmente a través de fundar y supervisar iglesias locales.

Arrepentimiento. Es un cambio completo hacia la dirección opuesta; un giro de 180°. Un cambio de corazón que altera el comportamiento exterior. Es alejarse del pecado y acercarse al Señor y a sus sendas.

Atalayas. Aquellos que sirven en la posición de vigilar. Ver Vigilia del Señor.

Bautismo en el Espíritu Santo. El acto de recibir y de ser continuamente lleno del poder y la vida del Espíritu Santo, que dota a los creyentes en Cristo de poder y vida para ser sus testigos.

Canción profética. Una canción inspirada por revelación, cantada por un individuo o un grupo de ellos, que declara el corazón del Señor para una situación en particular. Es oír la voz de Dios y cantar de lo que hay en su corazón.

Carácter. La fibra moral de la vida de una persona, proveniente de un compromiso de corazón con el Señor Jesucristo, y que produce los frutos del Espíritu. Ver Frutos del Espíritu.

Carismático. Proviene de la palabra griega *charis*, "gracia". Un término acuñado en los `60 y que describe a aquellos creyentes que creen que el Espíritu Santo está activo hoy.

Cesacionismo. Una creencia teológica que declara que los dones del Espíritu Santo cesaron cuando el canon se terminó de escribir, o con la segunda generación de apóstoles de la Iglesia primitiva. Los cesacionistas no aceptan que los dones son válidos y necesarios hoy.

Cielos abiertos. Un boquete, apertura o portal entre el cielo y la Tierra a través del cual la presencia manifiesta de Dios es derramada sobre aquellos que están en esos alrededores.

Cruz. La estructura común de madera reservada solo para los criminales con quienes Jesucristo fue crucificado. Aunque sin pecado, el Señor se identificó en la cruz con nuestra condición pecaminosa, y llevó el juicio y la pena del pecado de toda la humanidad. Los creyentes, a su vez, también son llamados a morir a sí mismos, tomar su cruz y seguir a jesucristo.

Despertar. Una intervención histórica de la presencia de Dios que revive a la Iglesia, a tal punto que afecta a la sociedad y la regresa a los valores morales de Dios. Los Estados Unidos ha experimentado dos grandes despertares, y algunos creen que el despertar más grande está a punto de ser soltado en el nivel mundial.

Destino profético. La promesa revelatoria de Dios que representa sus propósitos, planes y destino para un individuo, grupo, ciudad o nación.

Día de Expiación. El día más santo para los judíos, día anual de ayuno, penitencia y sacrificios por el pecado. Antes de la destrucción del Templo, el Sumo Sacerdote entraba al Lugar Santísimo en el décimo día del mes séptimo del calendario hebreo, y ofrecía sacrificios por el santuario, los sacerdotes y el pueblo. Este acto prefiguraba la entrada de Cristo, el gran Sumo Sacerdote, quien se ofreció a sí mismo como sacrificio eterno una vez y para siempre, habiendo comprado la salvación para nuestras almas. Este día santo, también conocido como Yom Kippur, se observa hoy con ayunos y confesión de pecados.

Dolores de parto. Forma de oración intensa que trae un nacimiento en el espíritu, el cual crea o agranda una puerta para pasar a una nueva dimensión en el Reino de Dios.

Don de discernimiento de espíritus. Una percepción sobrenatural dada por Dios para capacitar a los creyentes para distinguir la motivación o el espíritu que hay detrás de las palabras o hechos, y para discernir la fuente de la operación como humana, diabólica o espiritual.

Don de lenguas. La habilidad sobrenatural dada por Dios que capacitar a los creyentes para hablar en un lenguaje, terrenal o celestial, que ellos no han aprendido. Este don es usado en oración, en comunión con Dios, para edificar al que lo habla, y para comunicar un mensaje sobrenaturalmente en el lenguaje conocido por aquellos que escuchan.

Don de profecía. La habilidad sobrenatural de oír la voz del Espíritu Santo y hablar la mente o el consejo de Dios. Es dado con el propósito de edificar, exhortar, consolar, convencer, instruir, impartir y testificar de Jesús.

Dones del Espíritu. La expresión del poder de Dios en acción, dados por el Espíritu santo, para ser usados en tiempos y ocasiones especiales. Tales dones, que están descritos en 1 Corintios 12:4-11, son las pruebas del empoderamiento del Espíritu Santo, y son vitales en los ministerios de señales y maravillas.

Encuentro. Una experiencia personal en la cual un individuo o grupo es confrontado con la viva realidad del Señor Jesucristo, por la obra presente y actual del Espíritu Santo.

Endemoniado. Persona que vive bajo la influencia o el control de un poder demoníaco.

Espera. Postura de quietud ante el Señor, pero de estar atentos al mover de su Espíritu.

Espíritu de Jezabel. Una presencia demoníaca detrás del carácter y la naturaleza de la reina Jezabel (1 Reyes 16:31; 21:25; 2 Reyes 9:7; Apocalipsis 2:20), casada con el rey Acab, quien odiaba a los profetas de Dios y cuya meta era destruirlos. Es un espíritu dominante que emascula la autoridad espiritual por la manipulación, brujería e inmoralidad sexual.

Espíritu de revelación. El descubrimiento de la voluntad de Dios a los ojos del corazón. La revelación de la verdad, no conocida hasta ese momento, que viene a través de impresiones, profecías, sueños, visiones, trances y mensajes del Señor.

Espíritu político. Un término usado para describir un espíritu demoníaco que viene contra el liderazgo –autoridades de gobierno– para persuadirlos con pensamientos y planes estratégicos, y así alinearlos con los caminos de oscuridad.

Evangélicos. Cristianos que creen en la veracidad de las Escrituras y la doctrina clásica de la Iglesia, incluyendo la deidad de Cristo, su muerte expiatoria y su ascensión corporal y regreso, con celo evangelístico.

Evangelismo de poder. La respuesta a la dirección espontánea del Espíritu Santo para ministrar el poder del evangelio para salvación, contrario a seguir un programa planeado de evangelismo.

Evangelista sanador. Uno que presenta las Buenas Nuevas con señales, maravillas, milagros y sanidades que lo acompañan.

Fortaleza. Es una mentira que solemos creer, la cual no está alineada con la voluntad de Dios ni con su palabra, y es transmitida a nuestras mentes desde el campo del enemigo (2 Corintios 10:4-6).

Frutos del Espíritu. Una referencia a Gálatas 5:22-23 concerniente al amor, gozo, paz, paciencia, bondad, benignidad, fe, mansedumbre y templanza. Son las cualidades en la vida de una persona, que conforman su carácter piadoso. Ver Carácter.

Guerra espiritual. La confrontación del reino de oscuridad por el poder del Reino de Dios, para desplazar las obras del mal y elevar al Hijo de Dios, Jesucristo.

Hechicería. Cualquier espíritu que no sea el Espíritu Santo, en el cual la gente opera para manipular y controlar a otros.

Humildad. Verdadero conocimiento de Dios y de sí mismo. Significa declarar que el Señor es grande y digno de ser alabado, y comprender que ante Él no somos nada.

Imposición de manos. Un método de ministración a las personas para consagración, ordenación, impartición de dones, sanidad y bendición. Esto era una práctica común tanto en el Antiguo como en el Nuevo Testamento y en la Iglesia primitiva, y fue restaurado al Cuerpo de Cristo como modelo aceptado en el último siglo.

Intercesión profética. El acto de esperar en el Señor para oír o recibir su carga –su palabra, preocupación, advertencia, condición, visión o promesa– y responder a Él y a la gente con acciones apropiadas.

Intercesión sacerdotal. Una tarea intercesora en la cual el sacerdote no solo se presenta a sí mismo ante Dios sino que, como los sacerdotes de antaño, lleva las doce piedras de Israel –las cargas y necesidades de los otros– sobre su corazón ante el Gran Sumo Sacerdote.

Intercesión. El acto de elevar un pedido a un superior, o expresar nuestros anhelos más profundos a nuestro único Superior, Dios.

Intercesor. Alguien que le recuerda a Dios sus promesas y compromisos que aún no han sido cumplidos; quien lleva un caso de injusticia ante Dios en beneficio de otro; quien levanta un vallado –es decir, levanta una pared en tiempos de guerra– y quien se pone en la brecha entre los juicios justos de Dios y la necesidad de misericordia del pueblo.

Liberación. Un encuentro con el Espíritu Santo, por el cual el individuo es hecho libre en el nombre de Jesús, de la opresión de los demonios.

Movimiento de la Gente de Jesús. Un movimiento a través del cual miles de jóvenes vinieron al conocimiento de Cristo a final de los `60 y principio de los `70.

Movimiento de la Lluvia Tardía. Movimiento histórico del Espíritu a finales de los ´40 y principio de los ´50, en el cual los dones proféticos, de sanidades, imposición de manos y cantar en el Espíritu, fueron restaurados al Cuerpo de Cristo. Ver Imposición de manos.

No darle lugar al diablo. Cada guerrero espiritual debe permitirle al Espíritu Santo que lo prepare para la batalla, purificándolo. La razón por la cual Jesús pudo permanecer en tal poder y autoridad, y luchar tan efectivamente contra el malvado opresor, era que no le cedió nada de terreno a su adversario.

Palabra de conocimiento. Revelación sobrenatural del Espíritu Santo que descubre la verdad que estaba velada, o un hecho que Él desea hacer conocer sobre una persona o situación.

Palabra de sabiduría. Revelación sobrenatural del Espíritu Santo que trae la solución o la manera en que Él desea que sean hechas las cosas en una situación particular.

Paradigma. Un modelo o patrón de pensamiento en la sociedad. El término es comúnmente usado para describir nuevas tendencias o facetas que crean una nueva manera de ver las cosas –un cambio de paradigmas–.

Pentecostal. El cristiano que enfatiza el bautismo en el Espíritu Santo con el acompañamiento del don de hablar en lenguas; generalmente conectado con una de las varias denominaciones pentecostales.

Poder sanador. Demostraciones del Espíritu Santo en las cuales las personas son liberadas y sanadas física, emocional y espiritualmente de las cadenas de cautividad.

Porteros. Los ancianos de una ciudad o iglesia, que tiene autoridad para abrir o cerrar las puertas, según sea alertado por el atalaya. Ver Atalayas.

Precursor. Uno que va antes que los demás, para preparar el camino para otro. Este término es comúnmente usado hoy con relación a lo profético (ej.

Juan el Bautista) precediendo lo apostólico (ej. Jesús). Ver Quebradores.

Presbiterio profético. Un grupo seleccionado de creyentes maduros y experimentados en los dones, que ministran juntos sobre individuos o congregaciones, frecuentemente con imposición de manos. Ver también Imposición de manos.

Presbiterio. Un grupo de ancianos o líderes de la iglesia; supervisores puestos para vigilar y proteger a la congregación.

Presencia manifiesta de Dios. Mientras que Dios es omnisciente, o está en todo lugar, revela o manifiesta su presencia estratégica y geográficamente.

Profeta/Profetisa. Un hombre o mujer que representa el interés de Dios por el pueblo. Por haber estado en el consejo de Dios, el profeta suena una trompeta de llamado a la gente que está en el corazón de Dios en ese momento. Una referencia a este ministerio, como uno de los ministerios quíntuples, se encuentra en Efesios 4:11.

Quebradores. Aquellos llamados a quebrantar la Tierra y abrir un camino para que el Señor avance (Miqueas 2:13). Como Juan el Bautista, son precursores que preparan el camino para la venida del Rey. Ver Precursor.

Radical. Alguien que busca cambiar el estado actual de la Iglesia, que la llama a volver a sus raíces u orígenes. La clase de cambios básicos que alteran la sociedad.

Refrescar. Hacer sentir a una persona o congregación en plenitud, renovada o estimulada, a ser fortalecida. Una referencia muy usada hoy para referirse a un mover del Espíritu Santo llamado "El refrigerio" (Hechos 3:19-21). Ver Renovación, Restauración, Avivamiento.

Renovación. Renovar algo que se ha envejecido. Es un término usado en el contexto de la Iglesia, como "La renovación carismática". Ver Carismático, Refrescar, Restauración, Avivamiento.

Restauración. Recobrar o regresar a un estado o condición originaria. El patrón progresivo de traer a una persona, grupo o congregación a su lugar primitivo de influencia e impacto (Hechos 3:19-21). Ver Renovación, Refrescar, Restauración.

Revelación visionaria. La gracia del Espíritu Santo que permite a un cristiano experimentar manifestaciones como visiones, sueños y trances.

Revolución. Un cambio repentino en la sociedad que afecta la historia, como ser un llamado a un cristianismo radical y auténtico.

Sabiduría. Un entendimiento de lo verdadero y correcto; tener buen juicio y consejo prudente.

Sacerdote. Aquel que suplica por las necesidades del pueblo ante Dios. En el Antiguo Testamento había una tribu especial, los levitas, que eran apartados para este propósito. En el Nuevo Testamento cada creyente en Cristo es un sacerdote.

Sacerdotes proféticos. Son individuos en quienes se hallan reunidos los oficios veterotestamentarios de sacerdote y profeta, con la aplicación neotestamentaria para hoy. Ellos no solo oyen de Dios los decretos de su trono, sino que oran las promesas, las reclaman a Dios.

Siete Espíritus de Dios. La totalidad de la expresión del ministerio del

Espíritu Santo demostrado por el Espíritu del Señor y los espíritus de sabiduría, inteligencia, consejo, poder conocimiento y temor del Señor (Isaías 11:1-3; Apocalipsis 1:4; 5:6).

Sueños. Imágenes inspiradas e impresiones dadas al corazón mientras uno duerme. Son dados por el Espíritu Santo para enseñar, exhortar, revelar, advertir, limpiar o sanar.

Súplica. Suplicar, buscar, implorar o instar a Dios en oración intensa.

Talón de Aquiles. Un término que denota el área de debilidad o vulnerabilidad en la vida de una persona.

Trance. Un estado de visión en el cual la revelación es recibida de parte de Dios. En este estado súbito, un individuo no está limitado a la voluntad y conciencia natural. Está "en el espíritu", donde la conciencia natural es temporalmente trascendida.

Unción profética. Cuando alguien es movido por el Espíritu Santo para hablar, cantar o actuar lo que le ha sido revelado por un toque especial de gracia.

Unción. La presencia y el poder de Dios manifestado –o la presencia manifiesta de Dios– que obra en, dentro de y a través de un grupo o individuo, los capacita para hacer las obras de Cristo. Ver Presencia manifiesta de Dios.

Vidente. Un individuo dotado como "receptor" de Dios, que opera con visiones y dones de revelación para "ver" y describir lo que recibe de Dios.

Vigilia del Señor. Reuniones en el nombre de Jesús, para vigilar, orar y clamar por la vida de una iglesia, ciudad o nación (Mateo 24:42-44; Marcos 13:35-37; Lucas 21:36). Una vigilia es también una posición en los muros del Señor, para poder ver afuera de la ciudad y alertar a los porteros, tanto acerca de los enemigos que se acercan, como de los mensajeros del Rey que vienen; y también para ver adentro de la ciudad y reconocer y confrontar la actividad ilegal del enemigo allí.

Visión abierta. La clase de visión en la que los ojos naturales están abiertos y el creyente ve y percibe realidades en el mundo espiritual.

Visión. El descubrir sobrenaturalmente una visión hasta ese momento oculta a los ojos humanos. Hay varios niveles de visiones: con los ojos cerrados o abiertos, visión panorámica –con movimiento– y visiones estáticas.

Visitación angélica. Es un tiempo en el que los embajadores o mensajeros celestiales son enviados al reino terrenal y los individuos experimentan su aparición. Algunas veces su presencia es sentida, vista u oída. Ver Ángeles, Visitación.

Visitación. Una experiencia sobrenatural en la cual un sentido distintivo de la presencia de Dios es acompañado de temor de Dios. Puede venir en forma de una visitación angelical, como en el libro de los Hechos, o por otros medios bíblicos. Ver Ángeles, Visitación Angelical.

Acerca del autor

Jim y Michal Ann Goll son los fundadores de "Ministerio a las Naciones", una agencia de cobertura de misiones y expresiones proféticas e intercesión en todo el mundo, además de ser sede de las enseñanzas proféticas y el ministerio intercesor de Jim y Michal Ann.

Ambos se convirtieron al Señor a temprana edad. Han viajado por todos los Estados Unidos y Sudamérica, Europa, Asia, la ex Unión Soviética, Israel y el Caribe, enseñando e impartiendo el poder de la intercesión, ministerio profético y vida en el Espíritu. Luego de pastorear durante trece años, Jim fue lanzado en 1987 a un ministerio itinerante para equipar líderes e iglesias.

Es un escritor prolifero en una variedad de temas. Ha escrito ocho libros, incluyendo *Kneeling on the Promises* (Arrodillándose sobre las sromesas, Chosen, 1999), y junto a Michal Ann escribieron *Encounters with a Supernatural God* (Encuentros con un Dios sobrenatural). Es miembro del Concilio de Ancianos Proféticos bajo el liderazgo del Dr. C. Peter Wagner; instructor del Instituto de Liderazgo Wagner y consejero profético de varios ministerios regionales y nacionales. Ha enseñado en la Escuela del Espíritu, del Centro de Entrenamiento de Gracia, en Kansas City, EE.UU., y ha sido director de la Universidad de Liderazgo Cristiano, en Buffalo, Nueva York.

Jim y Michal Ann están casados desde hace veinticinco años. Desde que el Señor los sanó de esterilidad, los Goll tienen cuatro hijos adorables, de once a diecisiete años. Actualmente viven en Franklin, Tennessee. Michal Ann tiene su propia experiencia profética y es una reconocida cantante.

La pasión de Jim y Michal Ann es ver a Jesucristo recibir recompensas por sus sufrimientos, y ayudar a encender fuegos de avivamiento a través de las naciones.

Notas

Capítulo 1: Una revolución de intimidad

1. Edwin Hatch, "Sopla en mí, aliento de Dios", impreso en El Himnario Metodista (Nashville: Casa de Publicaciones Metodista, 1966), p. 133.
2. C. Austin Miles, "Vengo al jardín solo", impreso en Himnos para la Iglesia Viva (Carol Stream, Illinois: Esperanza, 1974), Nro. 398.
3. Edgardo Silvoso, Que ninguno perezca (Ventura, California: Regal, 1994), p. 154.

Capítulo 2: Características de una persona profética

1. Leonardo Ravenhill, citado por T. Austin Sparks en Ministerio profético (Shippensburg, Pa.: Destiny Image, 2000), p. VII.
2. Ernest B. Gentile, Tus hijos e hijas profetizarán, (Grand rapids: Chosen, 1999), pp. 56-58.
3. Gentile, Tus hijos..., pp. 66-68.
4. Michael Sullivant, Ceremonial profético (Lake Mary, Fla: Casa Creación, 2000), p. 200 .
5. T. Agustín Sparks, Ministerio, pp. 7-8.
6. "Recostándome en los brazos eternos", impresa en el Himnario Bautista (Nashville: Elisha Hoffman, 1887), p. 254.
7. Michael L. Brown, ¡Revolución! El llamado a la guerra santa (Ventura, California.: Renew, 2000), p. 214.

Capítulo 3: La cruz como estilo de vida profético:

1. Sparks, Profético, pp. 53-54.
2. Rick Joyner, Ministerio Profético (Charlotte, N.C.: MorningStar, 1997), p. 28.
3. Bill Hammon, Profetas, Obstáculos y Principios (Shippensburg, Pa.: Destiny Image, 1991), p. 21.
4. John y Paula Sandford, La Tarea de Elías: Un llamado a los profetas de hoy (Tulsa: Victory House, 1979), p. 29.
5. Ed Dufresne, El profeta: amigo de Dios (Temecula, Calif.: Ed Dufresne Ministries, 1989), pp. 42-43.
6. Michael Brown, Revolución, p. 224.
7. Thomas Shepherd, "¿Debe Jesús soportar solo la cruz?" El Himnario Metodista, #183.

Capitulo 4: Se rindieron al comandante

1. J.W. Van Deventer, "Rindo todo," de 101 Historias más de himnos (Grand Rapids: Kregel, 1985), p. 135. Fue publicado por primera vez en 1896 en la colección Canciones Evangélicas de Gracia y Gloria.
2. Brown, Revolución, pp. 57-58.
3. Paul Cain, citado por Mike Bickle en Creciendo el lo profético (Lake Mary, Fla.: Creation House, 1996), p. 124.
4. Larry Randolph, Profecía de uso amistoso (Shippensburg, Pa.: Destiny Image, 1998), p. 126
5. Hamon, Profetas, pp. 54-58.

6. Leonard Ravenhill, Retrato de un profeta (Shippensburg, Pa.: Destiny Image, 2000), citado en Sparks, Profético, p. vii.

7. Hamon, Profetas, p. 7.

8. Leonard Ravenhill citado en Sparks, Profético, pp. vii-viii.

Capítulo 5: Nuestro arsenal de revelación:

1. Kenneth Hagin, Dones del Espíritu (Tulsa: Faith Library Publicaciones, 1999), p. 53.

2. Dick Iverson, El Espíritu Santo hoy (Portland: Bible Temple, 1976), p. 155.

3. Derek Prince, "El don de profecía", casetes de enseñanza (Ft. Lauderdale: Ministerios Derek Prince, n.d.).

4. Ernest Gentile, Tus hijos, p. 162.

5. Bill Hamon, Profetas, pp. 196-197.

6. C. Peter Wagner, Sus dones espirituales pueden ayudar a su iglesia a crecer (Ventura, Calif.: Regal, 1994), p. 200.

7. Sullivant, Protocolo, pp. 131-132.

8. Adaptado de Jim Goll, Equipando a los santos (Anaheim, Calif.: Vineyard, otoño de 1989).

9. Paráfrasis del casete de Derek Prince, "Cómo juzgar la profecía" (Charlotte, N.C.: Ministerios Derek Prince, 1971).

Capítulo 6: La anatomía de una palabra profética

1. Steve Thompson, Todos ustedes pueden profetizar (Charlotte, N.C.: MorningStar), pp. 74-75.

2. Frank Damazio, Desarrollando el ministerio profético (Pórtland: Bible Temple Publishing, 1983), p. 65.

3. Steve Thompson, Profecía, p. 73.

4. Hammon, Profetas, pp. 141-142.

Capítulo 7: Precipicios y pináculos del ministerio profético

1. Jim W. Goll, Arrodillándonos en las Promesas (Grand Rapids: Cosen, 1999), p. 116.

2. Rex B. Andrews, Lo que la Biblia enseña acerca de la misericordia (Zion III.: Zion Faith Homes, 1985), p. 2.

3. Ken Blue, La autoridad para sanar (Downers Grove, III.: InterVarsity, 1987), p. 76.

Capítulo 8: ¿Demasiado caliente para agarrar?

1. David Guralnik, Diccionario Webster del Nuevo Mundo (New York: Simon and Schuster, 1982), p.42

2. Gentile, Tus hijos, p. 299.

3. Joyner, Ministerio, p.103.

4. Rodney Howard Browne, El toque de Dios (Louiseville: R.H.B.E.A. Publicaciones, 1992), p.1.

Capítulo 9: ¿Camaradas o competidores?

1. Jack Deere, Sorprendido por el poder del Espíritu (Grand Rapids: Zondervan, 1993), p. 73.

2. Bryn Jones, "Apóstoles y profetas: el rol vital de estos dones de ministerio", Issachar Journal, Vol. 1, Nro. 2, 199, pp.13, 15-16.

3. Hamon, Apóstoles, pp. 121-122.

Capítulo 10: Hagámoslo juntos

1. Tommy Tenney, El equipo soñado por Dios (Ventura, Cal.: Regal, 1999), p. 19.

2. Wagner, Dones espirituales, p. 229.

3. Bill Hamon, Apóstoles, profetas y los próximos moveres de Dios (Shippensburg, Pa.: Destiny Image, 1997), p. 31.

4. Cindy Jacobs, *La voz de Dios*, (Ventura, Cal.: Regal, 1995), pp. 157-158.
5. Fuchsia Pickett, citado en Kelly Varner, *Los tres prejuicios* (Shippensburg, Pa.: Destiny Image, 1997), p. 31.
6. Edith Blumhofer, *Las Asambleas de Dios: historia popular* (Sprinfield, Mo.: Gospel Publishing, 1985), p. 137, citado en Benvenuti, *Mujeres pentecostales en el ministerio* (su periódico).
7. Jim W. Goll, *Padre ¡perdónanos!* (Shippensburg, Pa.: DestinY Image, 1999), p. 109

Capítulo 11: Tomar tu destino profético

1. Esta sección es inspirada de los escritos y enseñanzas de William Geensman, *Cómo hallar tu propósito en la vida* (Pittsburg: Whitaker, 1987), pp. 163-176.
2. *Diccionario Webster del Nuevo Mundo* (New York: Simon & Schuster, 1982), p. 141.
3. Ibid., p.127.
4. Kennet W. Osbeck, *"Sé tú mi visión", 101 historias más acerca de los himnos* (Grand Rapids: Kregel, 1985), p. 44.
5. Para más información vea mis guías de estudio, *Guerra en los lugares celestiales* y *Estrategias de intercesión*.
6. Para más información vea mis guías de estudio *Liberando los dones espirituales*.
7. Vea mi guía de estudio *Intercesión profética con compasión*, el apartado "El poder de la proclamación", para más sobre este tema.
8. Vea mi guía de estudio *Experimentando sueños y visiones*.
9. Antiguo himno irlandés traducido por Mary Bryne (1880-1931), versado por Eleonora H. Hull (1860-1935), *El himnario metodista*, 256.

Capítulo 12: ¡Profetice vida!

1. La inspiración para esta sección vino mientras escuchaba el penetrante aunque humorístico mensaje de Larry Randolph, autor y ministro profético de muchos años de ministerio, del sur de California. Su mensaje era titulado "La anatomía de una palabra profética". Él es autor del libro *The User-Friendly Prophecy* (Destiny Image, 1998).
2. Recientemente tuve el privilegio de estar con el Rev. Steve Hill en Guatemala. Él comenzó su presentación pública comentando el gran impacto que tuvo en su vida esa palabra profética y el comienzo del Avivamiento de Brownsville en Pensacola, Florida. Actualmente Steve ha vuelto a Texas como su base de ministerio, y viaja por todo el mundo soltando el fuego de la pasión santa y el evangelismo.

Apéndice 2: Modelos de comunicación profética en las Escrituras

1. Ver "El poder de la proclamación", en la guía de estudio *Intercesión profética compasiva*.
2. Ver la guía de estudio *Intercesión profética compasiva*.
3. Ver "La canción profética del Señor" en la guía de estudio *Fundamentos proféticos*.
4. Ver "Recibiendo y soltando el don de profecía" en la guía de estudio *Fundamentos proféticos*, y también "Juzgando la revelación" en la guía de estudio *Experimentando sueños y visiones*.
5. Ver "Revelación visionaria" en la guía de estudio *Experimentando sueños y visiones* y "El vidente y el profeta: similitudes y diferencias" en la guía de estudio *Maduración profética*.
6. Ver "Actos y gestos proféticos" en la guía de estudio *Entendiendo los encuentros sobrenaturales*.

Apéndice 4: Diez emes para madurar y mantener la madurez y el ministerio

1. Hamon, Profetas, pp. 19-20.